货币政策的预期
与非预期效应研究

Expected and Unexpected Effects of Monetary Policy

◎ 欧阳胜银　著

吉林大学出版社

图书在版编目（CIP）数据

货币政策的预期与非预期效应研究 / 欧阳胜银著 . — 长春：吉林大学出版社，2019.9
（2021.9 重印）

ISBN 978-7-5692-5663-5

Ⅰ.①货… Ⅱ.①欧… Ⅲ.①货币政策－研究 Ⅳ.① F820.1

中国版本图书馆 CIP 数据核字 (2019) 第 218757 号

书　　名　货币政策的预期与非预期效应研究
　　　　　HUOBI ZHENGCE DE YUQI YU FEIYUQI XIAOYING YANJIU

作　　者　欧阳胜银　著
策划编辑　李承章
责任编辑　安　斌
责任校对　赵　莹
装帧设计　朗宁文化
出版发行　吉林大学出版社
社　　址　长春市人民大街 4059 号
邮政编码　130021
发行电话　0431-89580028/29/21
网　　址　http://www.jlup.com.cn
电子邮箱　jdcbs@jlu.edu.cn
印　　刷　湖南省众鑫印务有限公司
开　　本　710mm×1000mm　1/16
印　　张　15
字　　数　220 千字
版　　次　2019 年 9 月　第 1 版
印　　次　2021 年 9 月　第 2 次
书　　号　ISBN 978-7-5692-5663-5
定　　价　88.00 元

　　欧阳胜银　男，湖南湘乡人，2015 年毕业于湖南大学金融与统计学院获经济学博士学位，现为湖南科技大学商学院讲师。已主持国家社科基金青年项目、湖南省社科基金青年项目、湖南省教育厅一般项目和湖南科技大学科学研究项目等多项课题，同时作为主要研究人员参与国家社科基金重点项目、教育部人文社科基金、湖南省社科重大项目等多项课题的研究。近年来，主要研究风险管理与金融统计、地方债务等领域，已在《数量经济技术经济研究》《当代财经》《财经理论与实践》《统计与信息论坛》《统计与决策》等 CSSCI 源刊上发表 10 余篇学术论文，并有多篇论文入选中国统计学年会、中国数量经济学年会，主笔完成的国务院第二次全国经济普查课题《能源消耗与 GDP 增长的数量关系研究》总报告和分报告载于国家统计局《研究参考资料》（国家统计局内部刊物）。曾获全国统计科学研究优秀成果奖一等奖、湖南省哲学社会科学优秀成果奖二等奖等学术奖励。

序　言

　　长期以来，货币政策都是我国宏观经济调控的主要手段，中国人民银行屡次动用货币政策较好地解决了"经济软着陆""化解恶性通胀""防控系统性风险"等重大经济问题，在应对亚洲金融危机、美国次贷危机等关口，货币政策也扮演着重要的角色。然而，理论上的争辩与实践中的问题，使得货币政策的科学性与有效性受到了质疑，近年来关于货币政策无效论的呼声也在逐期升高。在当前追求经济高质量增长的背景下，货币政策是否有劲难使？是否真的"廉颇老矣"？甚至是否真的应当退出宏观调控的舞台？这些问题都引发了一些学术思考，而从预期视角展开这一问题的研究，也许能找到一些线索。

　　早期穆斯、卢卡斯等学者所提出的理性思想，更多的是体现经济人的主观预期。但现实当中总是存在一些非理性的经济人，他们难以对经济政策形成准确的判断，使得其行动方案偏离政策调控轨道，导致政策效应出现折扣。而市场上存在的理性经济人，也总是在寻找利益最大化的方案，却不在乎政策是否科学与合理，由此出现经济活动与政策目标不一致的局面。因此，在理性预期视角下展开货币政策的效应研究，将有助于对货币政策的理论设计和实践效果形成一种新的认识。

　　对经济政策尤其是对货币政策感兴趣的人们，不妨读一读欧阳胜银的这本《货币政策的预期与非预期效应研究》。这本书通过丰富的理论探索与扎实的实证研究，对预期与非预期货币政策效应问题展开深入分析，最终得出预期与非预期货币政策均有效的结论，并认为预期与非预期货币政策的防通胀效果比调增速效果要更好。该书的研究思路与方法，有助于完善货币政策制度体系，从而丰富货币政策相关理论研究。该书的研究结论则有助于准确理解和辩证认识货币政策的执行效果，由此为货币政策的有效性争议提供一些参考，也可为货币当局如何更好地推行有效率的货币政策方案提供依据。

这本书总结并梳理了学术界关于预期与非预期货币政策研究的一些新思想和新成果，也集合了欧阳胜银探索预期与非预期货币政策问题的一些观点和成果。作为他在湖南大学就读研究生期间的指导教师，我愿意借此机会对他略作介绍。欧阳胜银出生于地地道道的湖南农村家庭，本科工科专业毕业后考入湖南大学攻读经济学硕士学位，继而攻读经济学博士学位。我目睹了他因为对经济学的热爱而经常独守研究室，一边刻苦钻研经济理论、计量模型和统计软件，一边学习从事经济学的选题设计、课题研究和论文写作，将打基础与练能力交替推进，将学知识与做研究紧密结合，从而渐次进步、不断提高的过程。这对于一个半路出家学习经济学的研究生来说是相当不容易的，但欧阳胜银成功地走过来了，凭着他的坚毅，凭着他的聪慧。现在，欧阳胜银已成长为高校经济学科的青年骨干教师，主持了国家社科基金和多个省部级科研项目，在国内外学术期刊发表了多篇论文，还有数篇论文入选国内外学术会议交流。看到他的成长，我甚感欣慰，期待欧阳胜银多出佳作，祝愿他的学术之路越走越顺、越走越宽。

许涤龙

2019年7月22日于广州

前　言

本书为湖南省哲学社会科学基金青年项目"基于金融状况指数的货币政策传导效率的统计测度研究"（16YBQ027）的阶段性研究成果。

长期存在的时滞效应、区域效应和产业效应等问题，降低了货币政策的有效性，使得近年来各界关于货币政策无效论的呼声逐渐升高。事实上，西方各国已经有过运用货币政策成功调控宏观经济目标的案例，我国自1984年开始执行真正意义上的货币政策以来，也取得了一些好的效果。但随着投资主体的渐趋理性以及市场活力的逐渐提升，一些市场参与者并未盲目服从货币政策的安排，而是依据自身利益最大化的目标来选择性地行使货币政策，由此给货币政策执行效果打了折扣。正因如此，在信息技术迅猛发展、金融市场日新月异的背景下，考虑投资主体的理性预期，将有助于对货币政策执行效果形成理性判断，同时也可为货币政策执行效率的提高奠定基础。

鉴于学术界针对预期与非预期货币政策有效性问题的争议，本书首先界定预期与非预期货币政策的基本内涵，剖析其与相机抉择型货币政策、固定规则型货币政策的关联；然后梳理我国预期与非预期货币政策的执行历程，总结各阶段的执行特征；接下来，通过对货币政策传导机理以及经济学派关于预期假说的透视，从产品市场均衡视角下分析经济产出与通货膨胀之间的关系，从货币需求和交易方程视角出发研究货币供应量与利率之间的关联，考虑采用GDP支出法的核算框架来研究利率对经济产出的冲击，借助费雪交易方程的原理展开理论测算，剖析作为货币政策操作工具的利率变量在货币政策中发挥的传导作用，在引入预期假说的基础上分析预期与非预期货币政策的传导机理。

通过对货币政策操作工具和中介目标的权衡，选择将操作工具视为评估货币政策执行效果的基础指标，通过探索货币政策操作工具到最终目标的"投入"与"产出"关系，来量化预期到的货币政策与非预期的货币政策对最终目标所产生的影响。遵循可量化、常调控和易获取等基本原则，将7天期银行间同业拆借市场交易利率作为货币政策操作工具的代理指标。从经济增长因素、通货膨胀因素、国际标准利率因素以及货币供需缺口因素等方面，设计7天期银行间同业拆借市场交易利率的影响模型，并基于拟合方程的残差来估算货币政策的预期与非预期成分，再借助脉冲响应方程评估预期与非预期货币政策的有效性。结果发现，货币政策中的预期成分占比较大，达到0.801，非预期货币政策对经济的干预作用要强于预期的货币政策，预期与非预期货币政策对通货膨胀的调节效果要强于对GDP的调节作用。

在对预期与非预期货币政策进行有效性检验的基础上，本书设计货币政策传导效率的理论测度方法，借助金融状况指数（Financial Conditions Indexes，FCI）展开预期与非预期货币政策传导效率的测度研究。首先，采用主成分分析法计算FCI，分别采用实证数据测算2006年第一季度到2018年第四季度的货币政策综合传导效率，以及从货币政策操作工具到中介目标之间的第一阶段传导效率和货币政策中介目标到最终目标之间的第二阶段传导效率。进一步采用简化式模型重估FCI，以此验证预期与非预期货币政策的传导效率，结果都稳健性地表明，不管是预期还是非预期视角，我国货币政策第一阶段传导效率偏低，短期内的第二阶段传导效率较高，最终传导效率最低。

通过对货币政策执行过程展开分析，由此总结并剖析货币政策存在时滞的原因和环节，同时借助学术界的研究成果，分析预期与非预期货币政策时域效应的理论机制，从而完成预期与非预期货币政策时域效应的理论研究。通过设计标准化回归模型分析预期与非预期货币政策的时滞长度，利用动态相关系数评估预期与非预期货币政策的动态影响特征，由此总结出我国预期与非预期货币政策对最终目标的影响时滞相对较短，且对 GDP 的调节能力相对较弱，而对 CPI 的调节更为敏感。研究结果同时发现，短期内的预期货币政策无效，而非预期货币政策有效。

不管从研究视角还是研究对象来看，检验预期与非预期货币政策的区域效应，结合不同区域和环境特征来选择不同货币政策工具，对于提高货币政策执行效果具有重要的意义。因此，通过利率渠道、汇率渠道和信贷渠道阐释货币政策区域效应的形成缘由，分析预期与非预期货币政策的存在机理，设计预期与非预期货币政策区域效应的动态面板数据模型，采用 GMM 方法进行实证分析，结果发现预期与非预期货币政策的区域效应十分明显，尤其是非预期货币政策具有更强的区域效应，因而我国货币当局有必要实施区域差异化的货币政策。

不同产业对货币政策的敏感性存在较大差异，而庇古效应和李嘉图定理等西方学派也都论证了预期货币政策会改变产业经济的波动路径，因而从预期与非预期视角展开货币政策的产业效应研究显得非常有必要。借助学术界的观点，分析货币政策产业效应的形成机理，并据此设计预期与非预期货币政策的评估模型。首先从三次产业视角展开货币政策效应分析，检验预期与非预期货币政策产业效应存在的真实性；在得出积极结论的基础上，对我国第二产业进行细分行业的货币政策效应分析，发现非预期货币政策具有更强的产业效应，预期货币政策的执行效力则视具体产业或行业而定。

对货币政策展开预期与非预期效应研究，在形成基本结论的基础上，本书从如何辩证看待货币政策执行效果、如何疏通货币政策传导路径、如何实施有差异化的货币政策等方面提出了一些提升预期与非预期货币政策执行效率的政策建议。

作者

目　录

第一章　绪　论

一、研究背景与研究意义

凯恩斯在其《就业、利息和货币通论》中指出，如果市场不能完全出清，那么国家政府部门会发挥"看得见的手"的功能，通过制定相关政策对经济生活进行干预，以此希望实现经济平稳。在国家宏观调控手段中，这只"看得见的手"主要体现为财税政策和货币政策。20世纪30年代，"看得见的手"在调控西方国家的经济大萧条中发挥了重要的作用，货币政策也开始正式走上经济历史的舞台，并逐步被全球当作推进市场均衡的重要工具。

受计划经济时代的影响，我国经济市场仍然呈现出一种信息不充分透明的非有效状态，使得西方货币学派所提出的货币政策实施方案，在我国难以找到假想的实施环境。但从1984年开始实施严格意义上的货币政策至今，货币政策逐渐成为我国调整国民经济发展目标的重要手段，我国货币当局也已经探索并提出了针对我国实情的多种类型并存的货币政策方案(2005年以来，中国人民银行不同程度地实施了近200次主要的货币政策执行方案)。这些政策效果整体上经受了实践的考验，促进了国民经济的平稳健康发展，但依然显露出一些弊端，主要体现在三个方面。

(1)货币政策的时滞问题，时滞现象的存在会诱发货币政策预期效应的系统性风险，使得货币政策执行效果大打折扣。

(2)货币政策的执行效果在不同产业、不同部门、不同区域之间存在较大差异，统一的货币政策可能会对一些产业、部门和区域产生过度影响，出现效率损失；而对另一些产业、部门和区域可能因兼顾不到而存在"盲区"，由此降低了货币政策的综合执行效率。

(3)由于被公众预期，一些企业和经济主体尽可能地选择逃避"看得见的手"的约束，从而导致货币政策难以对市场发挥有效的监管。

上述三个方面弊端的存在，使得这一经济调节工具受到一定程度的质疑。理论界在研究货币政策时，常常得出一些无效论的观点，也有诸多学者认为财政政策相较货币政策具有更强的适用性(李永友，丛树海，2006) [1]，实务部门在执行货币政策时也缺乏主动性和积极性，最终导致近年来所实施的货币政策并没有发挥理想的效果。

中国人民银行每年都会依据特定的宏观经济目标和制度环境，及时制定并灵活调整货币政策执行方式(附录 A 展示了2005—2018 年中国人民银行推行的主要货币政策)。从长期的发展历程来看，应该说货币政策的实施是有效的，在某些时候出现低效甚至无效的原因主要应当归咎于政策实施的方案和制度环境的特殊性(王铭利，2015) [2]。本书坚持货币政策的有效性特征，但认为这种政策影响并不是全方位的，更不是万能的，而是存在一些特定的作用空间。通过本书的系统性分析，可以结合中国实际提出合理的预期与非预期货币政策分解与效应评估模型，由此进一步明确货币政策的预期与非预期分解效应，强化预期与非预期视角下货币政策的执行空间与效率问题，有助于学术界从一个新的视角展开预期与非预期货币政策效应的评估工作，从而丰富货币政策相关理论研究成果，因而具有一定的理论价值。另一方面，本书对于优化货币政策的执行方案，提升我国货币政策的执行效率，并为我国货币当局如何选择和制定货币政策提供一定的参考，因而本书的研究又具有较强的实践意义。

二、国内外研究现状

目前来看，绝大多数涉及货币政策效应问题的研究结论都体现为货币政策对经济产出效应的中性与非中性两个方面，并且两方学派的研究结论均具有较强的理论支撑。之所以出现这种情况，在很大程度上是由于大部分学者尤其是国内学者都是直接以货币政策这一宽泛概念为主题进行研究，忽略了货币政策内在的结构，即货币政策所具有的预期与非预期特性，这种预期很大程度上影响着人们关于未来消费与投资等经济信息的判断。好在以 Lucas 和 Barro 等为代表的理性预期学派开创了预期与非预期货币政策效应研究的先河，他们运用预期理念将对货币政策的研究提高到一个新的水平，从而为货币政策的效应与效率研究提供了更为科学的理论依据。

由于传统的凯恩斯学派无法解释20世纪70年代至20世纪80年代出现的经济滞胀现象，理性预期学派则从政策预期角度展开了分析，并对凯恩斯学派进行了猛烈攻击。理性预期学派与凯恩斯学派的早期之争主要体现在是否只有不能被预期的货币政策才能对经济产生显著效应，而能被预期到的货币政策不足以产生作用。随着认识的深入和争论的激化，学者们逐渐意识到以往预期与非预期货币政策效应的研究过于简单，货币政策作用的发挥还受到时间滞后和对称差异等影响。同时，对市场是否有效、是否存在理性经济人以及关于政策预期等的不同假设，也左右着预期与非预期货币政策效应的研究观点。因此，后期关于预期与非预期货币政策效应的研究也主要集中在这些方面。

整体来看，国内外关于预期与非预期效应的学术史研究，可以综合成图1.1所示的脉络。

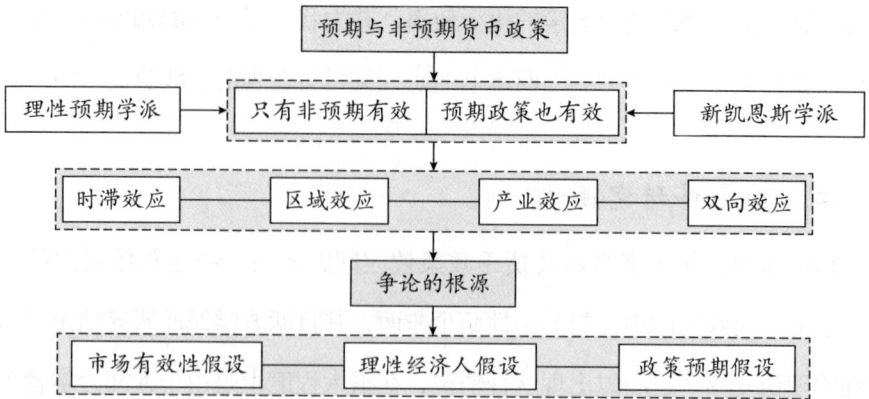

图1.1   预期与非预期货币政策效应之争的学术史脉络

（一）早期预期与非预期货币政策的有效性之争

1961年10月，美国经济学家John.F.穆斯首次提出理性预期思想，预期概念开始受到人们的关注，但当时主要是用于金融市场分析。而芝加哥大学教授Robert E. Lucas于1973年在《美国经济评论》杂志上发表的 *Some International Evidence on Output-Inflation Tradeoffs* 一文将理性预期思想用于经济政策稳定性的研究，该文的发表正式拉开了对政策预期与非预期效应研究的序幕。随后Robert J. Barro，David H. Small等学者更是对货币政策的预期与非预期效应进行了深入研究，学术界也展开了激烈的争论。但早期理性预期学派与凯恩斯学派关于预期与非预期货币政策有效性争论的焦点，在于预期的货币政策是否具有有效性，是否只有非预期的货币政策才具有显著的作用。

1. 只有非预期的货币政策具有有效性

早期理性预期学派的研究者假定市场是有效的，预期的价格水平和工资等都具有充分弹性，经济主体都是理性的经济人，他们对于货币当局采取的任何既定规则的货币政策，都能充分运用市场信息来寻求对未来不确定性的预期，并且能够及时采取有效措施加以调整，以达到满足个人利益最大化的目的。而如果货币当局改变这一策略，转而采用随机的、不规则的货币政策，那么经济人事先就不能准确估计货币当局下一步的决定或行动，从而对未来的预期感到迷茫，继而难以及时调整工资和价格预期。因此，早期理性预期学派认为：任何一项既定的货币政策都难以对总产出和失业产生实质性的影响，货币当局只有实施预期不到的货币政策即非预期的货币政策才能达到初始目的。

Lucas（1973）以研究产出－价格模型为基础，首次将理性预期的假设引入经济政策分析，提出并合理解释了"预期"与"非预期"需求对市场供给的影响。作者基于经济主体是理性人的假设，认为任何预期的货币变动都不能对实体经济产生显著的影响，只有非预期的货币变动才能短暂地影响实体经济，因此理性预期学派最终得出政策无效性的命题[3]。

然而 Lucas 只是将理性预期假说应用于宏观经济学，因而对预期货币政策的研究仅提供了一个思路框架与起点，而随后以曼彻斯特大学教授 Robert J. Barro 为代表的主张非预期货币政策有效的经济学家们拓展了非预期货币政策效应的研究范畴。Robert J. Barro 于 1977 年在美国经济评论杂志上发表了文章 *Unanticipated money growth and unemployment in the United States*，文中首次提出了"预期和非预期货币变动"（anticipated and unanticipated money movements）的概念，并且将预期的货币变动视作真实的货币变动，同时提出非预期的货币变动能对包括失业率和产出水平等在内的经济变量产生显著影响的假设。作者以美国 1941—1973 年的年度数据为基础，证实了这一假设在失业率模型中的准确性，而预期的货币政策对失业率的模型估计效果很不理想，估计系数也未能通过显著性检验[4]。第二年，Robert J. Barro（1978）再次以美国经验为例，正式研究了非预期的货币增长对产出（GNP）和价格水平（GNP 平减指数）的影响，并认为受预期和非预期货币政策效应的影响，价格水平相比产出水平的度量更为复杂，相对于产出效应，价格对于非预期货币政策调整的响应具有更长的滞后期[5]。这种类似的观点也得到了 Brunnermeier (2014)[6]、Carvalho 和 Nechio（2015）[7]、Largarde（2016）[8] 等学者的支持。而国内学者刘凌和方艳(2014)、丁志帆(2015)等的结论发现，非预期的货币政策能对经济产出产生正向的作用[9-10]。类似的研究还有张夏(2017)[11] 等。上述学者的研究成果均表明，非预期方式在政策执行当中扮演着重要的角色。

2. 预期的货币政策同样具有有效性

理性预期学派过于突出非预期的货币政策在经济中的贡献而完全忽视预期货币政策的观点，受到了以 David H. Small 为代表的新凯恩斯经济学家的质疑与批判。他们质疑的理由是：

(1)完全有效的市场是不存在的，经济主体对市场信息的掌握是不全面也不对称的，因而不足以对未来形成合理预期；

(2)即便经济主体掌握了较丰富的市场信息，他们也难以及时调节工资和物价水平，因为"工资－价格黏性"是存在的；

(3)理性预期学派的分析方法偏重于长期均衡，对于短期出现的经济波动他们是不予关心的，然而正是这种短期的经济波动恰巧有可能带来失业与通货膨胀共存的问题，并由此带来系列社会和政治问题，这是很多人不愿意看到的。

因此，新凯恩斯主义学派认为预期货币政策也能对经济产生影响，并且从理论和实证两个方面进行了论证。

David H. Small (1979)认为 Robert J. Barro 关于非预期货币规模与效应的度量本身就存在可疑，以实际货币供给减去预测的货币供给之差作为非预期货币规模这是很不明智的，因为这相当于已经事先知道了这样的预测误差；David H S 同时认为 Robert J. Barro 关于非预期的货币增长率对战争年份有正向效应而在非战争年份则存在反向效应的结构模式，也是不符合理性预期的；因而 David H S 进一步在模型中分别通过引入二战、朝鲜战争和越南战争中的年均成本，发现货币政策的预期效应会在短期内影响失业率[12]。同样，Mishkin（1982）[13]、Mishkin（2011）[14]、王曦（2016）[15]、张思成和党超（2017）[16]、张炜（2017）[17] 等经济学家们在他们的实证研究中也发现，预期到的货币政策对实际经济变量具有较显著的影响。而 Hannoun H.（2015）[18]、Bech 和 Malkhozov（2016）[19]、Fischer S.（2016）[20]、Bernanke B.（2016）[21] 等也证实了货币政策会受到公众预期到的持有现金成本的影响。

（二）预期与非预期货币政策效应的进一步研究

1. 预期与非预期货币政策的时滞效应分析

面对新凯恩斯学派的质疑与批判，尽管以 Robert J. Barro 为代表的学者们随即又给出了回应，进一步论证了非预期效应在扩大货币冲击对于提高价格水平方面的重要作用（Barro，1979；Barro，1980）[22-23]，但有关预期货币政策和非预期货币政策对经济影响的差异已经开始展开，新古典宏观经济主义与新凯恩斯主义学派的学者们也继续进行着激烈的争论。这种争论不仅表现在预期的货币政策对经济有无影响，学者们更是将研究范围扩展到时间的滞后影响方面。

对于任何形式的货币政策，都有理由相信其对经济异常情况的反映和影响都存在一个时间差，这在经济学中被称为时滞。中央银行和政府机构通过对大量经济指标进行观察，发现这些指标短期内出现的波动可认为是正常的，而一旦出现较长时间的异常则有必要对其予以重视，也正是这一较长时间使得货币当局对经济脆弱性的认识存在一个滞后的过程；而在货币当局分析经济指标数据，制定出货币政策，再到货币政策对经济发生作用又需要一段时间。这种漫长的滞后时间带来了货币政策预期效应的系统性风险，有可能使得经济萧条时采取的宽松的货币政策到经济过热时才发挥作用，从而给经济火上浇油；也有可能使得经济过热时采取的从紧的货币政策在经济萧条时才发挥作用，从而给经济雪上添霜。这种时滞影响无疑使得货币政策效果大打折扣。因此，系统研究这段滞后时间并设法加以缩短是提高货币政策效率的重要前提，也有很多学者从这方面展开了研究，主要表现在以非结构化模型和其他计量方法为手段进行的分析。

(1)基于非结构化模型的时滞效应分析。研究货币政策时滞效应最常用的非结构化方法就是向量自回归模型（VAR）。VAR 模型构建的基础就是把经济系统的所有内生变量都当作其他内生变量的滞后项，从而将单变量自回归模型扩展为向量的自回归模型形式。VAR 模型及其衍生出来的 SVAR 模型等都是处理多个相关经济指标的最简易操作模型，在经济社会统计中受用甚广。

Bernanke、Gertler 和 Watson（1997）以 20 世纪 70 年代至 20 世纪 80 年代经济界出现的"滞涨"局势为基础，通过向量自回归模型大胆地提出石油价格的上涨并非实际产出波动的唯一因素，而内在的系统性货币政策变动能在很大程度上解释这种"滞涨"出现的原因，因而预期的货币政策具有影响真实经济水平的能力。同时运用 VAR 模型得出的结论显示产出对货币政策的影响首先是递减的，在 18~24 个月时减到最大值，之后回归平稳[24]。Raghbendra Jha 和 Kshitija Donde（2001）沿袭 Barro 的思路，运用两步 OLS 和协整的 VAR 模型分析了印度的货币政策效应，但结果出乎意料地显示预期的货币政策效应对产出的滞后影响是非常显著的，而非预期的货币政策效应则几乎没什么影响[25]。Gottschalk 和 Hoppner（2001）运用结构向量自回归模型（SVAR）研究和测定了欧元区国家可预期的货币政策效应，分析并论证了 20 世纪最后 20 年间欧元区国家预期货币政策对产出的影响，并且大约在两年之后这种抑制效果最为明显，其作用力度达到 0.6%。进一步的实证结果表明，需求冲击使得预期货币政策对经济增长具有推动作用，而供给冲击使得预期货币政策对产出影响具有抑制作用[26]。类似的研究还有肖卫国和刘杰(2013)[27]、Funke 等(2015)[28]。

(2)基于其他计量方法的时滞效应分析。利用向量自回归方法为代表的非结构化模型测定货币政策有效性的假设，是认为货币政策的时滞结构是对称的，然而这种假设通常难以成立，时滞结构的不确定性将会给货币政策的有效性带来难以预测的结果。因此，不少学者抛开 VAR 建模的思想，转用其他计量经济方法对预期与非预期货币政策的时滞效应进行分析。如 Vladimir Hlasny (2012)强调菲利普斯曲线能影响名义和实际宏观经济变量，并且通过构造一个状态空间模型来估计韩国非预期货币冲击与国内产出增长的关系，结果发现非预期的货币每变动1个百分点，国民产出则提高0.02个百分点[29]。Òscar Jordà 和 Kevin D. Salyer（2003）[30] 以及 Milani 和 Treadwell（2012）[31] 等也进行了类似的研究，其研究结论也强调了非预期的货币变动对名义利率的影响。

从两类方法关于时滞效应分析的文献来看，基于非结构化模型的分析结果侧重于货币政策的预期效应，而基于其他计量方法的分析结果则侧重于货币政策的非预期效应。但正如 David H. Small（1997）认为理性预期学派们关于非预期货币规模与效应的度量存在可疑一样，以实际货币供给减去拟合预测的预期货币供给之差作为非预期货币规模有失妥当，然而学者们也未提出更好地测度预期与非预期货币政策效应的方法。大多数学者以 AD-AS 模型为起点，理论分析预期与非预期货币政策效应问题，但在使用该模型时，并没有有效放宽模型假设，也鲜有学者从动态视角探讨 AD-AS 模型的用途，且对于经济周期和附加预期等信息也缺乏重视。正因为存在上述两个原因，使得关于预期与非预期货币政策时滞效应的争论至今还在继续。

2. 预期与非预期货币政策的双向效应分解

随着经济结构的渐趋复杂与经济理论的进一步发展，国际经济界已开始认同不同时期货币政策的变动对经济系统的影响具有效应差异，这不仅源于货币本身变动的系统性和复杂性，也归咎于这种预期和非预期的货币变动究竟是来自正向的冲击还是反向的冲击，即货币政策是积极的还是消极的(紧缩性的还是扩张性的)。在不存在明显时滞影响的前提下，理性预期的经济学家们认为，经济萧条时期实施的正向非预期的货币政策所取得的效果有别于经济过热时期采取的反向非预期货币政策所取得的效果；新凯恩斯学派代表们也认为经济萧条时期采取的正向预期货币政策与经济过热时期采取的反向预期货币政策具有不同的效果。基于这一认识，预期与非预期货币供应量的变动被进一步分解为正向预期变动与反向预期变动、正向非预期变动与反向非预期变动，并分别对其有效性进行了研究。

不少学者认为 Barro 等人关于预期与非预期货币政策效应的研究都有失科学性，因为他们都缺乏对货币政策性质的思考。于是，James Peery Cover (1992)首先将货币供给的冲击分解为正向冲击与反向冲击，并分别研究其对产出的对称性影响。然后将这种双向的冲击与货币政策的预期性整合，结果表明不论是预期的货币政策还是非预期的货币政策，正向的货币供给冲击都难以对产出产生影响，而反向的货币供给冲击则具有较强的效应。由此说明即便是非预期货币政策的正向冲击也难以对经济产生显著影响，而即便是预期货币政策的反向冲击也可以造成经济系统的巨大波动 [32]。Morgan(1993)[33] 也进行了类似的研究，其结果发现不论是预期的还是非预期的货币供给冲击，紧缩的货币冲击效果都要优于宽松的货币冲击。Masih (2006)采用系统的极大似然估计方法得出与新古典货币中性假设相矛盾的结论，认为货币非中性的观点难以得到支持。研究结论进一步表明，在1955—1990年的经济繁荣期间，亚洲10个发展中国家预期的货币政策对于价格水平和经济的真实产出具有更为显著的影响 [34]。Jinquan Liu 和 Chunyang Pang (2011)的研究结论发现消极(紧缩)的货币政策在高通货膨胀时期更具有抑制经济过快增长的效应，而积极(扩张)的货币政策在低通货膨胀时期的经济推动作用较为有限 [35]。而 Nguyen 和 Boateng (2015) [36] 以及 Ozsuca 和 Akbostancl (2016) [37] 等，分别基于数量型货币工具和价格型数量工具视角，探讨了宽松货币政策与紧缩货币政策的差别效应。

国内关于预期与非预期货币政策双向效应的检验首先集中在宏观经济方面。隋建利和刘金全(2011)通过对比中国与美国的货币政策趋势，认为中国的非预期货币政策对宏观经济系统难以产生显著的正影响，来自货币政策方面的冲击引发的非预期效应对于宏观经济增长而言是消极的 [38]。杜萌(2013)尝试对货币供应量进行分解，在得到预期与非预期的货币供给规模的基础上，运用计量分析方法对两类货币政策所引起的效用进行检验，得出的结论发现非预期的货币政策对经济产出具有短期的周期性影响，而从长期来看，却具有显著的负效应 [39]，这表明中国经济发展前景在较大程度上受非预期货币政策的影响。

国内关于预期与非预期货币政策双向效应的检验还体现在虚拟经济方面。一般认为，实施货币政策过程中起作用的是利率而不是货币本身，利率的变动不只会影响消费、投资、政府购买和净出口，还会进一步渗透到股票市场和银行体系，因而会"挪走"货币政策对实体经济的部分效应，而基于金融杠杆的作用，这些领域对于货币政策尤其是非预期货币政策的实施效果都具有较大影响；同时金融创新的加剧也势必将影响到货币政策效果的发挥。李媛和谢凤敏(2014)认为，影子银行对货币供给与流通的影响是显著的，而不合理的影子银行渗漏行为会降低货币当局的货币供给调控能力，从而使得我国积极的货币政策效果不尽如人意 [40]。因此，进一步探究货币政策的变动对于虚拟部门的影响，是科学全面研究我国货币政策有效性的重要保证。

由于预期的规则性和非预期的随机性特征，虚拟市场对于货币政策的变动形式也是具有不同反应的。例如，Barro 早在 1977 年就意识到预期与非预期的货币政策对股票市场具有显著不同的影响，并将预期的思想融入货币政策对股票市场的影响分析中。郭晔(2016)也进行了类似的研究,其研究结论发现,相比预期到的货币政策,未预期货币政策对企业债券信用利差的影响更为显著[41]。陈日清(2014)则采用马尔科夫区制转换模型对我国的房价问题进行了探索,作者认为预期的货币政策对房地产市场的影响是显著的,而非预期的货币政策却会使得货币政策的调控作用打上折扣,由此说明非预期的货币政策在虚拟部门中的重要性[42]。类似的研究还有尚玉皇等(2017)[43]。

结合学者们的研究成果可以发现,预期与非预期的货币政策确实存在明显的双向效应,但不同学者的研究结论并没有很好地相互佐证。这可能是因为,货币政策的不同冲击形式在不同的经济环境下存在差异化的作用机制,积极的货币政策和消极的货币政策会因此产生不同的经济效用。然而迄今为止,预期与非预期货币政策的双向效应仍然是学术界探讨的热门话题,也决定了央行在选择货币政策执行方式时需要做出更多的针对性考虑。综合来看,在不同时段和区域甚至不同行业和调控目标背景下,探讨如何采取有差异性的货币政策,既能丰富预期与非预期货币政策相关理论研究,也可切实提高货币政策执行效率。

3. 预期与非预期货币政策有效性根源的争辩

从货币政策执行效果的历史经验来看,货币政策的不同预期方式对一国经济产生着重要影响。因此,关于预期与非预期货币政策的有效性问题,学术界从其前提假设方面展开了论证,并在货币政策能否被预期的根源上,从市场有效性、存在理性经济人以及理性经济人关于政策信息预期等方面展开了激烈的讨论。

(1)基于市场有效性假设的讨论。货币政策能否被大众所预期,其思想实质就为货币政策对于大众而言是否是透明的,这反映了市场的有效性程度。如果货币政策具有良好的透明属性，则认为货币政策能被大众所预期，市场是有效的；反之则认为货币政策具有非预期性、是随机的，市场也是非有效的。狭义的货币政策透明度重点考察的是中央银行的偏好、对经济信息的掌握、采取的计量模型与方法、根据经济信息采取决策的过程和执行情况方面的信息公开情况；广义的货币政策透明度则进一步考察所公开信息的必要解释与说明情况、信息公开的数量和准确性、信息发送者和接受者对信息的理解与共享程度、信息发送者和接受者所掌握信息的一致性等方面，这种高度有效的市场运作给政策信息的透明度提供了良好的环境。因此，对货币政策预期与非预期的理解，重点就在于其透明度水平。

以 Lucas 为代表的学者们认为，通过在市场上充分了解和运用各类信息，预期货币政策是完全失效的，只有非预期的货币变动才能发挥经济干预效果。然而有不少批判者指出，信息不对称问题在包括中国在内的绝大多数经济体当中都存在，如果透明度较差，货币政策传导机制存在时滞与阻力，那么市场将不有效或者说有效市场将不存在，因而预期学派关于预期货币政策中性的前提是不成立的。同时，非预期的货币政策毫无必要，因为在非有效市场背景下，调整预期的货币政策执行方式将有助于熨平经济波动（Reid，2015）[44]。而即便是少数经济体存在有效市场，也有学者从实证角度分析了货币政策透明化给经济市场带来的影响，结果发现保持货币政策的透明化，对于经济产出增长具有较为稳定的效用，但对通货膨胀的影响却较为偏激，这意味着预期或非预期的货币政策效果似乎都并非十分完美[45]。

由此可见，不同货币政策学派在争论到底是预期还是非预期货币政策有效这一问题时，其根源在于对市场有效性的假设，这似乎表明货币政策执行方式应该依据市场环境来进行抉择。同时也可以发现，保持货币政策的透明性，对于验证市场有效性假说是一个积极的信号，但货币政策执行方式并不完全取

决于高效的经济市场，需要结合公众对市场信息的把握能力和对政策的可预期
程度来加以判断，也就是经济人是否理性。

（2）基于是否存在理性经济人假设的讨论。理性预期学派假定经济主体都
是具有理性的，经济主体对经济运行规律与机制具有充分的认识，能够对经济
系统形成一致的无偏估计，能够根据市场信息做出最有利于自己的经济决策
和行为，这是导致预期货币政策无效的重要假设条件之一。但理性经济人是否
真实存在，一直在学术界存在争议，从而不断动摇理性预期学派的观点。基于
此，预期学派早期的相关研究放宽了对理性预期的部分假设，降低了经济人的
理性程度，着力探索适应性学习机制在货币政策规则中的设计问题[46]。比如，
Massaro（2013）就区分了理性预期与适应性预期的实证关系[47]；Hacioglu（2015）
认为不完全理性的适应性预期也能很好地引导投资者行为，尽管适应性预期
在经过一段时间学习后会演变为理性预期，但在前期是以适应性预期为主[48]；
卞志村和高洁超（2014）也通过引入适应性学习机制进行实证研究，得出结论认
为：只要公众对未来经济变动和政策趋势的预期存在一定的理性判断，那么经
济的实际走向将很好地趋近于均衡水平[49]。类似的研究还有许志伟等（2015）[50]。

然而徐亚平（2006）认为理性预期学派关于理性经济人的假设在实际经济中
是不成立的，因为受到知识水平、环境因素的影响，经济主体通常难以对经济
运行过程和结果形成完全认知，因而理性经济人在实际经济中是不存在的[51]。
马理（2016）也认为货币政策的不断调整会改变公众的适应性预期，继而引导市
场变化与宏观经济发展，因而理性经济人存在的可能性很小，这意味着非预期
的货币政策效应将更为明显[52]。此外，鲁臻（2016）、郭豫媚等（2016）和杨源源
等（2017）认为，即便理性经济人假设成立，但通过加强央行与市场沟通，提高
央行与公众预期并促进中国预期管理，那么有效市场可以较好地抑制货币政策
失效，预期的货币政策也可以较好地调控宏观经济[53-55]。

通过上述众多学者的研究观点可知，出于对理性经济人假设的考虑，理性预期学派和凯恩斯学派关于货币政策的执行方式与效果存在很大争议。然而市场是否真的存在理性经济人以及如何判断经济人的理性水平，目前在学术界还没达成一致观点，因而加强理性经济人假设问题的研究，既是亟须攻克的经济学难题，也是化解预期与非预期货币政策效应争论的重要依据。

(3)基于理性经济人关于政策预期假设的讨论。理性预期学派以 IS 曲线、LM 曲线以及 Lucas 供给函数等为基础，构造了一个包含历史经验和经济变化信息的动态均衡模型，该模型由未预期的货币变动、未预期的政府支出以及总需求与总供给的扰动项构成。在假定经济主体是理性人的前提下，经济主体能够准确地预期政府采取的任何经济政策，因而未预期的经济政策是不存在的。而当货币当局以历史产出和货币变动规律为基础调整现期货币供应时，产出的变动将与历史信息无关，完全取决于扰动项以及模型的基本参数，因而预期的货币政策不能发挥效应，由此造成货币政策无效。但有学者对此看法不同，并认为理性经济人在预期未来政策时更多地会以现期的信息为参考，而非完全依赖于过去的经济信息。因此，货币当局在同时考虑历史产出、货币变动规律以及现期利率的影响，来调整现期货币供应时，产出的变动将部分取决于现期利率水平，同时也会受到公众对通货膨胀预期的影响，由此得出货币政策是非中性的结论，这与理性预期学派的货币政策中性论截然相反。

由此可见，学术界关于预期货币政策有效性争论的第三个根源，在于理性经济人关于政策的预期。理性预期学派认为有效货币政策执行效果下，准确的政策预期几乎是不太可能的；而反对者则认为理性政策预期是存在的，并且能够被公众所掌握。于是，基于理性经济人关于政策预期假设的异同，诸多理性预期学派一致认为，央行依据过去经济信息和经验来选择和调整货币政策，是不可能被市场所预估到的；但认为现期信息同样影响货币政策执行效果的反对派，则坚持货币政策在理性预期下是非中性的，并且支持预期货币政策规则的研究成果颇多，如谢太峰和王子博（2013）[56] 等。此外，张伟（2014）也强调，只有保持货币政策的审慎性、持续性和一致性，才能更好地发挥理性经济人的能动性，继而促进产业转型，这意味着强化货币政策的预期特征，具有更好的经济效应 [57]。因此，尽管不同理性经济人关于政策预期存在差异，但加强预期管理，提高主体预期能力，能显著影响货币政策执行效果（汪莉和王先爽，2015；张勇等，2015；张成思和党超，2016；马文涛，2017；朱军和蔡恬恬，2018）[58-62]。

似乎预期与非预期货币政策效应之争的天平正逐渐向凯恩斯学派倾斜，然而颇具戏剧性的是，在 Lucas 分解了货币政策的预期与非预期特征后，尽管理性预期学派对预期货币政策执行效果的论证受到了诸多学者的反驳，但支持预期货币政策中性观点的呼声依然很高。尤其是在后金融危机时代，在包括货币政策在内的多维政策体系联合推动下，全球经济复苏依旧乏力，这为预期货币政策无效性命题的论证提供了现实依据。正因如此，预期与非预期货币学派，仍在围绕理性经济人关于政策预期假设展开激烈争辩，而关于预期与非预期货币政策有效性问题的争论也仍未停止。

（三）预期与非预期货币政策效应在我国的研究

1. 对货币政策预期与非预期的称谓

尽管国外在预期与非预期货币政策是否影响经济方面开展了较多的研究，但国内方面的研究起步较晚，也没有形成系统的认识和研究。在理性预期学派的这种预期思想传入我国后，人们对货币政策的预期与非预期具有较为一致的感性认识，但对于两种政策概念的表述却有所偏见，具体叫法不一。如我国学者刘超和李大龙（2014）等将货币政策分为预期的货币政策和非预期的货币政策两种形式[63]；张萌和蒋冠(2014)[64]将货币政策分为规则性货币政策和相机选择性货币政策等形式；刘金全和隋建利(2010)则将这种非预期的货币变动称为货币增长的不确定性[65]；肖卫国和刘杰(2013)则更倾向于将货币政策描述为可预期与不可预期两种类型[27]。诸如此类，等等。

2. 预期与非预期货币政策有效性在我国的检验

学者们主要基于对经济产出和对虚拟经济影响两个方面检验了我国预期与非预期货币政策的有效性问题。对预期与非预期货币政策效应的检验首先集中在宏观经济方面。刘金泉和云航(2004)将货币政策方程分解为预期正向与预期负向、非预期正向和非预期负向的成分，并考虑了滞后因素的影响。在分别以 M_1 和利率作为货币政策指标时，得出的结论显示预期正向、预期负向、非预期正向和非预期负向的货币政策在不同的滞后阶段对产出产生显著不同的影响[66]。隋建利和刘金全(2011)通过对比中国与美国的货币政策趋势，认为中国的非预期货币政策对宏观经济系统难以产生显著的影响，但来自货币政策方面的冲击引发的非预期效应对于宏观经济增长而言是消极的[38]。杜萌(2013)尝试对货币供应量进行分解，在得到预期与非预期的货币供给规模的基础上，运用计量分析方法对两类货币政策所引起的效用进行检验，得出的结论发现非预期的货币政策对经济产出具有短期的周期性影响，而从长期来看，却具有显著的负效应，这表明中国经济发展前景在较大程度上受非预期货币政策的影响[39]。然而刘凌和方艳(2014)利用 DCC-MVAGRCH 模型得出的结论却发现，非预期的货币政策能对经济产出产生正向的作用[9]。

李媛和谢凤敏(2014)认为，影子银行对货币供给与流通的影响是显著的，而不合理的影子银行渗漏行为会降低货币当局的货币供给调控能力，从而使得我国积极的货币政策效果不尽如人意[40]。因此，进一步探究货币政策的变动对于虚拟部门的影响，是科学全面研究我国货币政策有效性的重要保证。邹文理和王曦(2011)也检验了这种关系，结论发现不同行业的股票收益率与非预期的货币政策都具有较强的反映关系，而与预期的货币政策基本不相关[67]。陈日清(2014)则采用马尔科夫区制转换模型对我国的房价问题进行了探索，作者认为预期的货币政策对房地产市场的影响是显著的，而非预期的货币政策却会使得货币政策的调控作用打上折扣[42]。由此说明非预期的货币政策在虚拟部门中的重要性。

（四）学术研究简评

20世纪70年代至20世纪80年代出现的滞涨现象动摇了凯恩斯主义的经济学地位，理性预期学派的兴起也再次掀起了宏观经济学领域的一场风波。从当前货币政策的研究局势来看，新古典宏观经济学和新凯恩斯主义关于预期货币政策是否显著影响经济产出和通货膨胀的争论仍在延续。

通过梳理预期与非预期货币政策效应研究的文献得知，相比凯恩斯学派认为预期货币政策可以短期影响经济的观点，理性预期学派认为只有非预期的货币政策才能对包括失业率和产出水平在内的经济变量产生实质影响，尽管这种影响也属于短期行为，但对价格的影响却是长期的。此外，不管是在时滞效应还是双向分解拟或其他方面，两种学派都没有对货币政策执行效果形成一致看法，可能的原因就在于货币政策能否被预期这一根源上存在认识分歧。通过总结不同学派争论的焦点，可以发现学术界争论的根源在于是否存在货币政策可被及时预期的机制，基于这一根源，学术界重点围绕货币政策的预期与非预期效应、时滞效应以及双向效应等方面展开了争论。

总体来看，受限于统计方法与计量模型的假设条件，以及不同时期与不同区域等差异，这种国际前沿的研究争论至今仍未达成共识，但却为货币政策实践与效果评价提供了丰富的理论指导与测度方法。但是，当经济体制上的差

异决定了不同国别在货币政策的预期与非预期效果方面更为复杂时，AD-AS
模型和菲利普斯曲线等经典理论与模型在时间吻合方面是否合理、假设条件与
现实基础是否存在冲突等，就都还有待商榷，这也为预期与非预期货币政策效
应的研究提出了难题。此外，在经济与金融发展结构出现失衡的地区，通过执
行有针对性的货币政策来推进区域性的产业结构调整，已经在学术界展开了较
多的讨论(彭俞超和方意，2016)[68]，并有学者认为货币政策对一线城市和东
部城市的影响要明显强于中西部城市(余华义和黄燕芬，2016)[69]，这意味着
货币政策效应还存在显著的区域差异性。但出现这一问题的根源是采取了何种
形式的货币政策，似乎还未引起足够的关注，即便有所涉猎，也没有将货币政
策的预期与非预期形式和区域差异很好地结合起来，这使得怎样结合不同区域
的经济水平、发展速度和消费结构等方面来探讨货币政策的预期与非预期效
应，将变得更为复杂。

预期本来就是一种难以度量的心理感觉，而一旦将其应用于经济分析，
那么理性预期又成为一个不得不测度的难题。然而，迄今为止的研究文献中都
缺乏一个合理的度量模型。有关货币政策效应的测度多是从 AD-AS 模型出发，
但经济学家们关于货币的总供给和总需求曲线的设定没能得到合理地解释，并
且所构造模型多为静态模式，符合现实经济情况的动态 AD-AS 模型未能得到
一致地认可。Robert J. Barro 等人将预期货币变动视为货币供给模型拟合结果，
而将非预期的货币变动视为实际货币变动与预期货币变动之差，这在实际经济
意义上有些牵强；而国内学者基于预期与非预期货币变动的分析则更缺乏一个
明晰的概念与解析。可见，若预期与非预期货币变动的分离缺乏一个科学的分
类说明与测度体系，货币政策的预期与非预期效应本身就存在科学质疑，那么
将其用于经济分析则似乎更令人难以信服。

正因如此，本书尝试从定性与定量分析相结合的视角，运用相关统计与

计量方法，设计从操作工具到最终目标的货币政策分解方案，通过实证检验中国预期与非预期货币政策的有效性，并据此对预期与非预期的货币政策展开执行效率评估；在此基础上，进一步探索预期与非预期视角下货币政策的时间效应、空间效应和产业效应问题，从而为我国货币政策的实施提供依据和参考。

三、本书的研究思路与方法

（一）研究思路

本书通过系统研究预期与非预期货币政策对宏观经济产生的影响，重点解决我国货币政策执行方式的选择问题，并对预期与非预期货币政策的时间、空间和产业效应展开定量分析，从而为货币当局选择和调整货币政策执行方式提供参考。

本书的研究思路如图1.2所示。

本书的具体研究内容如下：

（1）对中国货币政策有效命题进行检验。根据大量学者研究的观点和中国历年货币政策的实践，中国货币政策应该是具有显著效应的，但效应的具体形式和水平究竟有多高还需要得到进一步的论证。本部分内容拟设计货币政策操作工具到最终目标之间的评估模型，由此剖析预期与非预期货币政策的作用机理，并基于理论分析结果来支持我国可以采取货币政策工具来调控经济发展。

（2）解析中国货币政策的预期效应和非预期效应。分析货币政策在中国的作用机制，探究是否只有非预期的货币政策才对经济具有显著作用，还是预期的货币政策也能产生作用，这也是当前经济界长期以来争论的焦点问题之一。本部分内容拟借助前面所设计的理论评估模型，运用线性回归、脉冲响应与方差分解的原理对货币政策在中国的预期和非预期效应进行检验，以此分析中国货币政策应该采取的合理形式。

研究背景与意义

理论研究

对预期与非预期货币政策的认识

预期与非预期货币政策的作用机理

货币政策的预期与非预期分解 —— 货币政策有效性检验

稳健性检验 → 预期与非预期货币政策效率测度

一阶段传导效率测度

二阶段传导效率测度

综合传导效率测度

实证研究

时域效应研究 —— 区域效应研究 —— 产业效应研究

标准化回归、动态相关系数

动态面板回归

脉冲响应分析

对策研究

对货币政策展开预期与非预期视角的认识

重点疏通第一阶段传导渠道

实施差异化的货币政策

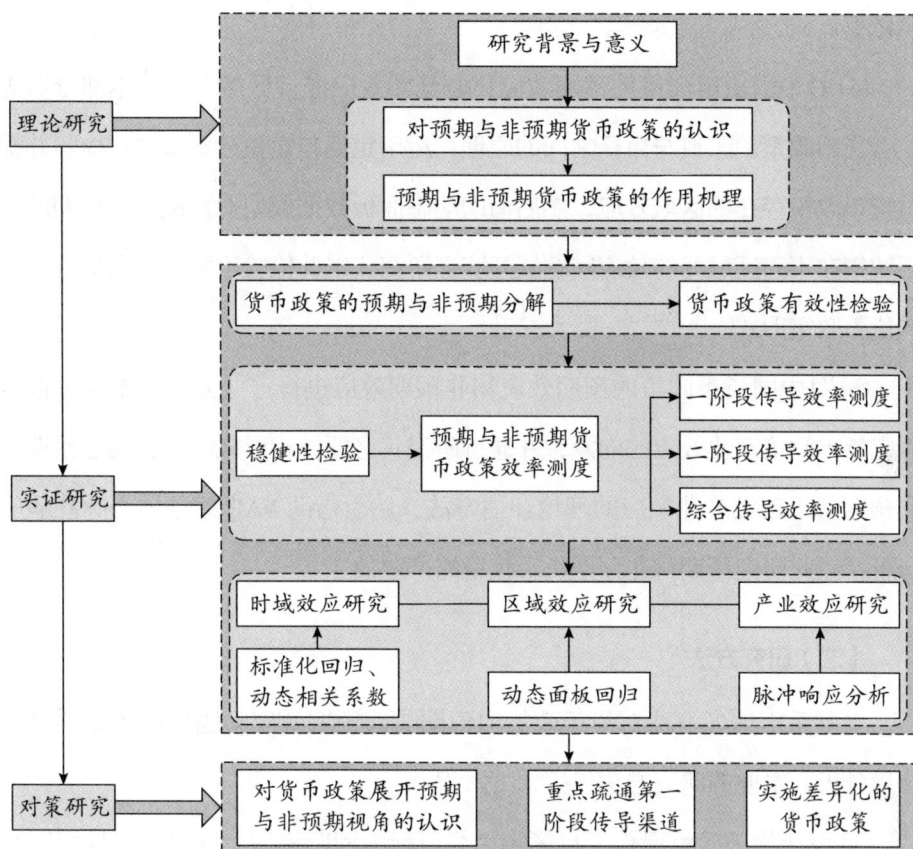

图1.2　本书研究的技术路线图

（3）对预期与非预期货币政策的执行效率展开统计测度研究。本部分首先设计货币政策操作工具传导至最终目标的理论模型，以金融状况指数（Financial Conditions Indexes，FCI）作为中间变量，对预期与非预期货币政策的第一阶段传导效率、第二阶段传导效率和综合传导效率展开统计测度，以此评估提高货币政策执行效率的作用区间。

（4）对中国货币政策的预期效应和非预期效应进行时域分析。本部分运用时间序列模型来对预期与非预期货币政策的时滞效应展开测度研究，解析何种形式的货币政策能更迅速地发挥经济调节作用，从而为宏观经济目标的实现提供依据。

(5)对中国货币政策的预期效应和非预期效应进行区域分析。本部分首先结合货币政策的工具与目标之间的原理，运用定性与定量分析方法，检验并探讨货币政策存在的区域效应，然后借助动态面板数据模型对预期与非预期的货币政策在不同区域间的效应问题展开实证研究，以此检验不同区域所适宜采取的货币政策形式。

(6)对中国货币政策的预期效应和非预期效应进行产业分析。本部分首先界定货币政策产业效应的内涵，并通过研究其必要性和形成原因，构建预期与非预期货币政策产业效应的理论评估方法，然后借助 VAR 模型展开脉冲响应分析，以此研究预期与非预期货币政策的产业效应。

（二）研究方法

本书采用诸多方法对货币政策的预期与非预期效应问题展开统计测算与计量分析，主要的研究方法包括如下六类：

(1)设计货币政策操作工具影响最终目标的回归模型，并采用线性回归方法来分解预期与非预期成分；

(2)借助向量自回归模型来探索预期与非预期货币政策的有效性问题；

(3)运用中间变量法检验货币政策在中国的预期和非预期效应；

(4)通过动态面板数据模型分析预期与非预期货币政策的区域效应；

(5)基于标准化回归和动态相关系数等动态时序思想刻画货币政策在预期方面的时滞效应；

(6)基于脉冲响应原理来研究预期与非预期货币政策的产业效应。

四、本书可能的创新之处

（一）提出预期与非预期货币政策的分解模型

已有研究对货币政策的预期与非预期分解，主要是基于货币供应量这一中介目标对货币政策最终目标的分解，这种方式忽视了操作工具到中介目标之间的关联。本书提出一种从货币政策初始执行端到结束端的分解思路：首先从弗里德曼货币需求视角出发研究利率与货币供应量之间的关联；再借助费雪交易方程的原理展开理论测算，剖析作为货币供应量与产出、物价之间的关联；在此基础上，考虑采用 GDP 支出法的核算框架来研究货币政策操作工具的利率变量对经济产出的冲击；最后，引入理性预期假说，分析预期与非预期货币政策效应的理论机制。基于设计的理论模型，剖析预期与非预期货币政策的作用机理与效果。

（二）分阶段研究预期与非预期货币政策的传导效率

目前学术界主要是基于货币供应量对最终目标的影响效果，展开对货币政策执行效率的测度分析，鲜有研究预期与非预期货币政策的执行效率问题。本书以推行货币政策操作工具到影响最终目标的全过程为出发点，分别度量预期与非预期货币政策的综合传导效率，并尝试构建一个新型的货币政策参考指标——FCI，以此为中间变量，测度预期与非预期货币政策的第一阶段传导效率和第二阶段传导效率。这种研究方式，可以更好地厘清预期与非预期视角下，货币政策实际实施效果与理想实施效果的差异，为提高预期与非预期货币政策传导效率提供更合理的作用时间。

（三）从预期与非预期视角研究货币政策的时空效应

本书在对货币政策进行预期与非预期分解的基础上，借助时序模型和动态面板数据模型分别探析预期成分与非预期成分的时空效应，从而为货币政策效应问题研究提供一种新的分析框架。这种分析思路可以更透彻地阐明货币政策的效应本质，也更细致地度量了货币政策的效应区间与特征。基于时空效应分析的结果，有助于辩证评估货币政策的有效性，同时为货币当局选择货币政策的执行时间、变革货币政策的执行模式、调整货币政策的执行方向和力度提供有力依据。

第二章 预期与非预期货币政策效应的基础理论研究

一、对预期与非预期货币政策的认识

货币政策无效论的提出引发了学术界的反思，西方一些流派倡议用货币政策来调控经济形势的观点也受到诸多批判，不少学者从公众对货币政策的预期与反应视角出发，探讨货币政策的有效成分，继而研究可行的货币政策执行模式。尤其是自从 Robert E. Lucas、Robert J. Barro 以及 David H. Small 等学者开创货币政策预期与非预期效应研究的先河以来，学术界对货币政策的预期与非预期问题进行了较多研究，对货币政策的认识也提升到了一个新的高度。在理性预期的指导下，当央行需要对宏观经济环境进行调节时，公众通常会对央行的意图和行为进行揣测，预测央行会通过哪些操作工具来采取何种形式的货币政策，以此实现利益的最大化。因此，考虑公众的理性预期行为，对于货币当局通过执行货币政策来实现对宏观经济目标的调控，继而提高货币政策执行效率，具有重要的意义。

货币政策是我国调控经济增长和通货膨胀的重要宏观经济政策之一，通常按照能否被及时准确预期，可以分为预期货币政策与非预期货币政策。其中，非预期货币政策是指货币当局所提出和制定的货币政策，不受其他原则或标准的约束，而是根据所设定的经济目标采取的不定频率、灵活多变的调节手段，由于这种方式通常不被公众准确预期，因而属于不可预期的货币政策。在货币政策操作规范中对应于相机抉择型货币政策，但不完全等同于相机抉择型货币政策。非预期货币政策的信息完全是屏蔽的或是完全不可捉摸的，即便是对于"理性经济人"而言，非预期货币政策也具有隐蔽性强、不可预测、影响效应大等特征。而相机抉择型货币政策则主要是指政策调整频繁且灵活，也不会事先公布，但对于一些"理性经济人"来说，可以对相机抉择型货币政策形成一定概率的预估计。因此，非预期货币政策是更严格意义上的相机抉择型货币政策。但在本书后续研究当中，对此两者并不严格区分。

预期货币政策是指货币当局所提出和制定的货币政策，是依据事先确定标准或方式来执行，这种标准或方式在货币政策周期内具有一定的规律性，或者具有较强的透明度，因而可以被公众及时捕捉且准确预期，属于可预期的货币政策，对应于固定规则型货币政策，但两者也不完全等同。预期的货币政策采用了可被公众及时察觉的政策信息，这种信息并非一成不变，只要能被公众所预知，则是属于预期货币政策。但固定规则型货币政策则倾向于定义货币政策操作规范遵循特定的规则，这种规则通常在既定的经济周期内是不可变更的，因而一般情况下也能被公众所预知，但只是属于预期货币政策的一种特定形式。但同样在本书后续研究当中，对此两者也不严格区分。

基于这种认识，预期货币政策与非预期的货币政策在调控宏观经济方面各有优劣。对于非预期货币政策而言，其提出以后往往不易被公众所预期，其调控的方向、采取的手段、执行的力度都具有不可预测性，需要在复杂多变的经济形势下，相机选择最优的执行方案，并加以动态调整，这使得在处理经济系统的不确定性冲击方面具有灵活的应对方案，对于经济系统面临的外在冲击具有良好的应对效果。但这种难以被预期的货币政策具有不规则的多变特征，既考验货币当局对市场信息的及时捕捉能力，以及政策制定与调整能力，也会在一定程度上削弱地方机构执行政策的主动性，从而导致货币政策出现时滞。

预期的货币政策因具有特定的操作规则，其调控方式和手段更为透明化，因而公众可以更快速和便捷地掌握货币政策的意图，从而稳定公众预期，这有助于保持币值稳定，缓解经济波动，实现经济平稳持续增长。其次，可预期的货币政策的决策程度较为简单，操作方式也相对固定，货币政策的实施难度有所下降，这样在中央银行现有调控技术条件下，就会有助于减少货币政策的盲目性。再次，按可预测规则行事的货币政策受政策行政干预和其他部门影响的可能性相对较小，更适合中央银行的实际情况，在一定程度上有利于减少货币政策的依附性。此外，由于可预期的货币政策能被公众及时预期，因而可被公众取得良好的信任，这有助于提高中央银行的信誉度和公信力，从而增强货币政策的执行效果。

由此可见，两种货币政策在操作模式与特点、对执行者的基本要求、应对的宏观环境等方面均存在较大差异，在不同制度背景与现实条件下，有针对性的选取主辅相结合的货币政策模式，可能更具效果。

二、我国预期与非预期货币政策的执行历程

计划经济时期，我国实行大一统的经济增长模式，中国人民银行主要行使发行货币、组织和调节货币流通、管理信贷资金等职能。改革开放以后，我国经济和金融机构的日益增加，突显了加强金融业统一管理和综合协调的迫切性，中国人民银行承担中央银行职责的议题被提上一个新的高度，这一议题也在1983年得以正式通过。1984年1月1日起，中国人民银行开始专门行使中央银行的职能，集中力量研究和实施全国金融的宏观政策，也即从1984年开始，

我国才具有真正意义上的货币政策。

在此时期，西方发达国家出现的滞胀现象动摇了凯恩斯的需求管理理论地位，使得西方国家在货币政策的研究与制定方面，已从相机抉择型的货币政策逐渐向规则型的货币政策过渡。我国货币当局在货币政策的研究和执行方面还处于摸索阶段，故以此时国外货币政策实践为参考，尝试实施了规则型的货币政策，并以利率作为货币政策的中介目标，展开宏观经济政策的调控研究。然而这种货币政策模式并没有保持规则的持续性，不断摸索的货币政策操作规则反而加剧了我国经济的波动性，这一阶段的规则型货币政策也在一定程度上导致了20世纪80年代出现严重的通货膨胀，并且持续到20世纪90年代初期。为了应对这一问题，中国人民银行采取了灵活抉择的紧缩型货币政策，通过更换货币政策工具和调整中介目标等方式来应对经济困难。在这一阶段，相机抉择的货币政策发挥了很好的效果，货币供给增速明显放缓，工业增加值也呈现降温的势头，高起的通货膨胀率也得到较大程度的降低，经济实现了"软着陆"，并走向了货币供应量作为中介目标的货币政策道路。

上一阶段紧缩型的货币政策有效遏制了经济过热的局面，降低了国内经济金融系统的压力，然而这一系列政策的执行，以及随之爆发的亚洲金融危机，使得我国呈现出通货紧缩的态势，经济下行速度偏快。为了应对金融危机的冲击，恢复经济增速，1998年开始，中国人民银行又提出相机抉择的扩张型货币政策，包括：以利率市场化为契机，灵活调整基准利率及其浮动区间；公开市场操作，相机调整基础货币；不定期的窗口指导和取消贷款限制优化信贷结构。在这一套组合拳的推出下，尽管中介目标值没有实现预定的目标，但整体来说，相机抉择型货币政策还是发挥了较好的经济调控效果。

相机抉择的扩张型货币政策有效拉住了经济下滑的势头，在带来经济高速发展的同时，也带来了通货膨胀的压力。不断重复的紧缩型货币政策和扩张型货币政策，也让货币当局意识到仅仅依靠完全相反的操作模式，在短期内能实现一定目标，但从长远来看，则会出现一些相反的极端情况。基于此，从2003年开始，中国人民银行对货币政策的实施，从单一模式向多元模式过渡，同时采取相机抉择和固定规则货币政策来调控宏观经济目标，但仍以相机抉择型为主。这一时期的主要调控手段是：完善公开市场操作体系，相机开展公开市场业务；在总量调控的基础上，进一步加强微观调控；将住房贷款优惠利率回归到同期贷款利率水平，实行固定规则的下限管理；相机调整法定存款准备金率，推进利率的市场化。这种货币政策操作模式一直持续到2008年。但整体来看，此时期的货币政策并没有发挥较好的效果，货币政策操作的实际效果与预期效果存在较大差距。经济增速过快的压力并没有得到有效控制，本来预期缓和通货膨胀压力的机制，最终进一步提高了物价水平，结果导致这种以相机抉择型为主的货币政策效应受到了严重的怀疑。

尤其是美国次贷危机的突然出现给全球经济带来了巨大的冲击，我国经济增速也受到较大影响。2008年开始，我国及时调整货币政策方向、重点与力度，采取了调减公开市场操作冲销数量、相机抉择价格型货币政策工具与数量型货币政策工具、固定信贷规模调控目标、频繁灵活下调存贷款基准利率和存款准备金率等多项举措，但调控效果并不明显，因而不断有学者提出我国的货币政策应当由相机抉择为主向固定规则为主的方式转变（卞志村，毛泽盛，2009）[70]。

从实践历程来看，我国货币政策主要是以相机抉择为主（有时含有部分规则成分），这一模式在调控宏观经济过程中存在诸多弊端，所采取的"松—紧—松"的相机抉择货币政策，经常出现短期有效而长期失效的局面，使得我国经济总是处于冷热交替中，缺乏稳定性（刘杰，2016）[71]。与此同时，原本用于调控经济过热的紧缩型货币政策却在经济放缓阶段得到响应，这也使得货币政策不仅不符合预期，反而朝着相反的方向推进，严重影响了货币政策本来的意图。正因如此，近年来货币政策无效论的观点得到兴起，客观审视货币政策的执行效果，重新研究和制定新型货币政策的呼声也越来越高，究竟是选择相机抉择型货币政策还是固定规则型货币政策，也即货币政策是否应该被公众所准确预期，亦成为探讨的热点话题。

三、货币政策的传导机理研究

对货币政策传导机理的研究，主要是剖析货币政策的传导渠道。当前国际认可的几个主流的货币政策传导渠道包括利率渠道、汇率渠道、货币数量渠道、信贷渠道和资产价格渠道等，这些均是货币政策操作工具影响不同金融市场相关指标的缩影，能在不同程度上体现货币政策的执行效果。

（一）利率传导渠道

利率影响经济产出和通胀是西方学者最早研究货币政策传导机制理论的渠道之一。

以凯恩斯为代表的经济学派格外重视利率在货币政策传导渠道中的作用，因为货币的总需求视货币的交易需求和预防需求以及投机需求而定，而交易需求和预防需求主要受限于收入，投机需求则主要取决于利率，因此，货币总需求是收入和利率的函数。在货币供给与需求均衡的市场条件下，利率与收入从而产出具有对应的关联性。凯恩斯主义认为当利率很低时，人们手中持有的财富无法通过储蓄获得高额利息收入，政府也不能通过增加货币供给来进一步降低利率，从而也不能增加收入水平，此时的人们预期利率只会上扬而不会下跌，因而更倾向于将财富用于投机，而不会以现金方式保存大部分财富，此时的货币需求处于流动性偏好陷阱当中，经济萧条，货币政策是无效的。但以古典学派、货币学派为代表的经济学家们则认为，如果利率本身就处于很高水平，那么货币的投机需求将非常小，财富主要以手持货币的形式存在，如果再执行宽松的货币政策，此时利率预期只跌不涨，社会融资机制变得相对宽松，产出和收入水平也相应提高。

以图形来表示的凯恩斯学派和货币学派的对立观点更为直观。

图2.1刻画的是货币政策的利率传导机制。LM曲线被水平的LM_1、弯曲的LM_2和垂直的LM_3三个部分划分为三个区域，其中水平区域称为凯恩斯区域，也称萧条区域；垂直区域称为古典区域。凯恩斯区域和古典区域是两种极端的情况，更常见的是中间的弯曲部分。在凯恩斯区域，实行宽松的货币政策使$LM1$曲线右移并不会对产出有任何影响，但如果是在中间区域和古典区域，则有所不同。假设宽松的货币政策使得LM_2和LM_3分别在IS_2和IS_3上向右移动，假设期初的收入水平给定，那么LM曲线的移动将主要受交易动机影响，而交易动机又取决于利率的变动，利率下降使得投资和产品需求增加，IS曲线随之出现右移，在货币供需和产出均衡的相互作用下，两个市场持续微调，并假设重新达到均衡的位置分别为B点和C点，此时，LM_2和LM_3分别移动到LM_{22}和LM_{33}位置。可见，新的均衡状态下，沿着IS曲线移动的LM曲线归根结底也会带来产出的下滑。由此说明货币政策通过利率渠道对经济产生了影响。很明显，货币政策在古典区域所造成的经济影响要强于中间区域。这是由于在货币需求方程$m=ky-hr$中，LM曲线越平坦，货币需求的利率弹性h就越大，从而一定规模货币供给的变动只需利率的小幅波动即可协调，利率的微小变化给投资和产出带来的影响也很微弱。因此，增加(减少)货币供给的宽松(紧缩)货币政策效果也将越小，而在凯恩斯区域，货币政策完全失效。

凯恩斯学派和货币主义学派长期存在分歧的观点推动了货币政策利率传导理论的发展，也有助于后续学者们比较两派关于货币政策传导机制的差异性。尽管不同学派在学术上的争论长期存在，但他们的基本思想是统一的，即都认为利率的调整直接关乎银行业的融资渠道和企业家的投资成本，以此左右社会投资方向和力度，进而影响经济产出规模。因此，在一定条件下，利率是影响货币政策、反馈真实经济信息的重要变量。

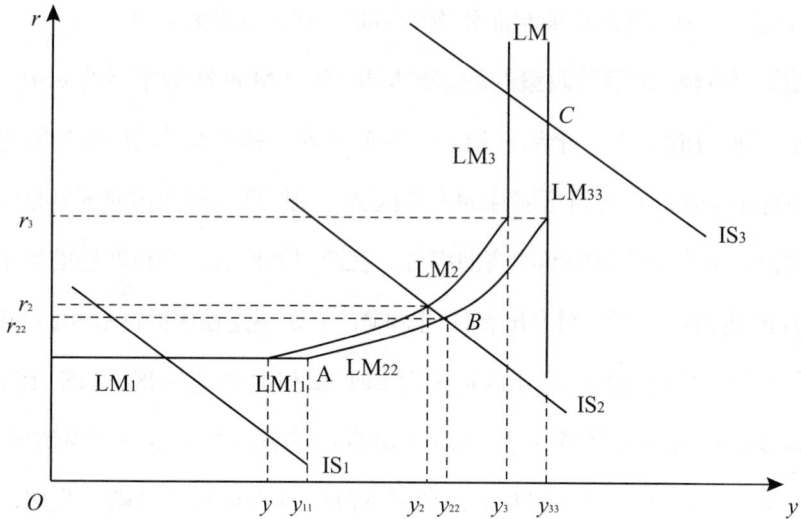

图2.1　货币政策的利率传导过程

（二）汇率传导渠道

IS 曲线描述的是在既定汇率水平下，产品总供给与总需求相等时的利率和收入水平的组合；LM 曲线给出的是现行汇率水平下，货币市场上的货币总供给与货币总需求均衡时的利率和收入水平的组合。IS-LM 模型则提供了在产品市场与货币市场同时达到稳定状态时的利率与收入水平的集合，IS-LM 模型图上的任何一点，均可用于分析市场上的产品超额供给或超额需求与货币超额供给或超额需求之间的关系，模型还可用于分析财政政策与货币政策变动时，给 IS 曲线和 LM 曲线所带来的移动方位与速度。

但 IS-LM 模型所隐含的内在条件是，模型处于一个封闭的经济系统当中，不受国外市场的干预，这在经济全球化背景下存在明显的不足。马歇尔、勒纳等经济学者将外汇市场视为一个开放经济条件下的重要市场，认为国民经济宏观经济变量除了受到经济体内部的干预，还将接受来自国外部门的冲击，因而在他们的经济模型中引入了汇率因素。汇率是一国货币的价格，名义汇率表现为一国货币折算为另一国货币的比率，实际汇率表现为一国价格水平与另一国价格水平的相对比值。通过引入外汇市场因素，西方学者在 IS-LM 模型基础上添加了 BP 曲线(国际收支曲线)，组合成了新的 IS-LM-BP 模型，用于评价在国际经济背景下，经济系统实现内外均衡时的利率与收入组合。

宏观经济学中，将净出口函数定义为：

$$nx = q - \gamma y + n\frac{E \cdot P_f}{E \cdot P} \tag{2.1}$$

式中，q、r 和 n 均为正参数，E 表示名义汇率，P 和 P_f 分别为国内和国外价格水平。

净指标流出函数定义为：

$$F = \sigma(r_w - r) \tag{2.2}$$

式中，σ 为大于 0 的常数，r_w 和 r 分别表示国外利率和本国利率。

国际收支处于平衡状态时，有 $nx = F$，此时，结合式(2.1)和式(2.2)有：

$$r = \frac{\gamma}{\sigma}y + (r_w - \frac{n}{\sigma}\frac{E \cdot P_f}{E \cdot P} - \frac{q}{\sigma}) \tag{2.3}$$

式(2.3)即为开放条件下的 BP 曲线。在 BP 曲线上方的所有点，符合 $nx > F$，此即说明国际收支出现顺差；在 BP 曲线下方的所有点，符合 $nx < F$，此即说明国际收支出现逆差。

目前国际上的汇率制度分为固定汇率制度和浮动汇率制度两种。固定汇率制度主要采取的是盯住一国或经济体的货币的官方制度，汇率允许有小幅波动但基本保持固定；而浮动汇率制度则是指汇率完全由外汇市场的供求关系来决定，不受官方的管制。浮动汇率制度又有自由浮动汇率制度和管理浮动汇率制度之分，顾名思义，自由浮动下的汇率不受官方的任何干预，完全由外汇市场的供需状况来决定；而管理浮动下的汇率制度则是指官方依据外汇市场的供需状况进行有计划的干预，通过影响外汇的供求关系来决定汇率水平。不同汇率制度下，货币政策效果具有显著差异性。

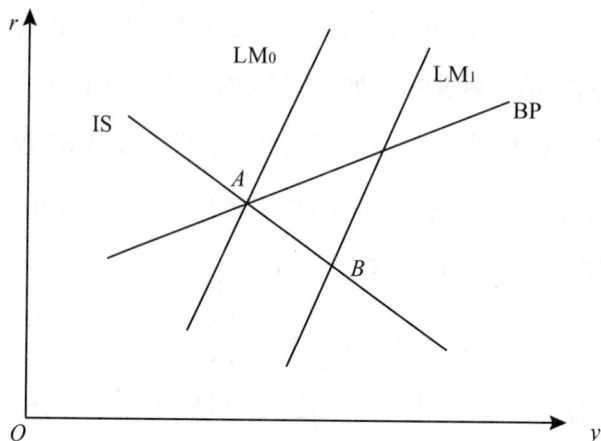

图2.2　固定汇率传导下的货币政策效果

在固定汇率制度下，由式(2.3)可知，BP 曲线位置不会移动。假设 IS-LM-BP 的初始均衡点位于图2.2中 A 点位置，那么当货币当局认为经济低于潜在水平而决定动用宽松货币政策时，LM 曲线将出现右移，此时 LM 曲线和 IS 曲线的交点位于图中 B 点。B 点的利率水平低于 A 点，而收入水平要高于 A 点，同时 B 点位于 BP 曲线的下方，说明资本出现净流出，国际收支出现逆差，本币面临贬值的压力。为了维持汇率固定，货币当局通过卖出外币或者买进本币来对外汇市场进行干预，从而减少货币供给，这一后果将导致 LM 曲线出现左移，并重新回到 A 点位置，利率和收入都恢复到初始状态。由此可见，在固定汇率制度下，货币当局执行的货币政策并不能真实地影响产出供给，也即货币政策是无效的。

而在浮动汇率制度下，汇率不受政府干预而由外汇市场的供需状态决定，因而汇率可变，而外汇储备基本保持不变。假设 IS-LM-BP 的初始均衡点位于图2.3中 A 点位置，那么在货币当局决定动用宽松的货币政策时，LM 曲线将出现右移，并和 IS 曲线相交于图中 B 点。此时，B 点利率水平低于 A 点，且 B 点位于 BP 曲线的下方，说明资本出现净流出，国际收支出现逆差导致汇率下降。本币的贬值又刺激 BP 曲线和 IS 曲线向右移动，当经济缓慢移动到一个新的均衡状态时，BP 曲线和 IS 曲线分别移动到 BP_1 和 IS_1 处，此时的新均衡点为 C 点。C 点处的产出 Y_1 大于 Y_0，说明浮动汇率制度下的货币政策是有效的，能显著地提高经济产出水平。

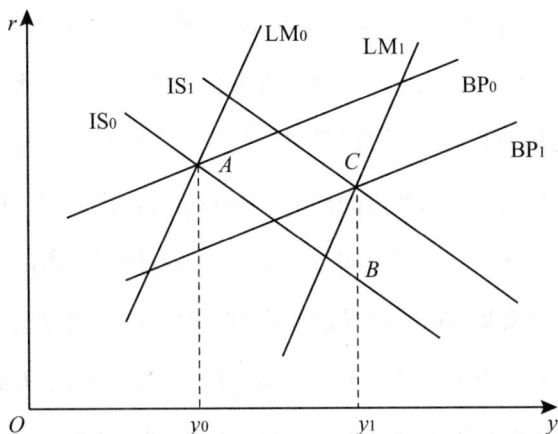

图2.3 浮动汇率传导下的货币政策效果

（三）货币数量传导渠道

货币供给是货币在中央银行规划下，通过银行和其他金融机构以信用贷款的形式对外发放的资产，由于信贷规模直接影响总需求的大小，而总需求又决定着产出的增长，因此货币供应量对产出也具有传导效果。此外，在一定产出和货币流通速度下，货币供应量的变动决定着物价的变化，这是早期的货币数量论和以弗里德曼为代表的货币主义学派的现代货币数量论一致认可的观点。因此，货币数量也成为货币政策传导的重要渠道。

早期的货币数量传导理论主要受古典主义学派的影响。1911年，美国经济学家费雪提出了著名的交易方程，即 $PY=MV$，其中，P 表示商品市场的一般价格水平或价格指数；Y 表示实际收入水平；M 表示市场中的货币供给规模；V 表示货币在市场中的流通速度或平均周转次数。该交易方程说明货币供给对产出和价格水平具有同方向、同比例的影响。剑桥学派的代表学者庇古强调货币的储藏手段功能，以人们对货币的需求量为关注重点，在费雪交易方程基础上加以改进，提出了著名的剑桥方程，即 $M=kPY$，其中，M 为人们对货币的需求量；k 为经常持有的货币量，数量上等于货币流通速度的倒数，即 $1/V$；P 表示商品市场的一般价格水平或价格指数；Y 表示实际国民生产总值。可见，交易方程和剑桥方程一致认为货币供给规模直接决定着物价水平的高低。

凯恩斯在交易方程和剑桥方程的基础上，以灵活偏好为基础，从货币的交易需求和货币的投机需求两方面提出了新的货币需求方程。但西方学者随即指出，凯恩斯包含货币投机需求的货币需求函数发展了庇古的思想，明确了利率在投机动机中的重要作用，但其缺点也很明显，因为凯恩斯的货币数量论只注意到利率和收入对货币需求的影响，而忽视货币需求也受人们对财富持有量的影响，更多的资产在货币需求中起到了重要作用。基于此，以弗里德曼为代表的货币主义学派在吸收凯恩斯灵活偏好理论的基础上，对货币供给变动后的货币政策传导理论进行了深入研究，形成了新的货币数量论观点。

弗里德曼认为，货币需求除了可以表征为一般价格水平、名义国民总收入等变量的函数关系外，还受市场债券利息率、对股票收益的预期、预期的物质资产的收益率、非人力财富与总财富的比重以及汇率、个人偏好以及其他未被观测到的因素等的影响，并且货币数量的变动首先影响的是现有资产的价格，而非收入水平。弗里德曼同时认为，货币供应量的变化在短期内由于受到价格适应性预期和工资黏性的限制，可能会影响产出规模，但在长期内，随着投资的扩大，名义利率的上升，产出会进一步受到限制，物价水平却得到提高。因此，从长期来看，货币供应量的变动对价格水平的影响更大，可用于判断未来通胀的走势，调节而影响实际经济产出的能力甚微。这正是货币主义的重要思想：货币政策在短期内是非中性的，但在长期内则是中性的。这与凯恩斯学派认为货币的变动能显著影响国民收入和产出的观点存在分歧。

（四）信贷传导渠道

传统的利率传导机制注重对储蓄和借款人的作用，而对贷款者的关注不够。事实上，企业的投资倾向在很大程度上也受利率的约束。利率（此处指贷款利率）的上升是贷款成本膨胀的重要影响因素，并且在很多时候，贷款者对利率还是非常敏感的。一旦贷款受到约束，投资规模也势必受到牵连，从而给经济的打击也是不可言喻的，这是20世纪中期，以罗萨为代表的信用可得性理论的主要观点。而到20世纪80年代，斯蒂格利茨从市场缺陷、信息的非对称性等经济现实出发，提出了均衡信贷配额理论，从而为货币政策的信贷渠道奠定了研究基调。

信贷传导理论的观点是，中央银行通过货币市场影响银行储备和信贷规模，从而导致企业投资发生变动，进而对产出造成影响。信贷传导理论强调银行作为传导载体的重要性，认为部分借款者对市场信贷条件的变化要比其他借款者更敏感，因为这部分借款者的借款来源在很大程度上依赖于银行业的信贷政策，而贷款利率等信息变量直接决定着借款人的借款规模，因为他们要考虑是否能承担高昂借款成本偿还的风险。此外，不同借款者对于借款信息也具有不同的认识和接受能力，这种差异性部分取决于信息的非对称性，其后果是导致出现不一致的直接融资成本和间接融资成本，前者主要是通过银行这一中介机构完成贷款，后者主要是通过资本市场发行股票，或者通过产权市场出让股权等行为完成的融资。

一般情况下，信贷传导理论认为货币政策的变更对直接融资成本的影响更大，主要体现在两个方面：

(1)虽然一些大型商业银行可以通过发行金融债等融资方式来抵御紧缩性货币政策带来的信贷冲击，但众多中小银行尚不具备丰富的融资渠道，中小银行信贷基础主要依靠吸收存款，在货币政策冲击下，中小银行的储备和贷款量受到直接牵连，从而减少社会可供贷款规模。

(2)企业在获得信贷方面存在的信息不对称性，使得一些大型企业或上市公司可通过发行公司债券等方式直接在资本市场融资，这也能在一定程度上缓解信贷危机，然而小企业的贷款渠道主要依赖银行这一中介机构，紧缩性的货币政策直接缩减了中小企业的贷款规模，从而造成社会投资规模下降，经济产出随之缩水。

但在现阶段，信贷政策与货币政策还存在一些矛盾，这直接影响信贷政策对货币政策执行效果的传导。这是因为，首先，信贷政策与货币政策的因果关系并没有得到广泛的认可，究竟是信贷规模涌入市场引起投资效益与价格水平的变化，还是经济形势的冷暖引发投资方向的调整，这在国际经济界尚存在争论。其次，有很多学者同样认为，当货币政策执行效果所致经济趋热时，公众预期未来经济形势更为乐观，从而引发信贷部门放低贷款门槛，投资者也追加投资力度，这是货币政策引起信贷政策变动的可能之一；当经济处于下滑状态时，也会有部分风险爱好者逆经济风向行事，继续投资生产，银行提高监管审慎力度，但只要存在利益，就有可能改变信贷政策。此外，信贷传导理论认为部分借款者重视银行信贷政策的变化，因为高利率所带来的高昂借款成本是他们需要加以考虑偿还的风险，但这些主体集中于中小企业或私人投资者，他们在投资队伍中并没有足够的话语权，且中国中小企业存在明显的借款难、借款贵等特征。正因如此，信贷渠道是否可以作为货币政策的有效传导渠道，虽然理论上已经有较多研究，但现实当中的传导效应还有待进一步商榷。

（五）资产价格传导渠道

资产价格对货币政策的影响是通过改变投资者的财富水平和资产组合来影响投资和消费，进而影响产出，该传导机制需要建立在较发达的股票市场、房地产市场以及其他资本市场基础之上。资产分为货币性资产和非货币性资产，其中货币性资产是指已经拥有的现款，以及可以按照既定的金额或利率来获得确定的收入，包括库存现金、银行存款、其他货币资金、应收账款、应收票据和准备持有至到期的债券投资等；非货币性资产是指货币性资产以外的其他所有资产，包括存货、固定资产和无形资产以及可供出售或交易性金融资产等不准备持有至到期的债券投资等。货币性资产价格的货币政策传导渠道与货币数量理论、信贷理论具有类似特征，而非货币性资产价格对货币政策传导的理论贡献则主要体现在詹姆斯·托宾（J. Tobin）的 Q 理论和弗朗科·莫迪利安尼（F. Modigliani）的生命周期消费理论。

在一定条件下[①]，Q 理论研究了金融部门对真实经济部门的作用。托宾认为，由资产债务市场组成的金融部门与真实经济部门之间具有复杂的关联性，因为资产价格和资产数量等金融变量既是刺激真实经济增长的动因，同时也受到真实经济的冲击，金融部门和真实经济部门之间的错综关联使得货币政策对真实经济的影响具有间接和曲折的特征。

Q 理论的核心思想是股票价格的变动会影响投资的规模。Q 是企业的市场

---

① Q 理论存在的前提条件是：货币政策是非中性的、货币变动能引起利率的变动、股票是一种重要的金融资产且其交易市场较发达、利率与股票价格具有反方向的作用机制。

价值和其重置成本的比值，可以衡量企业是否需要进行重新投资。企业的市场价值由企业所有股票的市场价格总额来衡量，而重置成本是重新建造一个这样的企业需要的成本总额，因此，Q 值随企业股票市场价值的涨跌而同向变动，随重置成本的升降而反向变动。如果 Q 值大于1，说明企业的市场价值总额要高于其重置成本，企业通过资本市场融资市值要高于购买新厂房和设备所需的成本，这意味着企业继续通过发行股票更有利于企业的发展，企业应该追加投资。相反，若 Q 值小于1，说明企业的市场价值总额要低于其重置成本，企业通过资本市场融资市值要低于购买新厂房和设备所需的成本，这意味着企业继续通过发行股票对企业的发展是不利的，企业此时应该放弃投资，转向于企业的重新购买，这会导致产出的相应降低。这实际上是说，Q 理论认为股票价格的上升会增加投资意愿，从而带来产出的增加，经济向好。

事实上，Q 理论以企业股票市值为出发点来研究货币政策传导渠道的做法具有较强灵活性，因为对于更多的部门，其他资产价格对货币政策传导过程的原理是基本一致的。对于房地产市场而言，货币政策会促使房地产市场价格发生改变，从而引起房地产市场价值与其重置成本比值发生相应变化。在房地产市场价值高于其重置成本时，房地产企业可以通过资本市场融资来增加投资，从而刺激经济发展；反之亦然。

生命周期消费理论与传统消费理论的差异在于，前者强调人们会在更长时间内或者说是整个生命周期内计划他们的消费开支，以期待实现消费效应的最大化，而后者只注重短期或特定时期内的消费效应。生命周期消费理论把人的一生分为三个阶段，分别是年轻时期、壮年和中年时期、老年时期。莫迪利安尼认为年轻人和老年人要么由于经验不足，要么由于年事已高或体力不支，均不具备充足劳动能力，因而在这两个阶段，消费会超过收入，储蓄出现负值；而在壮年和中年阶段，收入增加并超过消费，从而形成正向的储蓄。

储蓄是广义的，并不仅仅表现为银行存款，居民储蓄是净财富，这种财富包括人力财富和非人力财富，其中非人力财富包括实物资本和金融资本等，在金融发展日趋迅速的今天，金融资本逐步成为消费者财富中的一个重要组成部分。因此，当中央银行基于经济形势的判断而决定动用货币政策时，以股票价格、房地产价格为主体的金融资本价值随之出现波动，这意味着财富水平在变化，从而影响消费水平，并在影响社会总需求的基础上，左右经济增长方向。

四、经济学派的预期假说

由于对未来不确定性存在探索欲望，以便提前了解经济形势，借之采取应对方案来实现经济利益最优，因而形成了预期。经济学家们对预期展开的诸多探索，几乎都是希冀尽可能保持预测结果的准确性。在预期理论的演进历程中，大体出现了静态预期、外推性预期、适应性预期和理性预期等假设，其中，尤以适应性预期和理性预期最为著名。

（一）静态预期与外推预期

静态预期对未来不确定性的预期完全依赖于过去的经验信息，认为历史会重演，未来的经济走势是遵循历史轨迹的。如果假设 $t-1$ 期预期的 t 期的价格水平为 P_t^E，$t-1$ 期的实际价格为 P_{t-1}^A，那么：$P_t^E = P_{t-1}^A$，这就是静态预期的数学模型。很明显，静态预期学者认为经济形势基本是一成不变的，所预期的未来价格与历史价格几乎重叠，不存在其他因素的影响。这种严格意义的假设，在现实当中基本是不存在的。

外推预期在静态预期的基础上，考虑了更为灵活的预期模式。外推预期认为，未来经济形势的预期不仅取决于经济变量的历史信息，所处环境决定经济变量在当期与未来的变动特征与趋势，均会对未来的结果产生影响。因此，

假设 P_t^E 为 t 时期的预期价格，其数值为 $t-1$ 时期的实际成交价格 P_{t-1}^A 与 $t-2$ 期的实际成交价格之差（$P_{t-1}^A - P_{t-2}^A$），令 α 为外推预期的系数。则：

$$P_t^E = P_{t-1}^A + \alpha(P_{t-1}^A - P_{t-2}^A) \tag{2.4}$$

这表明外推预期学派定义的预期价格不仅取决于上一期的 P_{t-1}^A，也考虑了价格变动方向和趋势（$P_{t-1}^A - P_{t-2}^A$）。

进一步分析外推预期模型可以发现，预期价格的波动不仅受到 P_{t-1}^A 和 $P_{t-1}^A - P_{t-2}^A$ 的影响，还与外推预期系数 α 有关。当 $\alpha > 0$ 时，表明 t 时期的预期价格超过了 $t-1$ 时期的实际成交价格，对于风险爱好型的经济人来说，这种预期价格上涨的趋势将维持；反之，当 $\alpha < 0$ 时，表明 t 时期的预期价格要低于 $t-1$ 时期的实际成交价格，对于风险规避型的经济人来说，这种预期价格上涨的趋势很快就会消失。由此可见，经济人对风险的不同爱好程度，将在较大程度上影响对价格的预期，从而导致外推预期模型的应用结果缺乏统一性。

（二）适应性预期

适应性预期（Adaptive expectations）是公众基于过去的信息对指标未来的情况进行的预测，这种预测有时需要采取试错的方式，进行反复检验与修订，其目的是使得预期尽可能地符合客观过程。如果用 β 表示适应性预期的调整系数，且 $0 < \beta < 1$，那么适应性预期可以模型的形式表述为：

$$P_t = P_{t-1} + \beta(P_{t-1} - \overline{P_{t-1}}) \tag{2.5}$$

其中，P_t 为对第 t 期进行预期的价格，P_{t-1} 为第 $t-1$ 期的预期价格，$\overline{P_{t-1}}$ 为第 $t-1$ 期的实际价格。

适应性预期把预期思想应用到经济思想当中，但对于预期误差，即对未来的预测结果与实际结果的差别是有些无能为力的，通常只能采取适应的方法，这就是预期的适应性特征。

早在1956年，菲利普·凯金对于恶性通货膨胀所展开的分析中，就探讨了在价格极度飞涨的条件下人们是如何行动的，这是较早体现适应性预期思想的适例。后来，弗里德曼对适应性预期作了进一步研究和推广。事实上，菲利普·凯金通过研究发现，当公众意识到实际价格上涨率与他所预期的并不相同时，通常会按照前期预期价格与前期实际价格之间的差异的一定比例来改变他下期的预期价格（对过去预期失误的调查）。很显然，这种比例调整实则仍是依据过去信息对未来做出的预期，这种预期结果仍不能完全符合未来实际情况。正是由于反映在菲利普·凯金模型中的适应性行为从未能真正赶上实际条件的变化，所以在加速通货膨胀时期，公众对价格上涨的预期将持续低于实际的价格上涨，也即系统性偏差持续存在，这显然降低了适应性预期的效用。正因如此，当适应性预期的支持者应用过去的历史信息来判断货币当局的货币政策模式时，却总发现难以有效琢磨，从而使得对货币政策的预期并不那么理想。

适应性预期虽然存在一些缺陷，但在经济史长河中，也有过一段辉煌的历史。适应性预期经济地位的体现，主要是对20世纪70年代西方国家因受石油危机而出现的经济危机进行了合理的解释，尤其是进入20世纪80年代以后，这种思想几乎遍布经济领域，成为当时经济分析的主流。

（三）理性预期假说

理性预期（Rational Expectations），或者理性预期假说（Rational Expectation Hypothesis）是美国的一种资产阶级经济学理论，是在客观评价适应性预期的基础上提出的更为合理的经济分析模式。理性预期的思想最初由美国经济学家J. F. 穆思在《合理预期和价格变动理论》一文中针对适应性预期中的非最优特性而提出的，20世纪70年代由 Lucas、Sargent 和 Vallace 等经济学家进一步予以研究，并逐渐形成理性预期学派。

由于适应性预期主要是基于过去信息展开的预测，其结果存在系统性偏误，一些学者便指出，作为一个理性的经济人，在对某个经济现象进行预期的时候，应当最大限度地充分利用所得到的信息来行动，这些信息包括历史案件、过去的信息资料、当前的业绩表现和未来环境的变化趋势等，在有充足信息的基础上，理性经济人能够基于全方位的资料信息来准确预期未来事件，因而其判断很难出现系统性错误，由此出现了理性预期假说。

如果假设 P_t^E 是 $t-1$ 期预期的 t 期的价格水平，I_t-1 是经济人在 $t-1$ 期所获得的全部信息集合，$E(P_t|I_t-1)$ 是 t 期的价格水平在 $t-1$ 期的信息集合条件下的数学期望，那么：

$$P_t^E = E(P_t|I_t-1) \tag{2.6}$$

式(2.6)意味着理性预期学派对 t 期价格水平的预期结果，取决于 $t-1$ 期得到的全部信息集合 I_t-1。

如果第 t 期的实际价格水平为 P_t^A，令 $\varepsilon = P_t^A - P_t^E = P_t^A - E(P_t|I_t-1)$，在理性预期假设不存在系统性偏误的前提下，可得 $\varepsilon = P_t^A - P_t^E = 0$，即：

$$P_t^A = P_t^E = E(P_t|I_t-1) \tag{2.7}$$

式(2.7)表明当期的预测价格与上一期所有信息表征的实际价格是完全对应的，也即综合了全部信息集合 I_t-1 之后，理性预期学派能够无系统性偏误地准确估计未来经济形势。

理性预期假说意味着公众对未来经济形势的预期，同时存在短期正偏误与短期负偏误，但长期来看，其平均预测结果应该是准确的，因为其结果是经济人对各种知识加以最有效利用，并经过理性分析之后，才做出的一种预期。正因如此，理性预期相比适应性预期受到了更多的追捧，理性预期假说在居民消费、行为金融、股票投资和心理分析等方面都得到了广泛的研究与应用。

理性预期一方面假设所有经济人都是理性的，这样每个经济行为主体对未来事件的预期是合乎理性的；另一方面，只要让市场机制充分发挥作用，各种产品和生产要素的价格都会通过供求变动，最终使各自的供求达于均衡。在这两个重要假设条件下，理性预期学派认为，经济社会有使就业量等于或趋向于自然率的趋势，市场总是会处于一种均衡状态，即使出现某种因素导致市场失衡，"看不见的手"也会迅速将市场带回均衡状态。基于此，如果货币当局采取了某种形式的货币政策，公众便会准确预料政策的实施手段与力度，以及由此带来的结果，那么货币政策的效用便会因公众采取相应措施而大打折扣。既然政府的经济政策不能发挥应有的效果，那么政府的干预只会导致出现经济混乱的负面影响，因而政府应减少对市场的干预，制定和实施有规则的货币政策，在这种环境下，方能为经济主体和部门提供稳定的市场环境。

五、预期与非预期货币政策的作用机理研究

（一）已有学者对预期与非预期货币政策作用机理的认识

诸多学者从费雪方程式和理性预期等基础理论出发，探讨预期与非预期货币政策是否有效，并基本达成了一致观点。这种理论探讨的出发点为货币供应量，其基本形式结合了总需求和总供给函数。

具体体现为：从总需求视角来看，假设 M 为货币供应量，V 为货币的流通速度，P 是物价水平，Y 是实际产出。那么存在费雪交易方程：$AD: M+V=P+Y$。

对于短期的总供给曲线方程，有 $AS: P=P^E+\lambda(Y-Y^*)$，其中，P^E 为预期物价水平，Y 为实际产出，Y^* 为潜在实际产出，λ^* 为产出调整系数。

基于 AD-AS 模型，可得产出与物价的表达式为：

$$Y=\frac{1}{1+\lambda}M+\frac{1}{1+\lambda}(V-P^E)+\frac{\lambda}{1+\lambda}Y^* \tag{2.8}$$

$$P = \frac{1}{1+\lambda}(M + V - Y^*) + \frac{1}{1+\lambda}P^E \tag{2.9}$$

当引入理性预期假说以后，假设 M^E 为理性经济人所预期到的货币供应量，M 为央行实际发行的货币，那么未被预期到的货币供应量则为：

$$\varepsilon_M = M - M^E \tag{2.10}$$

式(2.10)体现了理性经济人对货币供应量的预测偏差。与之类似，理性经济人对实际产出的预测偏差可记为：

$$\varepsilon_{Y^*} = Y^* - Y^{*E} \tag{2.11}$$

通常情况下，理性经济人预测价格水平主要参考所预期的货币供应量和实际产出水平，因而预期的物价水平为

$$P^E = \frac{1}{1+\lambda}(M^E + V - Y^{*E}) + \frac{1}{1+\lambda}P^E \tag{2.12}$$

式(2.12)也可以简化为：

$$P^E = M^E + V - Y^{*E} \tag{2.13}$$

基于上述分析，可将产出与物价的表达式进行调整，得到：

$$Y = Y^{*E} + \frac{1}{1+\lambda}\varepsilon_M + \frac{\lambda}{1+\lambda}\varepsilon_Y \tag{2.14}$$

$$P = M^E + V - Y^{*E} + \frac{\lambda}{1+\lambda}(\varepsilon_M - \varepsilon_{Y^*}) \tag{2.15}$$

式(2.14)的产出方程式表明，当经济人存在理性预期时，被预期到的货币政策对最终的实际产出没有丝毫影响，而没有被预期到的货币增长会使实际产出增加 $1/(1+\lambda)$ 倍。式(2.15)的物价方程式表明，不管经济人是否存在理性预期，物价水平的波动结果不会随着货币供应量有无被预期而发生改变，也即不管是预期到的货币供应量还是未预期到的货币供应量，都会引发通货膨胀[39]。

上述理论推导说明，当市场存在理性预期行为时，经济产出将趋近于潜在产出水平，也即货币政策对产出的调整是无效的；但不管市场是否存在理性

预期行为，货币政策对通货膨胀的调整都是有效的。

（二）本书对预期与非预期货币政策作用机理的探析

学术界主要从货币供应量的视角来分析其对经济增长或通货膨胀的影响，继而探索预期与非预期货币政策的作用机理。本书认为，研究货币政策的作用机理，应当分析从货币政策的操作变量到最终目标之间的全过程，作为货币政策的操作变量，更适合选用利率指标，尤其是具有操作工具属性的利率指标。因而本书从利率视角探讨预期与非预期货币政策效应的作用机理，具体思路是：首先在产品市场均衡视角下分析经济产出与通货膨胀之间的关系；然后从货币需求和交易方程视角出发研究货币供应量与利率之间的关联；在此基础上，考虑采用 GDP 支出法的核算框架来研究利率对经济产出的冲击；再借助费雪交易方程的原理展开理论测算，剖析作为货币政策操作工具的利率变量在货币政策中发挥的传导作用；最后，引入预期假说，分析预期与非预期货币政策的传导机理。

1. 产品市场均衡下的理论设计

在产品市场处于均衡状态下，主要分析经济产出与物价波动的关联。借鉴许涤龙和欧阳胜银（2014）的研究成果[72]，企业的利润最大化条件为边际收益等于0，用数学符号表示即为：

$$R = (Y - C)' = (Q_C \cdot P_C - Q_Y \cdot P_Y)' = 0 \tag{2.16}$$

式中，Y 为企业销售收入；C 为企业生产成本，包括固定成本和可变成本，其中可变成本可视为劳动要素投入的可变成本与资本要素投入的可变成本之和。易知，企业销售收入等于企业的销售产量与销售价格之积，即 $Y = Q_C \cdot P_C$，其中 Q_C 为销售产量，P_C 为销售价格；企业生产成本等于投入要素价格与投入要素规模之积，即：

$$C \quad Q_Y \quad P_Y \tag{2.17}$$

同时对式(2.17)两边关于要素规模求偏导，可表示为：

$$P_C \cdot \frac{\partial Q_C}{\partial Q_Y} = P_Y \tag{2.18}$$

式中，$\dfrac{\partial Q_C}{\partial Q_Y}$ 表示要素投入的增量引起的产量的增量，衡量的是企业生产的技术水平，并且在短期内可视为固定不变的，用常数 A 表示；假设要素价格只有劳动要素价格 w_L 与资本要素价格 P_Z，且令 $P_Z = cw_L$，于是，$P_C \cdot A = w_L + cw_L$，即 $w_L = \dfrac{A}{1+c} \cdot P_C$，此式衡量了产品价格与劳动工资间的转换关系。

通常情况下，居民收入与劳动工资成正比关系，则有居民收入：

$$Y = \lambda w_L = \frac{\lambda A}{1+c} \cdot P_C \tag{2.19}$$

放宽到宏观经济系统，此式也表明国民总收入与产品价格之间的比例关系。

国民总收入是所有收入来源的总和，在规模上与按收入要素构成的国内生产总值接近，其原始总收入经过多次分配后形成劳动者所得的报酬、政府管理所得的生产税净额、资本所得的营业盈余以及部分固定资本消耗，而根据国民经济三方等价核算原理，这些收入总和也应该近似等于所有常住单位所新创造出来的经济价值。因此，式(2.19)中的 Y 可近似表示为社会总产出。

2. 货币需求与交易方程视角的分析

根据费雪方程式可知，$M + V = P + Y$。通常认为，短期内的 V 不会发生明显变化，央行对当期货币量的供给，取决于对物价水平和经济规模的预期，因而：

$$M = P^* + Y^* \tag{2.20}$$

再根据弗里德曼的货币需求理论观点，全社会的货币需求量可表示为：

$$M_D = f(P, r, Y, G, \frac{1}{P} \cdot \frac{\mathrm{d}P}{\mathrm{d}t}, W, \varepsilon) \tag{2.21}$$

式中，M_D 表示居民实际所需的名义货币量；P 表示社会一般价格水平，其变动通常会导致货币数量出现同比例的变化；r 表示市场债券利息率，通常用银行间借贷利率来表示，由于利率是最为直接的货币政策传导途径，通过商品供给影响产出水平，故也认为会同比例影响货币供应量；Y 为名义收入，其变动也会引起货币供应量的同方向变化；对股票收益预期的 G、预期物质资产收益率的 $\frac{1}{P} \cdot \frac{\mathrm{d}P}{\mathrm{d}t}$、以不动产和耐用消费品等有形财富为表征的非人力财富相对于总财富的比重 W、主要包括汇率和个人偏好以及其他未被观测到但又影响货币需求的因素 ε 等，均可从模糊属性视角界定其与货币供应量存在线性关系，因而货币需求函数关系可以表示为：

$$M_S = \alpha_p \cdot P + \alpha_r \cdot r + \alpha_g \cdot G + \alpha_f \cdot F + \alpha_w \cdot W + \alpha_y \cdot Y + \varepsilon \qquad (2.22)$$

式（2.22）中，α_p、α_r、α_g、α_f、α_w、α_y 为各变量对应的影响系数。

3. GDP 支出法视角下利率对产出的冲击

我国 GDP 核算有生产法、收入法和支出法三种视角，基于支出法视角核算 GDP 是通过消费（包括个人消费和政府购买消费）、投资和净出口来进行，令 C 为个人消费、I 为投资、G 为政府购买、OU 为进口、IN 为出口，则：

$$GDP = C + I + G + (OU - IN) \qquad (2.23)$$

式中，$OU - IN = \Delta X$ 表示净出口。

根据西方经济学的基本原理可知，利率对 C、I、G 和 ΔX 均会产生影响，其影响关系与理论模型可从不同层面加以阐释。

从个人消费层面来说，假设个人可支配收入 Y 全部用来个人消费 C、个人储蓄 S 和个人金融投资 T，即 $Y = C + S + T$。由于手持多余现金会降低利润，因而对于理性经济人来说，个人消费 C 将缩减为个人必需品消费 C_0，而多余收入将用于储蓄与金融投资，并通过储蓄与金融投资转换为流动性资产来实现非必需品消费。显然较低的利率意味着更多的投资，这将导致居民将更少的收入用于储蓄，以希冀减少将来更低收入的风险，但同时会增加居民金融投资规模，以增加金融性投资收入。因而令 r 为利率，可以将 S 设计为利率的正函数 $S=S_r \cdot r$，将 T 设计为利率的反函数 $T=-T_r \cdot r$。则：

$$Y = C_0 + S_r \bullet r - T_r \bullet r \tag{2.24}$$

从投资层面来说，利率上升会提高企业投资的成本，因而可能会降低投资规模，故可以将投资 I 设计为利率的反函数。借鉴经典的 IS 曲线理论，设 I_0 为企业不受利率影响的维持自身经营需要的自发性投资，d_r 为投资对利率的敏感程度，可得：

$$I = I_0 - d_r \bullet r \tag{2.25}$$

从政府购买层面来说，由于政府购买主要体现为政府性支出（尤其是财政支出），但除了必须性的政府支出以外，其余可选择性的政府支出（比如可以政府投资也可以民间资本投资的项目）会受到利率的较大影响。这是因为民间资本选择弹性较大，政府支出选择弹性较小，因而当利率上升时，民间资本投资成本较高，便会选择退出市场，而此时政府如果出于稳定经济产出考虑，可能会被迫增加支出，由此表现为利率上升引起政府支出增加。因此，可以将政府购买 G 设计为利率的正函数，设 G_0 为不受利率影响的必须性政府支出，G_r 为选择性政府支出对利率的敏感程度，则：

$$G = G_0 + G_r \bullet r \tag{2.26}$$

从净出口层面来说，如果利率下降导致了社会投资的增加，那么产品供给也会得到扩张，在汇率和其他环境保持不变的情况下，商品进口规模将会相对减少，出口规模相对增加，从而导致净出口增加。因此，可以将出口 OU 设计为利率的反函数，将进口 IN 设计为利率的正函数，且令 OU_0 为自发性出口，IN_0 为自发性进口，OU_r 为出口对利率的敏感程度，IN_r 为进口对利率的敏感程度，则：

$$\Delta X = \mathrm{OU} - \mathrm{IN} = \mathrm{OU}_0 - \mathrm{OU}_r \cdot r - (\mathrm{IN}_0 + \mathrm{IN}_r \cdot r) = \Delta X_0 - \mathrm{OU}_r \cdot r - \mathrm{IN}_r \cdot r \quad (2.27)$$

如此一来，GDP 可以综合表述为利率的函数形式：

$$\begin{aligned}
\mathrm{GDP} &= C + I + G + \Delta X \\
&= C_0 + I_0 - d_r \cdot r + G_0 + G_r \cdot r + \Delta X_0 - \mathrm{OU}_r \cdot r - \mathrm{IN}_r \cdot r \\
&= C_0 + I_0 + G_0 + \Delta X_0 - (d_r + \mathrm{OU}_r + \mathrm{IN}_r - G_r) \cdot r \quad (2.28)
\end{aligned}$$

依据式 (2.28) 可知，GDP 的组成要素包括两个部分，一部分由常数项 $C_0 + I_0 + G_0 + \Delta X_0$ 组成，另一部分是受利率显著影响的 $d_r + \mathrm{OU}_r + \mathrm{IN}_r - G_r$。由于 C_0、I_0、G_0、ΔX_0 均不受利率的显著影响，表示一种稳定状态，且据式 (2.20) 可知 $C_0 + I_0 + G_0 + \Delta X_0$ 即为可预期到的 GDP_0，这意味着 GDP 的常数项组成部分便是均衡状态下的 GDP，也即可预期到的潜在 GDP。因此，式 (2.28) 也可以写成：

$$\mathrm{GDP} - \mathrm{GDP}_0 = I_r \cdot r \quad (2.29)$$

式中，$I_r = G_r - (d_r + \mathrm{OU}_r + \mathrm{IN}_r)$。

4. 预期与非预期货币政策效应机理的理论分析

引入适应性预期假说，假设 r^* 为理性经济人所预期到的利率，r 为实际利率，那么未被预期到的利率则为：

$$r^{\mathrm{E}} = r - r^* \quad (2.30)$$

式 (2.30) 体现了理性经济人对货币政策操作工具调整情况的预测偏差。同理，假设 P^* 为理性经济人所预期到的物价水平，P 为实际物价水平，那么未被预期到的物价水平则为：$P^{\mathrm{E}} = P - P^*$；GDP^* 为理性经济人所预期到的产出，GDP 为实际产出，那么未被预期到的产出则为：$\mathrm{GDP}^{\mathrm{E}} = \mathrm{GDP} - \mathrm{GDP}^*$。并且重写式 (2.29) 为：

$$\mathrm{GDP} - \mathrm{GDP}^* = I_r \cdot (r - r^*) \quad (2.31)$$

不考虑随机因素的影响，对式 (2.22) 进行调整，可得：

$$\alpha_y \cdot Y = M_{\mathrm{S}} - \alpha_p \cdot P - \alpha_r \cdot r - \alpha_g \cdot G - \alpha_f \cdot F - \alpha_w \cdot W \quad (2.32)$$

结合式(2.19)、式(2.20)、式(2.31)和式(2.32)，可得：

$$Y = \frac{\lambda A}{(1-\alpha_y)\lambda A - \alpha_p(1+c)}[(I_r + \alpha_r)r^E + \alpha_r \cdot r^* + \alpha_g \cdot G + \alpha_f \cdot F + \alpha_w \cdot W - P^*] \quad (2.33)$$

$$P = \frac{1+c}{(1-\alpha_y)\lambda A - \alpha_p(1+c)}[(I_r + \alpha_r)r^E + \alpha_r \cdot r^* + \alpha_g \cdot G + \alpha_f \cdot F + \alpha_w \cdot W - P^*] \quad (2.34)$$

由式(2.33)和式(2.34)可以发现，不管是预期到的利率还是非预期到的利率，对产出和通货膨胀均存在影响。具体来说：

预期到的利率对产出波动的影响系数为 $\dfrac{\lambda A \alpha_r}{(1-\alpha_y)\lambda A - \alpha_p(1+c)}$ ；

未预期到的利率对产出波动的影响系数为 $\dfrac{\lambda A}{(1-\alpha_y)\lambda A - \alpha_p(1+c)}(I_r + \alpha_r)$ ；

预期到的利率对物价波动的影响系数为 $\dfrac{(1+c)\alpha_r}{(1-\alpha_y)\lambda A - \alpha_p(1+c)}$ ；

未预期到的利率对物价波动的影响系数为 $\dfrac{(1+c)(I_r + \alpha_r)}{(1-\alpha_y)\lambda A - \alpha_p(1+c)}$ 。

由此说明，不管是预期的货币政策还是非预期的货币政策，在理论上都会影响产出和物价水平，表明货币政策是有效的，但在实践中的影响效果如何，还有待后续检验。

式(2.33)和式(2.34)从货币政策的全过程出发，测度了货币政策操作工具对最终目标的理论影响模型，相比国内外诸多学者从货币供应量出发所设计的货币政策效应模型而言，理论性更强，也更具有实用价值。

六、本章小结

本部分首先对比预期与非预期货币政策的优劣，认为非预期货币政策的调控方向、采取的手段、执行的力度都具有不可预测性，使得在处理经济系统的不确定性冲击方面具有灵活的应对机制，但会在一定程度上削弱地方机构执行政策的主动性，从而导致货币政策出现时滞；而可预期的货币政策的调控方式和手段更为透明化，有助于保持币值稳定，提高执行效果，缓解经济波动，减少央行制定货币政策的盲目性以及货币政策的依附性。因而在不同制度背景与现实条件下，应当有针对性的选取不同形式的货币政策。

通过梳理我国预期与非预期货币政策执行历程以及西方主流学派对预期假说的观点，总结已有学者对预期与非预期货币政策作用机理的认识，本章着重探讨货币政策操作工具对最终目标的影响机理。主要探讨思路是：首先从产品市场均衡视角出发，寻找产出与物价的内在关联；然后从货币政策需求与交易方程视角出发，探索利率对货币需求量的影响机理；接下来从 GDP 支出法视角出发，分析利率对产出的冲击；最后通过引入适应性预期假说，研究预期与非预期利率对产出波动和物价的影响机理，并进一步得出影响力度。

第三章　预期与非预期货币政策的
有效性检验

检验货币政策是否有效，理论上需要在剖析中国人民银行采取何种货币政策操作工具来对宏观经济状况展开调节的基础上，探讨这一调节的效果，因而谨慎选取货币政策变量显得尤为重要。与此同时，对货币政策有效性的检验，包括对预期货币政策的有效性检验，也包括对非预期货币政策的有效性检验，因而从货币政策中分解出预期与非预期成分是基础，也是一项必然的工作。

一、货币政策变量的选取

（一）货币政策操作工具与中介目标的权衡

当前，我国货币政策作用过程主要是通过调控包括存款准备金率、再贴现率、公开市场操作等在内的货币政策操作工具[①]，通过操作工具传导至货币政策中介目标，再影响经济增长和通货膨胀等最终目标。由此可见，研究货币

[①]　中国人民银行网站公布的货币政策工具主要有公开市场业务、存款准备金、中央银行贷款(包括再贷款和再贴现)、利率政策、常备借贷便利、中期借贷便利、抵押补充贷款、定向中期借贷便利。

政策效应问题应当重点考虑货币政策操作工具对最终目标的影响。然而，诸多学者认为我国央行对货币政策操作工具的调整方向、力度、频率等往往都是不定期的，且存款准备金率和再贴现率的波动往往较小，公开市场操作又缺乏有效的量化指标。与此同时，考虑到货币政策操作工具的调整都会通过中介目标产生效应，因而学术界多从中介目标对最终目标的指示情况展开货币政策的有效性研究。

我国货币政策中介目标主要包括货币供应量和利率两种指标，这两种指标在不同时期发挥了重要的作用。事实上，早期的货币政策研究与执行者主要选取的中介目标是利率，但直到20世纪70年代全球经济出现严重的滞胀现象，以及美国布雷顿森林体系的瓦解，致使诸多经济体的货币政策决策机构对利率这一中介目标提出了严重的质疑，也就在此时，国际经济金融界普遍将货币政策中介目标的选取重心向货币供应量倾斜，希冀通过对货币供应量的控制来达到经济调节的目的。然而进入20世纪80年代以后，这一货币政策的调控方式却加剧了经济的困难，这在诸多国家也得到了证实，因而货币供应量作为货币政策中介目标的功能也得到了较多的不信任。

计划经济时期，我国货币政策传导几乎完全由人为来控制，这段时期的货币政策中介目标作用几乎不大。改革开放的初期，货币政策中介目标才开始被提上议程，且其主要用途是来控制现金量。而到1996年，中国人民银行才开始正式提出将货币供应量视作货币政策的中介目标，拟通过把握货币供应量的变动情况来反映货币政策的执行效果。然而有学者认为，我国货币供应量具有很大的内生性，此外在以汇率折算外币为人民币的过程中存在较为严重的外汇倒逼机制，而且经济衰退时期通货的流动性更强，这些问题都对央行如何有效控制货币供应量提出了挑战。因此，货币供应量不适宜作为我国货币政策中介目标的观点大有存在，特别是针对中国而言，当中央银行对基础货币的吞吐不能自主操作时，通过信贷规模来调控经济增长的模式便得以提出。在之后的十几年里，信用贷款作为我国货币供应量的控制指标，充当着货币政策中介目标的功能。但经济市场化进程的不断推进，信贷规模的中介目标功能在逐渐弱化，而利率的作用变得更为明显。因而同样也有学者认为，随着我国的利率市场化机制趋于成熟，利率的波动就完全取决于货币的供需博弈，而难以成为央行的控制对象，这意味着利率作为货币政策中介目标的代理指标似乎也不太现实。

综上可见，不管是货币供应量、信贷规模还是利率，在充当货币政策中介目标方面几乎都不存在持续性，迄今为止，国际界也尚未提出更有效的货币政策中介目标。如何有效解决这一国际性难题，更好地选择合适的货币政策中介目标，部分学者提出可尝试对以货币供应量和利率为代表的现有经济指标进行功能与价值分析，并通过综合考察一些经济因素来合成新的指标，以此作为货币政策中介目标的参考变量。比如许涤龙和欧阳胜银（2014）等人提出并设计的金融状况指数（FCI）[73]，在反映货币政策在未来一段时期内的执行趋势方面具有重要的作用，可以作为货币当局执行货币政策决策时的参考指标。但同样发现，货币和利率都是单一指标，而 FCI 是多项指标的综合结果，这就决定了货币当局对 FCI 的调控比货币和利率要更困难，也使得 FCI 在更多的时候只能执行货币政策中介目标的部分功能，如提前反映货币政策最终目标的实现情况或状态等，而欲通过控制 FCI 来调节经济发展目标的期望则有些心有余而力不足。

综上可见，不管是利率、货币供应量、信贷还是综合指标 FCI，在充当货币政策中介目标的功能方面都存在一些局限性。从学术界的研究脉络来看，研究并甄选货币政策中介目标的初衷在于货币政策操作工具在量化研究方面缺乏可操作性。然而事实上，货币政策操作工具是货币当局可以直接调控的对象，也是执行货币政策的起点，在分析货币政策效果与效率方面起到的价值更为直接。正因如此，本书对货币政策效应的分析，选择直接探索货币政策操作工具到最终目标的"投入"与"产出"关系，也即量化预期到的货币政策与非预期的货币政策对最终目标所产生的影响。

（二）货币政策操作工具的选取

通常情况下，中央银行的三大货币政策操作工具为存款准备金制度、再贴现政策和公开市场业务。我国货币当局对货币政策操作工具的选用具有一定的历史特性，计划经济时代的货币政策操作工具基本没有发挥作用，改革开放初期的货币政策操作工具主要为信贷规模和现金计划，此时的货币政策中介目标还没有得到系统应用。1998年以后，我国开始采用的货币政策操作工具主要有：公开市场操作、存款准备金、再贷款和再贴现、利率政策、汇率政策、窗口指导、短期流动性调节工具和中期借贷便利等，这些操作工具都指向货币供应量，货币政策中介目标也在此时逐渐登上中国的经济历史舞台。2013年，常备借贷便利被当作一种新的货币政策操作工具得以使用，这一工具在提高货币调控效果、防范银行体系流动性风险、增强对货币市场利率调控效力等方面均发挥了重要的作用。

由此可见，我国可供选择的货币政策操作工具有很多种，但不同工具指示和评估货币政策执行效果方面存在较大差异，因而审慎选择货币政策操作工具来调控宏观经济目标，并基于此来研究货币政策效果，既有深刻的理论价值，也有重要的现实意义。

1. 货币政策操作工具的选取原则

结合中国人民银行调控宏观经济的目的与手段，以及我国经济发展特征，本书在选取货币政策操作工具时，将遵循可量化、常调控和易获取等基本原则。

(1)可量化原则。可量化原则指的是所选取的货币政策操作工具在每次被执行时，可通过一定手段量化其具体的操作力度，而非简单的"0""1"型虚拟变量。因此，货币政策操作工具的量化结果应该是具有特定频率的数据基础，从而方便在实证分析时，对数据进行加工整理，并用于建模分析。

(2)常调控原则。常调控原则，指的是所选取的货币政策操作工具会经常受到中国人民银行的调控，也即中国人民银行会经常通过调控这种操作工具来向经济目标靠拢。这一原则保证了纳入我国货币政策操作工具的参考指标具有持续性、灵活性和动态性，能为货币政策效应研究提供基础数据。

(3)易获取原则。易获取原则，指的是可量化的货币政策操作工具应该具有稳定的数据来源，并且在改革开放以后具有相对稳定的调整频率。在此原则下，意味着所采取的货币政策操作工具能够及时公布，且有稳定的公布渠道。这样既可保证实证分析所要求的大样本性质，也体现出我国政府决策的公开与透明。

2. 货币政策操作工具的选取思路

在上述基本原则的指引下，可以开展货币政策操作工具的选取思路设计。

本书设计货币政策操作工具的具体选取思路为：首先依据货币政策操作工具的特征，结合可量化原则，使得公开市场操作、窗口指导和短期流动性调节工具等方式便排除在本书的范围之外；然后依据常调控原则，结合我国频繁动用的操作工具来看，存款准备金、再贷款和再贴现、利率政策和汇率政策成为可以参考的对象；再依据易获取原则，可知利率政策成为本书当中更理想的货币政策操作工具。

但我国货币政策操作工具的选取较为灵活，其选取的依据来源于既定经济环境背景下，该操作工具指示货币政策最终目标的灵敏度和准确性。而依据货币政策操作工具的选取原则与思路可知，当前我国对货币政策操作工具的选取倾向于利率指标，这会是一个相对更优的选取方案。

尽管如此，我国利率体系非常庞大，涉及的种类也非常复杂，从不同视角所分类的利率指标在各自的领域发挥着重要的作用。综合来看，维克塞尔（瑞典学派创始人）、凯恩斯、希克斯和汉森等经济学大师们不仅从理论上论证了利率是货币政策重要的传导渠道，也从实证上检验了利率尤其是短期利率在及时反映真实经济信息方面具有重要的价值，然而长期利率的价值在货币政策中并未得到较好的体现。基于此，本书借鉴诸多学派的观点，主要从短期视角来考察利率对货币政策的影响。

然而，就短期利率而言，我国目前的利率体系仍然非常庞大。仅由中央银行利率、金融机构存款利率、贷款利率、国有商业银行补充利率、政策性银行补充利率和优惠贷款利率方面核算的利率种类就达两百余种，如果进一步考虑各种债券利率，则利率体系会更加复杂。很显然，如此规模庞大的利率体系不可能全部作为短期利率方面的代理指标，还需要分析不同利率本身的特征以及与经济金融的内在关联来加以取舍。

从20世纪末开始，中国推进利率市场化建设的进程逐步加快（李畅，2005）[74]。目前来看，银行的存贷款利率正处于有管制的市场化竞争中，货币市场中的利率、金融市场相关债券的发行和交易利率也已经步入了较为市场化的轨道，中国只有少数的几种利率，如银行间同业拆借市场交易利率、银行间市场债券质押式回购交易利率和部分债券利率以及定盘回购利率，可看作是货币政策利率传导渠道中关联度最高的利率；而从反映市场活跃程度来看，银行间同业拆借市场交易利率和银行间市场债券质押式回购交易利率具有更为明显的功能；进一步从中国人民银行的调整方式来看，对银行间同业拆借市场交易利率的调整更为频繁。基于这些考虑，本书主要将银行间同业拆借市场交易利率作为货币政策操作工具的代理指标。

3. 货币政策操作工具的具体选取

依据货币政策操作工具的选取原则与思路得知，当前我国对货币政策操作工具的选取倾向于银行间同业拆借市场交易利率指标。但从中国人民银行公布的数据信息来看，银行间同业拆借市场交易利率可分为1天期(隔夜)、7天期、14天期、20天期、30天期(1个月期)、60天期(2个月期)、90天期(3个月期)、120天期(4个月期)、6个月期、9个月期和1年期，共11种，如若从短期频率、数据完整性以及敏感性方面考虑，1天期和7天期的同业拆借利率更能充分且灵敏地体现市场上的资金供需特征。然而从交易频率上来看，1天期的同业拆借利率的交易时间非常短，过高的交易频率有可能蕴含大量的噪声，从而提供一些虚假的金融市场信息。此外，诸多学者也从不同层面分析并论证了7天期的同业拆借利率在货币政策传导方面的作用更佳。

综上考虑，本书选择上述7天期的银行间同业拆借市场交易利率作为货币政策操作工具的基础变量。

二、预期与非预期货币政策的分解

（一）传统的分解方法

20世纪70年代，全球经济出现严重的滞胀现象，促成了货币政策中介目标的选取重心向货币供应量倾斜。然而进入20世纪80年代以后，基于货币供应量调控通货膨胀虽然取得了较好的效果，却加剧了经济的困难，这在诸多国家也得到了证实，因而货币供应量作为货币政策中介目标的功能也开始受到怀疑。学术界探讨货币政策预期与非预期的分解问题，主要针对的是利率变量。

综合来看，长期以来，学术界基于利率视角探讨预期与非预期货币政策的分解方法出现了一些较为成功的案例，比如问卷调查法、货币政策事件前后基准利率变动法、ARIMA模型法和短期利率分解法等。

1. 问卷调查法

问卷调查法主要是通过发放调查问卷的方式，提取被调查者对于央行公布利率的预期，并基于对实际利率的差值比较，来估算未预期到的利率部分，提出此方法的代表性学者有 Reinhart 和 Simin(1997)[75] 以及 Lobo(2002)[76] 等。这是一种典型的主观分析方法，通常被调查者主要是一些经济市场的活跃者、有一定知名度的经济学家、有一定经验和技能的研究人员等。这种方法的优点在于计算简单，可以不需要严格、缜密和庞大的数据量。但不足之处也十分明显：首先，被调查者的知识水平和经验的不同，导致对未预期货币政策的估计存在较大差异；其次，受被调查对象群组特征、样本规模等限制，所得调查结果也存在较大波动；最后，这种方法的工作量通常较大，费用较高，可操作性存在一定折扣。

2. 货币政策事件前后基准利率法

货币政策事件前后基准利率变动法。该方法的主要思想是选取货币政策调整前一日和后一日的市场利率作为分析基础，通过计算这种市场利率差为衡量未预期到的货币政策，该种方法已在 Reid(2009)[77] 以及熊海芳和王志强(2012)[78] 等学者的研究成果当中得到运用。在我国，银行间同业拆借7天利率是最常选用的利率工具，以该利率在货币政策宣告日前后一日(如果宣告日是在周末，则分别选取前后最相邻的两个正常交易日)的变化作为非预期货币政策的做法较为普遍。但这种方法并不能作为货币政策预期与非预期的有效分解工具，因为其实质是度量政策事件调整前后市场利率的总变动。

3. ARIMA 模型法

由于利率波动通常是一个平稳序列，或者通过差分等变换可以化成一个平稳序列，因而不少学者通过构建 ARMA 类模型(包括 ARMA 模型、ARIMA

模型等)来探讨利率的波动特征，借此研究货币政策预期与非预期的分解问题，如 Urich 和 Wachtel (1981)[79]、Cornell (1983)[80]、肖春唤 (2018)[81] 等。也有一些学者采用 ARIMA 模型或线性回归模型来预测货币政策中介目标(尤其以货币供应量及其增长率居多)的变动情况，这是将模型估计出来的结果记录为预期的货币政策，用实际货币供应量或其增长率减去预期的货币政策下的货币供应量或其增长率来表示非预期的货币政策。

具体方法为：假设 LL 为实际货币政策变量，LL 的时间序列是一个动态随机序列，进行 d 次差分以保持 LL 平稳，然后在经过 p 次自回归和 q 阶移动平均以后，设计货币政策的 ARIMA 模型为：

$$LL_t = \mu + \phi_1 LL_{t-1} + \cdots + \phi_{t-p} LL_{t-p} + \varepsilon_t + \theta_1 \varepsilon_{t-1} + \cdots + \theta_{t-q} \varepsilon_{t-q} \tag{3.1}$$

式中，μ 为模型的截距项，ϕ 为自回归系数，θ 为移动平均系数。上式表明，货币政策变量的波动完全取决于自身的历史规律，以及随机扰动项的冲击，其估计结果表明了货币政策的预期部分 LL_t^E，那么未预期的货币政策部分为：

$$LL_t^U = LL_t - LL_t^E \tag{3.2}$$

4. 短期利率分解法

由于只有短期利率符合可控性、可预测性等货币政策中介目标的功能，因而采用短期利率分解法来研究预期与非预期货币政策逐渐得到兴起，此类方法的代表性学者主要有 Kuttner (2001)[82] 以及 Bernanke 和 Kuttner (2005)[83] 等。该种方法主要是借助联邦基金利率期货合约来计算未预期货币政策，其价格是通过交易日前当月隔夜联邦基金利率的平均值以及未来预期隔夜联邦基金利率加权平均得到。在此基础上，将未预期的货币政策定义为前一天与当天期货价格的变动。

具体方法为：假设前一天和当天期货合约的价格分别为 $f_{m,d}$ 和 $f_{m,d-1}$，m 为当前月份的天数，d 为货币政策颁布以后期货合约的第一个正常交易日，未预期到的短期利率为 Δi^U，预期到的短期利率为 Δi^E，则：

$$\Delta i^U = \Delta i - \Delta i^E \tag{3.3}$$

5. SVAR 分解方法

肖卫国和刘杰（2013）[27] 等学者提出了基于 SVAR 模型的预期与非预期货币政策分解方法。具体分解思路如下：

假设 $Y_t = (\text{ins, econ})'$，$u_t = (u_{\text{mp}}, u_{\text{econ}})'$，其中 ins 为货币政策工具，econ 为反映货币政策最终目标的宏观经济变量。一般地，含有 k 个变量的 p 阶 SVAR 模型形式如下：

$$\Gamma_0 Y_t = \delta + \Gamma_1 Y_{t-1} + \Gamma_2 Y_{t-2} + \cdots + \Gamma_p Y_{t-p} + u_t, \quad t = 1, 2, 3, \cdots, T \tag{3.4}$$

式中，$\Gamma_0 = \begin{bmatrix} 1 & a_{12} & \cdots & a_{1k} \\ a_{21} & 1 & \cdots & a_{2k} \\ \vdots & \vdots & \ddots & \vdots \\ a_{k1} & a_{k2} & \cdots & 1 \end{bmatrix}$ 是一个主对角线元素为 $k \times k$ 的矩阵，反映

了同期变量间的结构关系。$\Gamma_i = \begin{bmatrix} \lambda_{11}^{(i)} & \lambda_{12}^{(i)} & \cdots & \lambda_{1k}^{(i)} \\ \lambda_{21}^{(i)} & \lambda_{22}^{(i)} & \cdots & \lambda_{2k}^{(i)} \\ \vdots & \vdots & \ddots & \vdots \\ \lambda_{k1}^{(i)} & \lambda_{k2}^{(i)} & \cdots & \lambda_{kk}^{(i)} \end{bmatrix}$，$t = 1, 2, 3, \cdots, p$，

$u_t = (u_{1t}, u_{2t}, \cdots, u_{kt})^T$ 为结构随机项，且满足 $E(u_t u_t') = I_k$。

假定矩阵 Γ_0^{-1} 有定义，且可逆，那么在式（3.4）左右同时乘以 Γ_0^{-1} 可得到缩减 VAR 模型：

$$Y_t = \Gamma_0^{-1}\delta + \Gamma_0^{-1}\Gamma_1 Y_{t-1} + \Gamma_0^{-1}\Gamma_2 Y_{t-2} + \cdots + \Gamma_0^{-1}\Gamma_p Y_{t-p} + \Gamma_0^{-1}u_t \tag{3.5}$$

令 $\varphi_k = \Gamma_0^{-1}\Gamma_k$，$c = \Gamma_0^{-1}\delta$，$\varepsilon_t = \Gamma_0^{-1}u_t$，则式（3.5）可变为：

$$Y_t = c + \varphi_1 Y_{t-1} + \varphi_2 Y_{t-2} + \cdots + \varphi_p Y_{t-p} + \varepsilon_t \tag{3.6}$$

根据等式 $\varepsilon_t = \Gamma_0^{-1}u_t$，可以利用估计得到的缩减 VAR 形式来识别结构冲击 u_t。由

于 SVAR 模型需要估计的参数多于缩减 VAR 模型，要保证 SVAR 模型能够被识别，需要通过一定的约束条件，使得待估计的 VAR 模型对应的系数矩阵、方差矩阵等统计量的个数不少于 SVAR 模型中待求的未知量个数。对于 n 元的 SVAR（p）模型，需要施加至少 $n(n-1)/2$ 个约束条件才能估计所有的参数。在对 SVAR 模型进行估计后，便可得到 SVAR 模型的残差项 u_t，这样即可定义货币政策中的不可预期成分为 $u\exp_t = u_t$，可预期成分为 $\exp_t = \text{ins}_t - u_t$。

6. 其他分解方法

短期利率分解法在国外的研究较为成熟，然而国内由于缺乏相应的短期利率期货产品，因而该种方法在中国的可操作性存在较大问题。基于此，国内不少学者不断探索新的预期与非预期货币政策分解方式，如郭晔等（2016）采用固定与浮动利差分解的方法[41]、朱小能和周磊（2018）通过调取新闻和报纸等媒体数据展开测算[84]等。这些分解方法为我国货币政策的预期与非预期分解研究提供了良好的参考，既丰富了我国货币政策结构性分解的理论研究，也为央行实施和调整货币政策提供了现实依据。

（二）本书的分解方法

以往学者普遍认为利率本身（或其差分形式）具有平稳特性，因而通过构建其自回归模型可以得到一些解决。本书认为中国人民银行对货币政策操作工具的调整主要取决于市场经济的变化，因而利率的形成主要受到一些经济指标的影响。基于此，本书尝试从影响利率波动的外在经济变量出发，探讨利率的影响机理，借此构建影响模型来分析货币政策的预期与非预期效应。

借鉴国内外诸多学者的观点，本书认为影响我国利率的主要因素包括经济增长因素、通货膨胀因素、国际标准利率因素以及货币供需缺口因素等。其中，经济增长因素用 GDP 表示，通货膨胀因素用 π 表示，国际标准利率因素用 SI 表示，货币供需缺口因素用 SD 表示。

在上述分析的基础上，本书设计如下计量模型来表征以利率为代表的货币政策预期部分：

$$LL_t^E = C + \alpha_1 GDP_t + \alpha_2 \pi_t + \alpha_3 SD_t + \alpha_4 SI_t + \varepsilon_t \qquad (3.7)$$

式中，C 为常数项，α_1、α_2、α_3、α_4 为对应变量的估计参数，ε_t 为残差项，t 为时间变量。在对上式进行回归估计的基础上，假设实际货币政策为 LL_t^E，那么未预期的货币政策部分通过如下差值方式得到：

$$LL_t^U = LL_t - LL_t^E \qquad (3.8)$$

（三）货币政策的预期与非预期分解研究

1. 指标选取与数据说明

依据第三章第一节的分析，选用7天期的银行间同业拆借市场交易利率作为式(3.7)中的被解释变量，对解释变量的指标选取与数据说明如下。

通货膨胀率的存在降低了财富的实际价值，约束了货币的购买力，也限制了一个国家的出口水平，因而成为长期以来国家宏观调控的重要对象。通货膨胀率是物价偏高的表现，通常以消费品价格指数（CPI）、生产品价格指数（PPI）和平均物价指数（GDP 平减指数）等为衡量指标。其中，CPI 主要衡量的是市场上与居民生活有关的产品及服务有关的物价总水平的变动情况，PPI 主要衡量的是厂商所生产出来产品的平均出场价格情况，GDP 平减指数是名义 GDP 与实际 GDP 的比率，衡量的是货币供应量与货币需求之间的比例关系。由于我国对通货膨胀的识别与管理，主要是基于 CPI 的变动趋势，几乎所有学者对通货膨胀的研究，也是以 CPI 为基本出发点。因此，本书以环比 CPI 代表通货膨胀率指标。数据来源于国家统计局网站。

经济增长是一个地区的核心经济指标，绝大多数经济政策的出发点，都是为了维持或者刺激经济增长。一个经济体衡量综合经济增长的指标会有许多不同的类型与名称，包括国内生产总值、国民生产总值、国民总收入和国民总储蓄等，其中的国内生产总值在评估一个国家或经济体的经济总量方面具有更实用的价值，也是被研究的最多宏观经济指标。但对 GDP 而言，也有不同类型的指标口径：从绝对量来看，主要包括名义 GDP 和扣除通货膨胀影响的实际GDP 等；从相对量来看，对应地主要包括名义 GDP 增长率以及扣除通货膨胀影响的实际 GDP 增长率等。在考虑了通货膨胀的前提下，本书对 GDP 的考察主要是以实际 GDP 为对象，因而以实际 GDP 增长率作为经济增长因素的代理指标。数据来源于国家统计局网站。

　　货币供需缺口主要指的是货币供给与货币需求之间的缺口。我国货币供给来源于中国人民银行根据市场需求所确定的规模，货币需求则是多主体利益诉求的结果。根据凯恩斯的货币需求理论，货币需求来源于三个方面：投机需求、交易需求和预防需求。其中的投机需求主要是经济主体希冀通过将资金投入到各种项目当中，以实现货币的增值，体现为各种资产或标的的信贷投资额；交易需求是经济主体为满足基本的生产和生活而存在的货币需求意愿，体现为居民对基本生活和服务的消费性支出；预防需求是经济主体对未来不确定性提出的保障意愿，在我国主要体现为居民对未来生活的担忧而承担的保费支出。基于此分析，本书结合信贷投资额、居民消费性支出和投保性支出来定义货币需求的主要来源，并以货币供给与需求之间缺口同货币供给的比例来度量利率水平的高低。其中，信贷投资额具体选用的是金融机构人民币信贷收支表中的信贷收支缺口，数据来源于中国人民银行网站；居民消费性支出选用的是居民人均消费支出乘以人口总数，根据数据公布情况，对于2012年及以前的数据，则采用农村居民人均现金支出和城镇居民家庭人均现金消费支出分别按照农村人口和城镇人口规模进行加总，数据来源于国家统计局网站；投保性支出是居民所支出的保费，对应于保险机构的保险收入，因而用承保机构各类型的保费收入作为度量指标，数据来源于银保监会网站。其中，信贷投资额用 Loan 表示，居民消费性支出 consumption 用表示，投保性支出用 Insured expenditure 表示。

中国的利率是世界利率体系中的组成部分，其形成不仅受国内因素的影响，也受国外利率因素的制约。与中国利率体系中基准利率的主导地位类似，世界利率体系中也存在占有主导地位的国际标准利率，这一利率的形成与调整都会在较大程度上影响其他经济体的利率制度，是世界利率体系的风向标。对于国际标准利率来说，由于美联储公布的利率在国际市场中扮演着重要角色，包括中国在内的诸多经济体都会参考美国联邦利率来制定和调整本国的货币政策，因而本书选用美国联邦基准利率作为国际标准利率的代理变量，数据来源于国际货币基金组织网站。

各渠道对以上指标数据存在不同频率的统计和公布制度，为保持数据频率的一致性，本书基于季度频率展开分析。对于以月度为频率公布的数据，进行如下频率的转换：美国联邦利率和通货膨胀率的频率转换，采用的是该季度内三个月的平均值；存贷款的季度数据、各类型保费支出的季度数据、货币供应量的季度数据用的是现行公布累积数据进行递减的原理。此外，由于中国人民银行从2004年才开始公布三个层次的货币供应量[①]，而城镇居民家庭人均现金消费支出从2005年开始公布数据，为保证数据的一致性，本书分解货币政策的实证数据，选取的是从2005年开始到2018年的季度数据。

2. 具体分解过程

由于 GDP 和货币供需缺口数值较大，因而在进行实证分析时已进行对数处理。对上述解释变量与被解释变量进行基本测算，得到对应的统计检验量如

---

① 即 M_0、M_1、M_2 三种货币供应量。

表3.1的第2~6列所示。

表3.1 变量的描述性统计结果

	LL_t^E	CPI	ln GDP	ln SD	SI	LL_t^U	LL_t
均值	2.941	2.480	5.048	0.211	1.311	1.79E-11	2.941
最小值	1.005	−0.433	4.605	0.098	0.073	−2.038	1.100
最大值	4.704	4.301	5.395	0.316	5.257	1.446	4.562
标准差	0.913	1.065	0.216	0.056	1.767	0.683	0.757
偏度	−0.167	−0.349	−0.357	−0.043	1.308	−0.527	−0.747
峰度	2.397	2.958	1.983	2.026	3.179	3.638	3.434
样本量	56	56	56	56	56	56	56

对式(3.8)进行 OLS 回归，得到的回归结果如下：

$$\widehat{LL_t^E} = -5.028 + 1.355\,GDP_t + 0.463\pi_t - 1.096\,SD_t + 0.193\,SI_t \tag{3.9}$$
$$(-1.764) \quad (2.464) \quad (4.624) \quad (-6.673) \quad (2.531)$$

括号中为拟合系数对应的 t 统计量，且均通过了显著性检验。整体模型的 $R^2 = 0.497$，F 统计量为12.576，对应的 P 值远小于0.01，表明模型的整体结果较为理想，GDP、通货膨胀率、货币缺口和国际标准利率共同表征了7天期银行间同业拆借市场交易利率的波动特征。

经济增长和通货膨胀共同体现了经济的冷暖局势。式(3.9)中，GDP_t 和 π_t 的拟合系数均为正，表明经济处于趋热状态，此时货币当局会采取提高利率的方式来收紧银根，通过提高储蓄利息和投资成本来迫使经济增速放缓。SD_t 的拟合系数为负是符合经济理论的，利率是货币的价格，货币供需缺口的扩大体现了货币供给市场的主导地位，这会迫使利率下降来维持货币市场均衡。SI_t 的拟合系数为正，表明美联储加息对我国利率的影响是积极的，这样既能缓解我国货币发行压力，也可防止资本外逃、增强本国货币信誉。

依据回归模型的估计结果，可得模型的残差统计量 $\hat{\varepsilon}_t$ 即为未预期的货币政策利率变量 LL_t^U，而央行实际公布的利率减去未预期的利率则为预期的利率 LL_t^E。分别对 LL_t^U 和 LL_t^E 进行描述性统计测算，所得结果见表3.1第7、8列所示。从整体样本估计结果来看，我国非预期货币政策的最大值和最小值分别为 1.446 和 −2.038，这意味着短期货币政策可能存在较大预期误差，但均值仅为 1.78×10^{-11}，非常接近于0，则意味着对货币政策的长期预期结果将回归理性，也即理性预期假说从长期来看是有效的。

3. 分解结果与分析

基于式(3.9)的回归结果，本书列出了2005—2018年各季度的 LL_t^U 和 LL_t^E，具体数值见表3.2所示。

表3.2　2005—2018年各季度的 LL_t^U 和 LL_t^E

时间	2005(1)	2005(2)	2005(3)	2005(4)	2006(1)	2006(2)	2006(3)	2006(4)
LL_t^U	0.585	0.565	0.128	0.238	−0.275	−0.150	0.164	0.311
LL_t^E	1.495	1.100	1.426	1.383	2.015	2.156	2.266	2.430
时间	2007(1)	2007(2)	2007(3)	2007(4)	2008(1)	2008(2)	2008(3)	2008(4)
LL_t^U	−0.347	0.231	0.902	0.714	0.169	0.646	0.646	0.199
LL_t^E	2.651	2.741	2.767	2.757	2.775	2.694	2.484	2.292
时间	2009(1)	2009(2)	2009(3)	2009(4)	2010(1)	2010(2)	2010(3)	2010(4)
LL_t^U	−0.190	−0.168	−0.994	−1.111	−1.129	−2.038	−1.244	−1.593
LL_t^E	1.195	1.194	2.562	2.623	2.797	4.214	3.402	4.562
时间	2011(1)	2011(2)	2011(3)	2011(4)	2012(1)	2012(2)	2012(3)	2012(4)
LL_t^U	−0.245	0.556	0.398	0.045	0.055	−0.362	−0.095	−0.242
LL_t^E	3.748	3.848	3.837	3.836	3.826	3.750	3.631	3.557

时间	2013(1)	2013(2)	2013(3)	2013(4)	2014(1)	2014(2)	2014(3)	2014(4)
LL_t^U	−0.235	1.143	0.659	1.272	0.981	0.239	0.532	0.561
LL_t^E	3.534	3.462	3.365	3.431	3.256	3.221	3.134	3.096
时间	2015(1)	2015(2)	2015(3)	2015(4)	2016(1)	2016(2)	2016(3)	2016(4)
LL_t^U	1.446	−0.389	−0.453	−0.602	−0.608	−0.666	−0.668	−0.520
LL_t^E	3.079	3.098	3.069	3.079	3.101	3.149	3.151	3.184
时间	2017(1)	2017(2)	2017(3)	2017(4)	2018(1)	2018(2)	2018(3)	2018(4)
LL_t^U	−0.064	0.241	0.355	0.284	−0.090	0.292	−0.141	0.059
LL_t^E	2.990	3.005	3.041	3.143	3.357	3.170	3.313	3.258

注：2006(1) 表示 2006 年第一季度，其余类同。

设计 2005—2018 年各季度 LL_t^U 和 LL_t^E 与实际利率的比值，可以了解社会对货币政策的预期能力。由于 LL_t^U 存在负数，故不能一概用比例公式来计算，需要进行调整，具体比值公式调整如下：

$$\begin{cases} P(LL_t^U) = \dfrac{LL_t^U}{LL_t}, \ P(LL_t) = \dfrac{LL_t^E}{LL_t}, & LL_t^U \geqslant 0 \\ P(LL_t^U) = \dfrac{\left|LL_t^U\right|}{LL_t}, P(LL_t) = \dfrac{LL_t^E + 2LL_t^U}{LL_t}, & LL_t^U < 0 \end{cases} \quad (3.10)$$

通过式(3.10)进行测算的结果如表3.3所示。$P(LL_t^U)$ 度量了货币政策预测的偏差度，数值越高，表明预测误差越大；$P(LL_t^E)$ 度量了货币政策预测的精确度，数值越高，表明预测结果越准确。从表3.3的结果可以发现，在大部分时期 $P(LL_t^U)$ 的数值要远低于 $P(LL_t^E)$，2005—2018 年间，$P(LL_t^U)$ 的均值为 0.199，$P(LL_t^E)$ 的均值达到 0.801，表明我国货币政策的预期成分较高，社会对货币政策的整体预期能力较为理想。

表 3.3　2005—2018 年各季度的 $P(\mathrm{LL}_t^{\mathrm{U}})$ 和 $P(\mathrm{LL}_t^{\mathrm{E}})$

时间	2005(1)	2005(2)	2005(3)	2005(4)	2006(1)	2006(2)	2006(3)	2006(4)
$P(\mathrm{LL}_t^{\mathrm{U}})$	0.281	0.339	0.082	0.147	0.158	0.075	0.067	0.113
$P(\mathrm{LL}_t^{\mathrm{E}})$	0.719	0.661	0.918	0.853	0.842	0.925	0.933	0.887
时间	2007(1)	2007(2)	2007(3)	2007(4)	2008(1)	2008(2)	2008(3)	2008(4)
$P(\mathrm{LL}_t^{\mathrm{U}})$	0.150	0.078	0.246	0.206	0.057	0.193	0.206	0.080
$P(\mathrm{LL}_t^{\mathrm{E}})$	0.850	0.922	0.754	0.794	0.943	0.807	0.794	0.920
时间	2009(1)	2009(2)	2009(3)	2009(4)	2010(1)	2010(2)	2010(3)	2010(4)
$P(\mathrm{LL}_t^{\mathrm{U}})$	0.189	0.164	0.633	0.735	0.677	0.937	0.576	0.537
$P(\mathrm{LL}_t^{\mathrm{E}})$	0.811	0.836	0.367	0.265	0.323	0.063	0.424	0.463
时间	2011(1)	2011(2)	2011(3)	2011(4)	2012(1)	2012(2)	2012(3)	2012(4)
$P(\mathrm{LL}_t^{\mathrm{U}})$	0.070	0.126	0.094	0.012	0.014	0.107	0.027	0.073
$P(\mathrm{LL}_t^{\mathrm{E}})$	0.930	0.874	0.906	0.988	0.986	0.893	0.973	0.927
时间	2013(1)	2013(2)	2013(3)	2013(4)	2014(1)	2014(2)	2014(3)	2014(4)
$P(\mathrm{LL}_t^{\mathrm{U}})$	0.071	0.248	0.164	0.270	0.231	0.069	0.145	0.153
$P(\mathrm{LL}_t^{\mathrm{E}})$	0.929	0.752	0.836	0.730	0.769	0.931	0.855	0.847
时间	2015(1)	2015(2)	2015(3)	2015(4)	2016(1)	2016(2)	2016(3)	2016(4)
$P(\mathrm{LL}_t^{\mathrm{U}})$	0.320	0.144	0.173	0.243	0.244	0.268	0.269	0.195
$P(\mathrm{LL}_t^{\mathrm{E}})$	0.680	0.856	0.827	0.757	0.756	0.732	0.731	0.805
时间	2017(1)	2017(2)	2017(3)	2017(4)	2018(1)	2018(2)	2018(3)	2018(4)
$P(\mathrm{LL}_t^{\mathrm{U}})$	0.022	0.074	0.104	0.083	0.027	0.084	0.044	0.018
$P(\mathrm{LL}_t^{\mathrm{E}})$	0.978	0.926	0.896	0.917	0.973	0.916	0.956	0.982

注：2006(1) 表示 2006 年第一季度，其余类同。

2007年第三季度到2010年第四季度期间，我国货币政策的整体预期效果不太理想，尤其以2009年第三季度到2010年第四季度期间的预期效果更低，这主要源于全球金融危机的影响。一方面，4万亿元投资计划的实施，给宏观经济环境带来了货币政策效应的时滞，体现为2009年第三季度开始的货币政策预期效果明显偏低；另一方面，我国在这一阶段频繁动用的货币政策工具影响了诸多投资者的理性判断，由此明显降低了对货币政策的预测准确度（如我国于2007年调整了10次、2008年调整了9次、2010年调整了6次、2011年调整了7次存款准备金率，具体见附录B.1所示；2007年6次调整、2008年5次调整存贷款利率，具体见附录B.2所示）。

三、预期与非预期货币政策效应检验

（一）预期与非预期货币政策效应的检验方法

本部分内容拟采用脉冲响应与方差分解的原理来探讨中国预期与非预期货币政策的有效性问题，借助实证结果来支持我国可以采取货币政策工具来调控经济发展。

基于预期与非预期货币政策的分解结果，本书需要分别测算预期与非预期货币政策对最终目标的冲击力度。借助脉冲响应的基本原理，分别设计预期与非预期利率指标冲击货币政策最终目标的 $VAR(p)$ 模型，可表示为：

$$STMP_\tau = A_1 STMP_{\tau-1} + A_2 STMP_{\tau-2} + \cdots + A_p STMP_{\tau-p} + H \cdot x_\tau + LL_\tau, \ \tau = 1, 2, \cdots, T \quad (3.11)$$

式中，$STMP_\tau$ 表示 k 维内生变量的列向量，度量的是货币政策最终目标，x_τ 表示 d 维外生变量的列向量，p 为模型的滞后阶数，但一般不会取太大，否则会出现多重共线性，T 为样本个数。LL_τ 是利率变量，包括非预期利率 LL_τ^U 和预期的利率 LL_τ^E，是以向量形式表示的 $STMP_\tau$ 的扰动因子，VAR 模型允许 $cov(LL_{it},$ $(LL_{it}, LL_{jt}) = 0$，其中 $i \neq j$，且 $i < p, j < p$，但必须满足：$cov(LL_{it}, LL_{i,\tau-s}) = 0$（其中，$s \neq 0$，$\tau = 1, 2, \cdots, T$），且 $cov(LL_\tau, x_{\tau-l}) = 0$（其中，$l \neq 0$，$\tau = 1, 2, \cdots, T$，$l = 1, 2, \cdots, p$）。

在不考虑外生变量 x_t 的背景下，滞后算子多项式(3.11)的表示形式可记为：

$$A(P)\mathrm{STMP}_\tau = \mathrm{LL}_t \tag{3.12}$$

如果式(3.12)满足平稳性条件，也即行列式 $\det[A(P)]$ 的根的倒数都落入单位圆之中，那么模型可以重新表示为 VMA(∞) 的形式：

$$\mathrm{STMP}_\tau = \Phi(P)\,\mathrm{LL}_t \tag{3.13}$$

式(3.13)中有如下关系式成立：$\Phi(P)=A(P)^{-1}$，$\Phi(P)=\Phi_0+\Phi_1 P+\Phi_2 P^2+\cdots$，$\Phi_0=I_k$。此时，$\mathrm{STMP}_\tau$ 中的第 i 个变量 STMP_{it} 可以表述为：

$$\mathrm{STMP}_{it}=\sum_{j=1}^{k}\left(\theta_{ij}^{(0)}\,\mathrm{LL}_{jt}+\theta_{ij}^{(1)}\,\mathrm{LL}_{jt-1}+\theta_{ij}^{(2)}\,\mathrm{LL}_{jt-2}+\theta_{ij}^{(3)}\,\mathrm{LL}_{jt-3}+\cdots\right),\quad t=1,2,\cdots,T \tag{3.14}$$

式中，k 为变量个数，θ_i 为累积脉冲响应 $\theta_i=\sum_{i=0}^{\infty}\psi^i(i,\delta_j,\Omega_{t-1})$。$\psi^i(i,\delta_j,\Omega_{t-1})$ 表示 LL_t 的第一个元素受到冲击 δ_1，$\cdots$，第 k 个元素受到冲击 δ_k，而 t 时期后没有受到冲击时向量 STMP_{t+q} 的响应函数：

$$\psi(i,\delta,\Omega_{t-1})=E(\mathrm{STMP}_{t+i}\mid \mathrm{LL}_t=\delta,\ \mathrm{LL}_{t+1}=0,\ \cdots,\ \mathrm{LL}_{t+i}=0,\ \Omega_{t-1})-$$
$$E(\mathrm{STMP}_{t+i}\mid \mathrm{LL}_t=0,\ \mathrm{LL}_{t+1}=0,\ \cdots,\ \mathrm{LL}_{t+i}=0,\ \Omega_{t-1}),\ i=0,1,\cdots$$
$$=\Phi_i\delta \tag{3.15}$$

式中，Ω_{t-1} 表示 t 期的信息集合。此时，货币政策最终目标所受到的累积脉冲响应效果为：

$$\theta_{ij}^{(\mathrm{GDP})}=\partial\mathrm{STMP}_{i,t+q}/\partial\mathrm{LL}_{jt},\ q=0,1,\cdots,\quad t=1,2,\cdots,T \tag{3.16}$$

当从 T_0（$T_0<T$）时刻开始，如果 $\psi^i(i,\delta_j,\Omega_{t-1})$ 趋近于 0，则累积的 θ 体现了全样本区间内，利率的一个单位脉冲波动引起货币政策最终目标波动的幅度，度量了时间跨度为 T_0 的累积传导效率。基于此，可得预期与非预期货币政策对最终目标的脉冲响应力度分别为：

$$\theta_{ij}=\partial\mathrm{STMP}_{i,t+q}/\partial\mathrm{LL}_{jt}^{\mathrm{E}},\ q=0,1,\cdots,\quad t=1,2,\cdots,T \tag{3.17}$$

$$\theta_{ij}=\partial\mathrm{STMP}_{i,t+q}/\partial\mathrm{LL}_{jt}^{\mathrm{U}},\ q=0,1,\cdots,\quad t=1,2,\cdots,T \tag{3.18}$$

式(3.17)和式(3.18)分别衡量了预期与非预期货币政策的执行效果，其各滞后期内的累积数值越大，则表明货币政策的执行效果越好。

（二）预期与非预期货币政策效应的统计检验

检验预期与非预期货币政策效应，需要运用货币政策操作工具指标和最终目标指标。根据《中华人民共和国中国人民银行法》的规定，我国货币政策的最终目标可以表现为四个具体方面，即促进经济增长、保持物价稳定、实现充分就业与维持国际收支平衡。考虑到核算口径的片面性，充分就业数据在我国本身就存在一定的质疑，国际收支则在极大程度上受制于汇率这一要素的影响。因此，本书主要从经济增长和物价稳定两个视角来界定货币政策的最终目标。

采用式(3.17)和式(3.18)分别对表3.2中的 LL_t^U 和 LL_t^E 进行脉冲响应分析，计量工具借助 Eviews 软件。先分别估计 GDP、CPI 与 LL_t^U、LL_t^E 之间的 VAR 模型，滞后阶数均选择2期，此时单位根模的倒数均位于单位元以内，模型估计效果较好。

从累积脉冲响应结果的稳定性出发，发现选取脉冲响应时滞为100期，此时 LL_t^U 和 LL_t^E 对 GDP 的脉冲力度均接近于0（见图3.1和图3.2）；选取脉冲响应时滞分别为30期和80期，此时 LL_t^U 和 LL_t^E 对 GDP 的脉冲力度均接近于0（见图3.3和图3.4）。从数据表现来看，LL_t^U 和 LL_t^E 对 GDP 的累积脉冲响应力度分别为 −0.123 7和 −0.092 7，LL_t^U 和 LL_t^E 对 CPI 的累积脉冲响应力度分别为 −2.301 3和 −0.906 5，这表明预期与非预期货币政策在我国均存在显著效应，不管是预期到的还是没有预期到的货币政策，都能在一定程度上影响到经济的增长，也由此说明我国预期与非预期货币政策都是有效的。

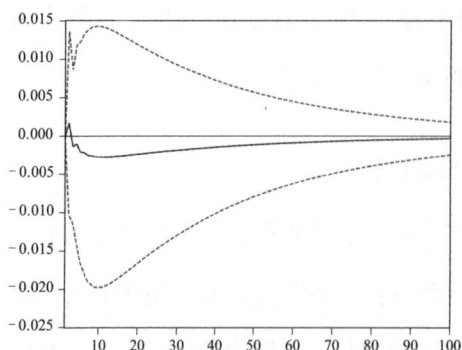

图3.1　LL_t^U 对 GDP 的累积脉冲响应　　图3.2　LL_t^E 对 GDP 的累积脉冲响应

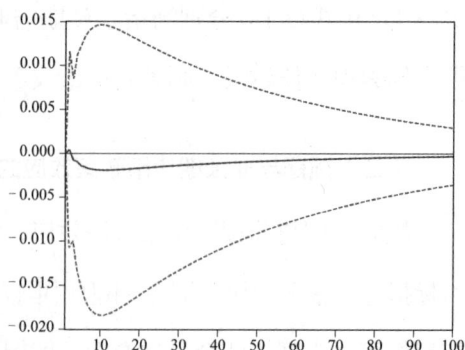

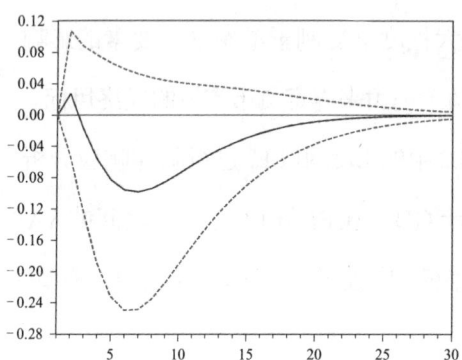

图3.3　LL_t^U 对 CPI 的累积脉冲响应　　图3.4　LL_t^E 对 CPI 的累积脉冲响应

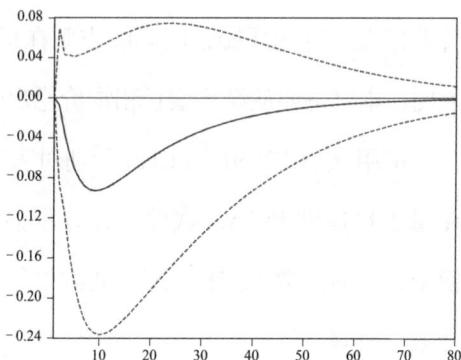

（三）检验结果的分析

从上一部分测算的数值关系来看，非预期货币政策对经济的干预作用要强于预期的货币政策，表明我国宏观经济目标的实现，主要取决于未预期到的货币政策的变动。事实上，公众一方面对于能够预期到的货币政策，可以及时采取灵活应对的方案，从而实现自身经济利益的最大化，却也由此降低了货币政策的执行效果；另一方面，公众对于不能准确预期到的货币政策有些束手无策，从而难以保证自身的经济利益，但使得宏观经济目标更容易实现。因此，在防止通货膨胀、严控经济过热的宏观调控目标下，制定不规则的货币政策并加以灵活调整，是一种相对更优的方案。

通过进一步的分析还可以发现，LL_t^U 的一个单位波动，对 GDP 起到了 0.123 7 个单位的限制作用，而 LL_t^E 的一个单位波动，则对 GDP 起到了 0.092 7 个单位的限制作用，表明未预期与预期到的利率上升均对经济增长过快的现象起到一定的降温作用。与之相对应，LL_t^U 的一个单位波动，对 CPI 起到了 2.301 3 个单位的限制作用，而 LL_t^E 的一个单位波动，则对 CPI 起到了 0.906 5 个单位的限制作用，表明未预期与预期到的利率上升对通货膨胀也会起到一定的降温作用。从数据对比结果来看，LL_t^U 和 LL_t^E 对 CPI 的累积冲击力度要明显高于对 GDP 的冲击力度，这说明未预期与预期货币政策对通货膨胀的调节作用要强于对 GDP 的调节作用。

LL_t^U 和 LL_t^E 对 GDP 和 CPI 的影响效果，符合一些货币学派和凯恩斯主义的观点，也在现实中一方面表现为货币政策是有效的，另一方面则表明货币政策的稳物价效果比促增长效果更好。正因如此，我国对通货膨胀存在调控预期时可以优先考虑执行货币政策，而且希冀在动用货币政策来实现对宏观经济目标的调整时，应当重点考虑相机抉择的货币政策方案，但也可适当考虑纳入固定规则型货币政策。

四、本章小结

本章首先对货币政策操作工具和中介目标进行权衡，确定对货币政策进行预期与非预期研究的基础变量应该设定为操作工具；然后依据可量化、常调控和易获取等基本原则，从我国数种操作工具当中选取 7 天期的银行间同业拆借市场交易利率作为货币政策操作工具的基础变量。在总结和比较已有预期与非预期货币政策分解方法的基础上，提出通过计量模型方法来对货币政策进行分解，并对分解结果进行货币政策有效性检验。通过实证分析得出如下基本结论：

(1) 预期货币政策占比较大，达到0.801，表明我国货币政策的整体预期成分较高。进一步对比发现，受全球金融危机的影响，2007年第三季度到2010年第四季度期间，我国货币政策的整体预期效果不太理想，尤其以2009年第三季度到2010年第四季度期间的预期效果更低。

(2) 非预期货币政策对经济的干预作用要强于预期的货币政策，表明我国宏观经济目标的实现，主要取决于未预期到的货币政策的变动。因此，在防止通货膨胀、严控经济过热的宏观调控目标下，制定不规则的货币政策并加以灵活调整，是一种更优方案。

(3) 预期与非预期货币政策对 GDP 的调节力度分别为0.092 7和0.123 7个单位，而对 CPI 的调节力度分别为0.906 5和2.301 3个单位，由此说明预期与非预期货币政策对通货膨胀的调节效果要强于对 GDP 的调节作用，因而货币政策更适合作为通货膨胀的调控工具。

第四章　预期与非预期货币政策传导的效率研究

一、货币政策传导效率的研究基础

从美国次贷危机引发的全球金融海啸以来，各国频繁使用包括货币政策在内的多种方案来推进经济复苏，并适时调整经济发展目标，但收效却难符预期，因而理论界和实务界关于货币政策是否有用的质疑声都很高。但近年来，诸多支持货币政策有效性观点的学者们认为，化解货币政策有效性争议的关键，是要正确认识货币政策执行情况与实际效果的关系，意识到货币政策所能真实调节经济的范围，也即要认识到货币政策在不同传导渠道中存在阻滞效应，货币政策对最终目标影响效应会因外在条件的制约而打折。基于此，以Bernanke为代表的经济学家开始探讨货币政策的传导效率问题，希冀借此解决货币政策效应不佳的困惑。

但迄今为止，关于货币政策传导效率问题的研究还在从不同方面加以深度探讨，通过如何执行与调整货币政策来提高货币政策工具作用于实体经济的强度和速度仍存在较大争论。在全球积极寻找经济全面振兴方案，我国也在努力制定刺激举措、调整经济发展战略的背景下，进一步研究货币政策传导效率问题，探寻提升货币政策传导效率途径，为经济复苏提供有利政策决策，是当下亟须解决的重要问题，也成为学者们探讨的热点。

学术界考察货币政策传导效率问题较多体现在定性评价与定量测度方面，而这种分析首先是从货币政策的单个传导渠道出发的。Hatzius 等（2010）最先从货币渠道和信用渠道来分析货币政策传导效率问题，其中信用渠道又可从银行信贷和资产负债表两个渠道展开 [85]。但诸多学者认为通过货币渠道的阻滞效应非常明显，货币政策通过货币渠道的有效性不强，而资产负债表渠道可以归属于信贷渠道之中，因而学术界的研究重点体现在银行信贷渠道方面。事实上，针对信贷渠道的有效性支持者非常多，如 Maria 等（2011）[86]、Ries W.（2012）[87]、孙欧等（2015）[88]、刘莉亚和余晶晶（2018）[89] 等从银行市场出发，探讨银行业的贷款渠道对货币政策传导效率的影响。代表性成果还有 Ruby. P. K. 和 Timothy P. O.（2006）[90]、Mohammed A. 和 Simon W.（2013）[91]、董华平和干杏娣（2015）[92]、温博慧和唐熙（2016）[93] 等。

张建波和王春平（2010）等则从资产价格因素考察了股票市场对货币政策传导效率的影响，认为我国证券市场对货币政策传导的作用较弱等 [94]。张澄和沈悦（2018）从资产价格的另一面实证研究了房价在货币政策传导机制中的作用，得出的结论认为房价波动冲击下，货币政策传导的信贷规模变动较为明显，但总体传导效率更多受信用风险的影响 [95]。康立和曹湃（2018）则是从利率、汇率、资产价格和信贷渠道探讨货币政策的传导效率问题，通过 PVAR 方法和面板 Tobit 模型进行实证分析，发现经济货币化水平和地区开放程度对货币政策传导效率的影响显著为负，金融发展水平、投资乘数和企业产权性质对货币政策传导效率的影响不显著 [96]。此外，还有 Mirdala 和 Rajmun（2009）[97]、刘金全和石睿柯（2017）[98]、郭豫媚（2018）[99]、Roman M. 和 Helen S.（2018）[100] 等对货币政策传导的利率机制及效率等问题进行了实证研究。

也有不少学者认为应该综合考察货币政策传导效率问题，如 Koop 等(2009)构建的混合创新模型动态研究了外部冲击对货币政策传导机制的影响，由此得出货币政策传导效率会出现损失的结论[101]。苗杨(2015)以价格错叠机制的动态产出模型为基础，综合考察了货币政策传导机制的效率与时滞问题[102]。Helder F. M. 和 Natalia C. N. (2018)以实际通货膨胀和实际产出的最小损失函数为起点，通过 SVAR 模型展开货币政策效率的测度研究，并据此探讨其对宏观经济稳健性的影响[103]。万阿俊和王陆雅(2018)以社会融资规模存量为切入点，探讨了货币政策传导的机制与效率问题[104]。闫先东和朱迪星(2018)则认为地方政府政绩竞争压力的存在会影响投资风向，而不同区域的市场化差异会导致过度投资出现挤出效应，这是影响货币政策传导效率的重要原因之一[105]。

综合已有文献资料来看，学者们的研究成果仍存在一些不足，比如，大部分研究成果侧重于从单一因素分析货币政策的传导效率问题，而少有的综合研究货币政策传导效率的成果则未能给出货币政策传导效率的系统性研究方案；此外，当前研究的焦点表现在评价与测度方面，相关定量分析几乎都撇开货币政策的中间环节而直接探讨宏观经济目标的实现情况，且实证研究仅依赖于现成的 GDP 或 CPI 等指标，缺乏深入和系统性分析。由此可见，合理测算并分解货币政策传导效率，依旧是货币政策领域需要重点探讨的话题。

基于此，本书尝试采用提前反映货币政策执行效果的指标来展开分析，借此作为衡量货币政策更优传导效率的参考指标，而 Freedman 等提出的金融状况指数(FCI)则恰好提供了很好的帮助[106]。国内外众多研究表明，FCI 在衡量一国金融整体状况、评估货币政策松紧程度、预测未来产出和通胀走势等方面具有独特的作用，可以成为货币政策中介目标的重要参考指标(周德才，等，2017；尚玉皇，郑挺国，2018；丁华，丁宁，2018)[107-109]，并已被多国货币当局和相关机构(如加拿大中央银行、美联储、OECD 等)用作货币政策决策的指示器。基于货币政策传导机制构建的 FCI 是利率、汇率、货币供应量和资产价格等要素的加权组合，对于货币政策方案的实施与变动反应较为灵敏，可较好地分析货币政策实施效果的理想目标，厘清货币政策实际实施效果与理想实施效果的差异，借此解决货币政策的传导效率问题。

二、货币政策传导效率测度的理论模型

研究货币政策传导效率问题，就是希望通过分析货币政策操作工具在多大程度上能引起中介目标的变化，继而导致最终目标能够发生多大程度的改变。因而货币政策传导效率综合考察的是执行货币政策操作工具到其最终目标这一阶段的实施效率，而在其间通常会考虑货币政策中介变量的过渡作用。正因如此，本书对于货币政策传导效率的研究，探讨了三个效率模型，包括探讨货币政策操作工具到最终目标的综合传导效率 TE_{ft}，也分析货币政策操作工具到中介变量之间的第一阶段传导效率 TE_{ot}，以及货币政策中介变量到最终目标之间的第二阶段传导效率 TE_{st}，且 $TE_{ft} = TE_{ot} \times TE_{st}$。其中，$TE_{ft}$ 的测算是基于货币政策操作工具波动与最终目标波动之间的关系来展开，TE_{st} 的测算是以 FCI 为基准变量，通过构建评估货币政策最终目标实施效果的计量模型予以估算，TE_{ot} 则采用 TE_{ft} 与 TE_{st} 的比值来衡量。

（一）基于GDP支出法视角的TE_{ft}理论测度模型

根据第二章对于预期与非预期货币政策作用机理的分析，可知从 GDP 支出法视角核算的产出水平，会受到利率的影响。但由于我国名义利率不可能为负，且历次利率调整的幅度都较小，因而基于式 (2.29) 可知，当 $T_r + d_r + OU_r + IN_r > S_r + G_r$ 时，则有 GDP < GDP$_0$，这表明实际经济规模低于潜在经济规模，存在经济低迷的现象。如果此时执行紧缩的货币政策，进一步提高利率，将

使得 GDP 进一步低于 GDP₀，经济低迷的可能性进一步增大，因而在这种情况下，实施宽松的货币政策将更有效。如果 $T_r+d_r+OU_r+IN_r < S_r+G_r$ 小于 0，那么 GDP > GDP₀，这意味着实际经济产出超过了潜在产出规模，经济处于较快增长状态，此时只能通过抬高利率，才能降低 GDP 规模并使之进一步趋近于 GDP₀，因而实施紧缩的货币政策将更有效。当 $T_r+d_r+OU_r+IN_r = S_r+G_r$ 时，GDP = GDP₀，此时无论怎么调整利率，都不会对经济产出产生影响，即表明货币政策无效。

式 (2.29) 表明 GDP 是利率 r 的函数，而根据菲利普斯曲线可知通货膨胀率与失业率之间可描述为线性关系：$\pi = -\varepsilon(u-u^*)$，奥肯定律又指出产出与失业率之间也存在一定关系：$(y-y_f)/y_f = -\alpha(u-u^*)$，此时，经济产出与通货膨胀率即可以表述为：$(y-y_f)/y_f = -\delta\pi$，其中，$(y-y_f)/y_f$ 表示的就是产出缺口，$\delta = \varepsilon/\alpha$。因此，通货膨胀率也可以描述为利率的函数形式：$\pi = f(r)$。这意味着，利率的调整会同时影响经济产出和通货膨胀率。

经济达到均衡状态时，利率与经济产出、通货膨胀率都会呈现出一种稳态，经济产出或者通货膨胀率相对稳态的波动，可以通过利率相对稳态的波动来予以调整。正因如此，本书以样本期内利率相对均衡状态 r_0 的波动与 GDP 相对均衡状态 GDP₀ 波动的联接关系为起点，测度货币政策操作工具到最终目标的综合传导效率。对 GDP 进行对数处理后，不同时期预期与非预期货币政策最终传导效率可分别通过如下方法得以估算：

$$\text{TE}_{ft}^{A} = \frac{\ln \text{GDP}_t - \ln \text{GDP}_0}{\ln \text{GDP}_t} \bigg/ \frac{r_t^{A} - r_0^{A}}{r_t^{A}} \tag{4.1}$$

$$\text{TE}_{ft}^{U} = \frac{\ln \text{GDP}_t - \ln \text{GDP}_0}{\ln \text{GDP}_t} \bigg/ \frac{r_t^{U} - r_0^{U}}{r_t^{U}} \tag{4.2}$$

式中，r_t^{A} 为预期的利率变动，衡量的是预期货币政策，r_0^{A} 为预期利率的均衡值，r_t^{U} 为非预期的利率变动，衡量的是非预期货币政策，r_0^{U} 为非预期利率的均衡值。

（二）基于FCI视角的TE_{ot}理论测度模型

学术界普遍采用 VAR 等模型作为测度 FCI 传导效率的主要方法，Christiano（2005）也曾论证了政府政策对宏观经济效应的影响适合用脉冲响应函数来估算，其估算的结果可以作为政府政策传导效率的依据[110]。但由于该模型通常得到的是一个传导效率的综合值，难以体现货币政策传导效率的时序特征。因此，本部分借助计量回归模型拟合残差的基本原理，设计利率冲击 FCI 的线性回归模型，据此测算利率对 FCI 的预测力度，并以此为基础展开 TE_{st} 的理论测算。设计预期与非预期利率冲击 FCI 的回归模型为：

$$FCI_t = \alpha^A \bullet r_t^A + C + \varepsilon_t \tag{4.3}$$

$$FCI_t = \alpha^U \bullet r_t^U + C + \varepsilon_t \tag{4.4}$$

式中，α^A 和 α^U 为预期与非预期利率变量 r_t^A 和 r_t^U 的拟合系数，衡量的是利率影响 FCI 的平均效果，C 为常数项，ε_t 为误差扰动项。对式(4.3)和式(4.4)进行 OLS 估计，则各时期预期与非预期货币政策对 FCI 的传导效率则可以设计为：

$$TE_{ot}^A = \overline{\alpha^A} + \overline{\varepsilon_t} \tag{4.5}$$

$$TE_{ot}^U = \overline{\alpha^U} + \overline{\varepsilon_t} \tag{4.6}$$

式(4.5)和式(4.6)即为货币政策的第一阶段传导效率，其中，$\overline{\alpha^A}$ 和 $\overline{\alpha^U}$ 分别为 α^A 和 α^U 拟合值，$\overline{\varepsilon_t}$ 为残差的拟合值。

（三）TE_{ot}的理论测度模型

基于式(4.1)、式(4.2)、式(4.5)和式(4.6)，那么各历史时期预期与非预期货币政策第二阶段的传导效率可通过如下方法得到：

$$TE_{st}^A = TE_{ft}^A / TE_{ot}^A \tag{4.7}$$

$$TE_{st}^{U} = TE_{ft}^{U} / TE_{ot}^{U} \qquad (4.8)$$

至此，就可以对货币政策第一阶段传导效率 TE_{ot}^{A} 和 TE_{ot}^{U}、货币政策第二阶段传导效率 TE_{st}^{A} 和 TE_{st}^{U}、货币政策传导综合效率 TE_{ft}^{A} 和 TE_{ft}^{U} 展开具体测度研究。

三、货币政策传导效率的测度研究

（一）指标选取与数据处理

本书在测度货币政策传导效率时，主要用到的指标有 CPI 和 FCI，其中 FCI 的构建需要重新设计指标。具体来说，在构建 FCI 时，需要用到 GDP 数据，以及利率、汇率、房价、股价和货币供应量等五类指标数据，但当前学术界对于采用哪种形式的利率、汇率、房价、股价和货币供应量指标仍缺乏统一认识，因而有必要结合定性与定量方法对最适合纳入 FCI 的构成指标进行验证性分析。而对于这一分析模式，本书借鉴欧阳胜银和许涤龙（2018）的观点 [111]，分别选取 7 天期银行间同业拆借利率、人民币对美元汇率、深证成分指数、商品房平均销售价格指数和 M_2 作为上述五类指标的替代变量。

各指标当中，GDP、CPI 数据来源于国家统计局网站，银行间同业拆借利率和货币供应量数据来源于中国人民银行网站，人民币对美元汇率来源于国家外汇管理局网站，深圳成分指数来源于国泰安数据库，商品房平均销售价格指数采用商品房销售额除以商品销售面积的方式进行计算，基础数据来源于中国经济与社会发展统计数据库。

由于我国 GDP 尚且没有系统性地公布月度数据，因而本书以季度为频率展开数据分析；同时，大部分渠道又是以月度为频率公布本书实证分析所需的数据，因而需要对相关数据进行频率转换。本书对数据进行频率转换的方法为：对于月度 CPI 向季度 CPI 转换的转换，是以2001 年 1 月为基期，通过公布的环比 CPI 数据计算每个季度三个月的平均值；对于银行间同业拆借利率的季度数据，则采用各期交易量为权重，以每个季度三个月内加权平均利率与交易量的加权方式予以计算；对于汇率的季度数据，直接采用各季度最后一个数值作为替代；对于深证成分指数的季度数据，选取每个季度的最高值作为替代；对于商品房平均销售价格指数，采用与银行间同业拆借利率相同的思想，以每个月的销售面积为权重，计算各季度的房价；M_2 的季度数据则取每个季度三个月的平均值。

（二）FCI的测算

本书采用主成分方法进行 FCI 的赋权研究。具体赋权步骤为：首先采用 SPSS16.0 软件进行主成分分解，提取方差累积贡献率大于85%的 k 个主成分，分别记为 $F_1 \sim F_k$；选取通货膨胀作为因变量，记为 Y，通货膨胀的滞后项和 $F_1 \sim F_k$ 及其滞后项作为自变量，构建主成分的回归模型，在逐步剔除不显著的当期变量和滞后变量后，不同变量各期的系数累积值即为 FCI 各要素赋权的基础。实证中，主成分方差贡献率和因子得分系数矩阵如表4.1、表4.2所示。

表4.1　FCI 主成分分析的方差贡献率

公因子	初始特征值			提取的平方载荷总和			旋转的平方载荷总和		
	特征值	方差 %	累计 %	特征值	方差 %	累计 %	特征值	方差 %	累计 %
1	1.893	37.868	37.868	1.893	37.868	37.868	1.358	27.166	27.166
2	1.267	25.336	63.204	1.267	25.336	63.204	1.245	24.908	52.074
3	0.810	16.203	79.408	0.810	16.203	79.408	1.041	20.819	72.893
4	0.680	13.608	93.015	0.680	13.608	93.015	1.006	20.123	93.015
5	0.349	6.985	100						

表4.2 FCI 的因子得分系数矩阵

	因子得分			
	1	2	3	4
L_{GAP}	−0.111	0.039	−0.063	1.020
H_{GAP}	−0.039	0.233	1.053	−0.043
G_{GAP}	0.137	0.835	0.200	−0.032
F_{GAP}	0.674	0.246	−0.047	0.037
M_{GAP}	−0.538	0.395	−0.012	0.239

最终构建的剔除不显著变量之后的模型，采用OLS进行估计的结果如表4.3
所示。此时模型的估计结果较为理想，调整的 R^2 为0.959 473，D.W. 为2.070 260，
但通过对其进行单独的自相关和平稳性检验，发现拟合模型的残差项仍旧是不
存在相关性的，因而模型结果整体是比较理想的。

表4.3 FCI 的主成分回归估计结果

变量	系数	T 统计量	P 值
CPI	0.478 494	4.408 392	0.000 1
CPI(-5)	0.742 906	3.447 526	0.001 7
CPI(-6)	−0.757 920	−3.890 190	0.000 5
F_1(-1)	−0.004 847	−2.320 246	0.027 3
F_1(-2)	−0.010 786	−2.704 760	0.011 2
F_2	0.019 083	3.551 614	0.001 3
F_2(-1)	0.019 678	3.297 695	0.002 5
F_2(-2)	0.016 745	3.051 427	0.004 7
F_2(-3)	0.012 594	2.237 192	0.032 9
F_3	0.005 575	2.885 023	0.007 2

续表 4.3

变量	系数	T 统计量	P 值
$F_3(-5)$	0.004 313	1.907 958	0.066 0
$F_3(-6)$	−0.005 101	−2.906 680	0.006 8
F_4	−0.028 352	−2.689 172	0.011 6
$F_4(-2)$	0.042 972	2.189 662	0.036 5
$F_4(-6)$	−0.017 707	−3.198 194	0.003 3
C	0.000 482	2.161 750	0.038 7
调整 R^2	0.959 473	D.W.	2.070 260
F	47.349 72	P	0.000 000

4个主成分的回归系数累计值为：−0.015 63、0.068 10、0.004 79和−0.003 09。把 F_1、F_2、F_3、F_4 的结果还原为回归模型的参数估计值，然后基于表4.2的因子得分系数矩阵，可以得到FCI各组成要素的权重，据此得到FCI的测算模型：

$$FCI = 0.019\ 81L_{GAP} + 0.160\ 04H_{GAP} + 0.470\ 46G_{GAP} + 0.211\ 10F_{GAP} + 0.138\ 59M_{GAP}$$

$$(4.9)$$

式中，解释变量的下标 GAP 表示缺口。

依据测算模型可以发现，经测算的我国FCI的合成指标中，股价的影响效果最大，而利率的影响效果相对更小。因此，应当尤为关注作为衡量我国经济晴雨表的股票市场，其价格水平的波动直接关系到宏观经济发展趋势，对于以GDP和CPI作为主要调控目标的货币政策来说，是非常敏感的先行观测指标。此外，汇率、房价和货币供应量的影响效果较为平稳，可见外围复杂经济局势对一国经济系统的重要影响也是值得关注的。特别是以美国次贷危机的爆发为转折点，世界经济走势与格局都发生了较大变化，以稳定币值和对冲外汇占款为重任的汇率和货币供给指标的异常波动，将在较大程度上影响国内经济发展趋势，这就对我国经济系统提出了更为严格的要求，要密切关注外在环境的变化，严防系统性风险。样本期内 FCI 的具体数值见表4.4所示。

表4.4　采用主成分法赋权的2006—2018年各季度 FCI 数值

时间	FCI	时间	FCI	时间	FCI	时间	FCI
2006（1）	−0.171 0	2006（2）	−0.132 6	2006（3）	−0.123 6	2006（4）	−0.088 1
2007（1）	−0.032 3	2007（2）	0.083 4	2007（3）	0.253 1	2007（4）	0.276 2
2008（1）	0.189 9	2008（2）	0.119 0	2008（3）	−0.016 9	2008（4）	−0.134 8
2009（1）	−0.189 6	2009（2）	−0.127 0	2009（3）	−0.040 5	2009（4）	−0.047 4
2010（1）	−0.009 4	2010（2）	−0.048 4	2010（3）	−0.069 6	2010（4）	0.025 3
2011（1）	0.096 9	2011（2）	0.101 0	2011（3）	0.081 8	2011（4）	0.002 9
2012（1）	0.007 3	2012（2）	−0.001 1	2012（3）	−0.025 2	2012（4）	−0.074 5
2013（1）	0.004 5	2013（2）	0.034 6	2013（3）	−0.028 4	2013（4）	0.003 6
2014（1）	−0.010 7	2014（2）	−0.077 3	2014（3）	−0.058 9	2014（4）	−0.032 6
2015（1）	0.100 0	2015（2）	0.123 6	2015（3）	0.017 0	2015（4）	−0.019 0
2016（1）	−0.024 9	2016（2）	−0.043 3	2016（3）	−0.042 7	2016（4）	−0.033 6
2017（1）	−0.026 6	2017（2）	−0.008 8	2017（3）	0.016 3	2017（4）	0.029 3
2018（1）	0.051 6	2018（2）	0.040 4	2018（3）	−0.021 9	2018（4）	−0.048 2

注：2006（1）表示2006年第一季度，其余类同。

依据国内外学者对 FCI 基本定义的界定，可以发现表4.4所测算的 FCI 基本反映了我国货币政策执行效果的大体情况。比如，由于 FCI 可以提前指示货币政策执行效果，因而对于央行从开始意识到应该实施货币政策到如何执行货币政策操作工具，再到最终目标实现之间存在的时滞问题，通过 FCI 都可以起到很好的缩短作用，从而提高货币政策执行效率，因而2006年第一季度开始到2007年第一季度期间的 FCI 为负数，实际上是提前预判了从2007年底开始的我国经济增速放缓现象；而后一阶段 FCI 由负转正，也是提前预测我国经济走势开始复苏的信号。

从整个样本时期来看，我国 FCI 出现负数的时期要多于出现正数的时期，这与我国进入经济新常态的特征是相吻合的。2008 年经济危机以来，我国经济增长速度明显放缓，举国上下也逐渐淡化"唯 GDP 英雄论"的发展模式，去库存、调结构、提内需、化风险等新的调节手段成为推动我国经济稳中前行的重要保障。这段时期以内，我国 GDP 增速明显低于过去 8% 的基本目标，经济发展模式出现较大变革，整体经济增长形势出现相对下降，因而 FCI 出现较多时期为负数是与我国当前经济发展特征相一致的。

（三）TE_{ot} 的测算

依据式 (4.1) 至式 (4.8)，选取 7 天期的 SHIBOR 作为自变量，设计利率缺口对 FCI 的线性回归模型，并对式 (4.3) 和式 (4.4) 进行 OLS 估计，所得结果为：

$$FCI_t = 0.223\ 5r_t^A + \varepsilon_t \tag{4.10}$$
$$(5.913\ 2)$$

$$FCI_t = 0.430\ 8r_t^U + \varepsilon_t \tag{4.11}$$
$$(6.667\ 0)$$

式 (4.10) 和式 (4.11) 中，调整的可决系数分别为 $\overline{R^2} = 0.420\ 3$、$\overline{R^2} = 0.505\ 2$。基于式 (4.10) 和式 (4.11) 的估算结果来看，7 天期 SHIBOR 缺口的一个单位波动，能够带来 0.223 5 和 0.430 8 个单位的 FCI 波动，这体现了货币政策操作工具到 FCI 的传导效率。基于拟合系数与残差统计量可得式 (4.5) 和式 (4.6) 的货币政策第一阶段传导效率 TE_{ot}^A 和 TE_{ot}^U，具体数值见表 4.5 所示。

表4.5 2006—2018年的 TE_{ot}^{A} 和 TE_{ot}^{U}（%）

时间	2006(1)	2006(2)	2006(3)	2006(4)	2007(1)	2007(2)	2007(3)	2007(4)
TE_{ot}^{A}	0.131 1	0.144 8	0.113 0	0.120 4	0.223 2	0.276 5	0.382 4	0.427 7
TE_{ot}^{U}	0.130 1	0.064 1	0.034 2	0.662 5	0.380 8	0.023 0	0.087 5	0.101 7
时间	2008(1)	2008(2)	2008(3)	2008(4)	2009(1)	2009(2)	2009(3)	2009(4)
TE_{ot}^{A}	0.393 5	0.285 7	0.170 5	0.113 9	0.199 9	0.262 6	0.302 1	0.302 9
TE_{ot}^{U}	0.061 8	0.021 6	0.553 3	0.075 0	0.069 0	0.037 8	0.078 2	0.759 1
时间	2010(1)	2010(2)	2010(3)	2010(4)	2011(1)	2011(2)	2011(3)	2011(4)
TE_{ot}^{A}	0.330 6	0.251 5	0.236 3	0.271 5	0.308 0	0.249 7	0.250 7	0.203 4
TE_{ot}^{U}	0.122 6	0.090 1	0.057 4	0.109 2	0.112 7	0.060 8	0.095 8	0.054 0
时间	2012(1)	2012(2)	2012(3)	2012(4)	2013(1)	2013(2)	2013(3)	2013(4)
TE_{ot}^{A}	0.213 0	0.243 9	0.212 2	0.180 3	0.263 1	0.205 1	0.181 9	0.167 6
TE_{ot}^{U}	0.064 0	0.026 5	0.076 6	0.039 2	0.081 5	0.057 4	0.169 5	0.034 0
时间	2014(1)	2014(2)	2014(3)	2014(4)	2015(1)	2015(2)	2015(3)	2015(4)
TE_{ot}^{A}	0.184 1	0.168 6	0.171 0	0.195 7	0.265 3	0.415 8	0.312 4	0.284 0
TE_{ot}^{U}	0.164 0	0.034 3	0.067 7	0.098 4	0.226 0	0.023 9	0.052 0	0.173 6
时间	2016(1)	2016(2)	2016(3)	2016(4)	2017(1)	2017(2)	2017(3)	2017(4)
TE_{ot}^{A}	0.274 8	0.255 2	0.254 3	0.248 4	0.234 2	0.226 6	0.239 4	0.249 3
TE_{ot}^{U}	0.133 7	0.044 8	0.045 6	0.127 5	0.102 5	0.032 5	0.052 6	0.106 8
时间	2018(1)	2018(2)	2018(3)	2018(4)				
TE_{ot}^{A}	0.283 6	0.256 5	0.215 5	0.176 9				
TE_{ot}^{U}	0.089 1	0.040 3	0.043 1	0.112 2				

注：2006(1)表示2006年第一季度，其余类同。

从表4.5的估算结果来看，预期货币政策的第一阶段传导效率在2007年第四季度最高，为0.427 7，但在2006年第三季度最低，仅为0.113 0，在时间跨度为52个季度的区间内，第一阶段的平均传导效率24.10%，这意味着我国央行采用的货币政策操作工具对 FCI 预测的漏损度接近四分之三，货币政策在第一阶段的传导效率整体偏低。进一步发现，TE_{ot}^A 的标准差为0.071 1，其变异系数仅为0.710 0，表明在样本期内，以能预期到7天期 SHIBOR 为代表的货币政策操作工具传导至先行指标的差异性较小，也间接佐证了本书构建 FCI 的稳健与合理性，FCI 确实能作为反映货币政策执行效果的参考指标。

从非预期货币政策传导效率来看，TE_{ot}^U 在2008年第二季度最低，仅为0.021 6，而在2009年第四季度达到最高，为0.759 1，变异系数为1.257 4。样本期间内非预期货币政策的平均传导效率为11.85%，可以发现我国非预期货币政策的传导效率更低，其漏损程度比预期货币政策传导效率的漏损程度更大。

（四）TE_{ft} 和 TE_{st} 的统计测算

前面已经衡量了货币政策第一阶段的传导效率，还需要依据式(4.1)和(4.2)、(4.7)和(4.8)描述的原理，计算样本期内货币政策的综合传导效率以及第二阶段的传导效率，具体计算结果如表4.6和4.7所示，TE_{ft}、TE_{ot}、TE_{st} 的趋势图如图4.1和图4.2所示。

表4.6　2006—2018年的 TE_{ft}^A 和 TE_{ft}^U（%）

时间	2006(1)	2006(2)	2006(3)	2006(4)	2007(1)	2007(2)	2007(3)	2007(4)
TE_{ft}^A	0.038 4	0.021 3	0.065 5	0.047 3	0.132 0	0.002 6	0.006 7	0.027 7
TE_{ft}^U	0.037 1	0.024 3	0.013 7	0.251 6	0.133 2	0.006 8	0.033 2	0.044 4
时间	2008(1)	2008(2)	2008(3)	2008(4)	2009(1)	2009(2)	2009(3)	2009(4)
TE_{ft}^A	0.025 0	0.011 3	0.019 0	0.239 9	0.019 8	0.006 9	0.003 1	0.012 8
TE_{ft}^U	0.023 5	0.008 2	0.222 7	0.028 5	0.026 2	0.014 8	0.029 7	0.367 0

续表4.6

时间	2010(1)	2010(2)	2010(3)	2010(4)	2011(1)	2011(2)	2011(3)	2011(4)
TE_{ft}^{A}	0.024 9	0.007 7	0.003 3	0.659 2	0.045 7	0.006 0	0.016 8	0.057 8
TE_{ft}^{U}	0.046 6	0.032 9	0.022 8	0.037 3	0.044 7	0.024 2	0.036 3	0.016 0
时间	2012(1)	2012(2)	2012(3)	2012(4)	2013(1)	2013(2)	2013(3)	2013(4)
TE_{ft}^{A}	0.042 6	0.089 4	0.138 0	0.166 2	0.110 3	0.001 2	0.020 6	0.027 9
TE_{ft}^{U}	0.016 5	0.007 9	0.026 6	0.014 9	0.031 0	0.022 6	0.070 0	0.010 6
时间	2014(1)	2014(2)	2014(3)	2014(4)	2015(1)	2015(2)	2015(3)	2015(4)
TE_{ft}^{A}	0.041 7	0.063 5	0.038 9	0.132 6	0.029 1	0.009 9	0.001 2	0.023 4
TE_{ft}^{U}	0.065 1	0.010 7	0.023 9	0.037 2	0.085 8	0.007 6	0.020 8	0.065 9
时间	2016(1)	2016(2)	2016(3)	2016(4)	2017(1)	2017(2)	2017(3)	2017(4)
TE_{ft}^{A}	0.045 7	0.013 7	0.002 6	0.038 1	0.114 5	0.056 0	0.011 0	0.079 5
TE_{ft}^{U}	0.047 1	0.014 4	0.017 3	0.048 4	0.063 9	0.010 2	0.017 5	0.033 8
时间	2018(1)	2018(2)	2018(3)	2018(4)				
TE_{ft}^{A}	0.169 8	0.015 4	0.007 2	0.091 6				
TE_{ft}^{U}	0.058 3	0.018 3	0.013 9	0.031 3				

注：2006(1)表示2006年第一季度，其余类同。

表4.7　2006—2018年的 TE_{st}^{A} 和 TE_{st}^{U}（%）

时间	2006(1)	2006(2)	2006(3)	2006(4)	2007(1)	2007(2)	2007(3)	2007(4)
TE_{st}^{A}	0.292 9	0.147 1	0.579 6	0.392 9	0.591 4	0.009 4	0.017 5	0.064 8
TE_{st}^{U}	0.285 1	0.379 1	0.400 1	0.379 8	0.349 7	0.293 5	0.379 4	0.436 1
时间	2008(1)	2008(2)	2008(3)	2008(4)	2009(1)	2009(2)	2009(3)	2009(4)
TE_{st}^{A}	0.063 5	0.039 6	0.111 4	2.106 2	0.099 0	0.026 3	0.010 3	0.042 3
TE_{st}^{U}	0.380 3	0.379 6	0.402 5	0.380 0	0.379 7	0.392 5	0.379 8	0.483 5

续表 4.7

时间	2010(1)	2010(2)	2010(3)	2010(4)	2011(1)	2011(2)	2011(3)	2011(4)
TE_{st}^{A}	0.075 3	0.030 6	0.014 0	2.428 0	0.148 4	0.024 0	0.067 0	0.284 2
TE_{st}^{U}	0.380 1	0.365 4	0.396 8	0.341 6	0.396 5	0.397 7	0.379 1	0.296 8
时间	2012(1)	2012(2)	2012(3)	2012(4)	2013(1)	2013(2)	2013(3)	2013(4)
TE_{st}^{A}	0.200 0	0.366 5	0.650 3	0.921 8	0.419 2	0.005 9	0.113 2	0.166 5
TE_{st}^{U}	0.258 3	0.296 6	0.346 8	0.380 1	0.380 4	0.393 9	0.412 7	0.312 0
时间	2014(1)	2014(2)	2014(3)	2014(4)	2015(1)	2015(2)	2015(3)	2015(4)
TE_{st}^{A}	0.226 5	0.376 6	0.227 5	0.677 6	0.109 7	0.023 8	0.003 8	0.082 4
TE_{st}^{U}	0.396 8	0.312 6	0.352 7	0.377 9	0.379 6	0.318 2	0.399 8	0.379 6
时间	2016(1)	2016(2)	2016(3)	2016(4)	2017(1)	2017(2)	2017(3)	2017(4)
TE_{st}^{A}	0.166 3	0.053 7	0.010 2	0.153 4	0.488 9	0.247 1	0.045 9	0.318 9
TE_{st}^{U}	0.352 6	0.321 7	0.379 4	0.379 6	0.623 4	0.313 8	0.332 7	0.316 5
时间	2018(1)	2018(2)	2018(3)	2018(4)				
TE_{st}^{A}	0.598 7	0.060 0	0.033 4	0.517 8				
TE_{st}^{U}	0.654 3	0.454 1	0.322 5	0.278 1				

注：2006(1) 表示 2006 年第一季度，其余类同。

通过表4.6和表4.7的测度结果可以发现，TE_{ft}^{A} 和 TE_{ft}^{U} 的均值分别为5.93%和4.65%，在52个样本时期中，有38个季度的 TE_{ft}^{A} 小于其整体平均值，达到73.08%，有39个 TE_{ft}^{U} 小于其整体平均值，达到75%；TE_{st}^{A} 和 TE_{st}^{U} 的均值为28.71%和37.43%，在52个样本时期中，有36个季度的 TE_{st}^{A} 小于其整体平均值，占比为69.23%；有20个季度的 TE_{st}^{U} 小于其整体平均值，占比为38.46%。这进一步说明我国货币政策传导效率整体水平偏低。2008年第四季度和2010年第四季度的 TE_{st}^{A} 大于1，呈现出一种超效率状态，表明这段时期 FCI 对于货币政策最终目标的预测能力非常灵敏。

通过对各时期的综合传导效率和第二阶段传导效率进行描述性统计分析可以发现，TE_{ft}^{A} 的最大值和最小值分别为 65.92% 和 0.12%，经计算的变异系数为 1.676 2；TE_{ft}^{U} 的最大值和最小值分别为 36.70% 和 0.68%，经计算的变异系数为 1.389 2；TE_{st}^{A} 的最大值和最小值分别为 242.80% 和 0.38%，经计算的变异系数为 1.589 3；TE_{st}^{U} 的最大值和最小值分别为 65.43% 和 25.83%，经计算的变异系数为 0.186 0。除 TE_{st}^{U} 的变异系数外，其余变异系数均非常接近，但从数值大小来看，我国预期货币政策传导效率的差异主要体现在第二阶段，而非预期货币政策传导效率的差异主要体现在第一阶段，这说明不同方案编制的 FCI 对货币政策最终目标的反映存在较大的时间差异。

经过预期与非预期视角的分解，可以发现货币政策综合传导效率、第一阶段传导效率和第二阶段传导效率均存在如下关系：$TE_{ft}^{A} < TE_{ot}^{A} < TE_{st}^{A}$、$TE_{ft}^{U} < TE_{ot}^{U} < TE_{st}^{U}$；这说明以主成分法核算 FCI 为基础，我国货币政策第一阶段的传导效率要普遍低于第二阶段的传导效率，意味着央行执行货币政策操作工具到货币政策中介目标之间的阻碍力度要高于货币政策中介目标到最终目标之间的阻碍力度，这是符合实际的。因为央行设立货币政策中介目标的目的之一，就是希望通过提早掌握货币政策执行效果来及时调整货币政策操作工具和执行手段，因而货币政策中介目标的基本要求之一就是要能对最终目标具有良好的指示效果。在利率和货币供应量都存在较大局限性的前提下，以 FCI 为代表的新型参考指标能发挥良好的货币政策执行效果指示器的功能，其指示功能也在诸多学者的研究成果当中得到了验证。

图 4.1 和图 4.2 给出的是 2006—2018 年我国货币政策综合传导效率、第一阶段传导效率和第二阶段传导效率的波动趋势。可以清晰地发现，我国货币政策传导效率在大部分时期都较低，只有在 2008 年第四季度和 2010 年第四季

度出现过相对短暂的高效状态，但从长远来看，较低的传导效率并不利于我国
通过实施货币政策来达到调节经济发展的目的。如此低效率的货币政策实施效
果，也可以成为解释部分学者认为货币政策无效的原因。整体来看，提高货币
政策传导效率，迫在眉睫。

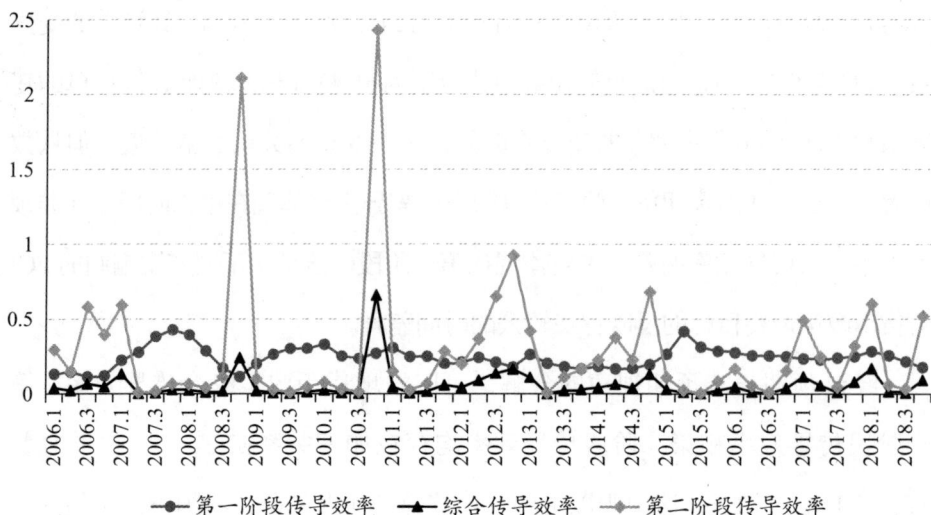

图4.1　2006—2018年 TE_{ft}^A、TE_{ot}^A 和 TE_{st}^A 的波动趋势

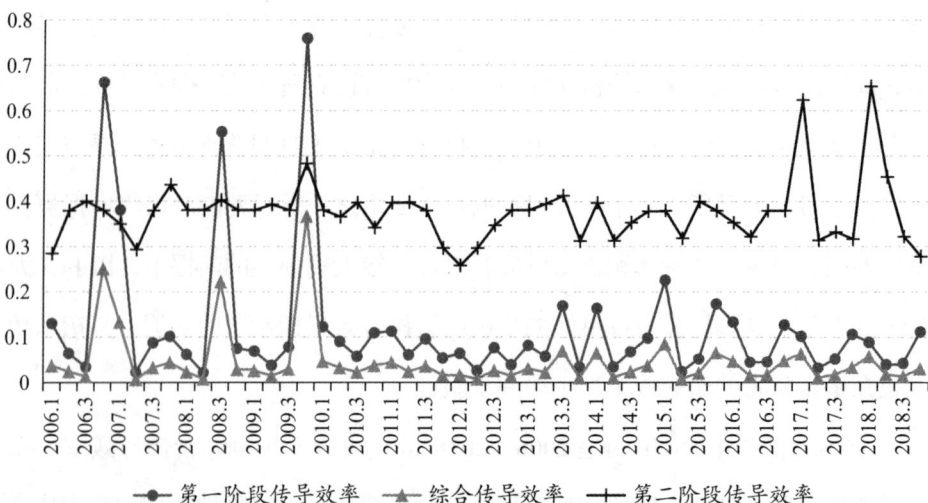

图4.2　2006—2018年 TE_{ft}^U、TE_{ot}^U 和 TE_{st}^U 的波动趋势

四、货币政策传导效率的稳健性验证

对货币政策传导效率展开阶段性测度研究，目前在学术界缺乏足够经验，为验证货币政策传导效率的合理性，本书进一步对估算结果进行稳健性检验，主要采用简化式模型法来重新构建 FCI。

采用简化式模型法对 FCI 进行赋权，是以 CPI 作为被解释变量，CPI 的滞后 1~6 期和 FCI 各组成要素的当期值以及滞后 1~6 期作为解释变量，来构建回归模型。在逐步剔除不显著的变量之后，将 FCI 各组成要素不同时期的回归估计值进行叠加，即为各要素赋权的基础。

最后，保留利率的滞后 2、4 期，汇率的滞后 2、4 期，房价的当期值和滞后 1、2、3 期，股价的当期值和滞后 4 期，货币供应量的当期值，此时，模型得到较佳估计结果，各变量系数在 0.05 的显著性水平下均通过检验，调整的 R^2 为 0.858 130，说明模型具有一定的可信度，较好地反映了变量之间的关联度。基于简化式模型所得到的估计结果见表 4.8 所示。

表 4.8　简化式模型的回归结果

变量	估计值	T 统计量	P 值	变量	估计值	T 统计量	P 值
L_{t-2}	0.004 457	2.281 198	0.028 4	L_{t-4}	0.005 528	3.076 854	0.003 9
H_{t-2}	0.055 995	2.466 796	0.018 4	H_{t-4}	−0.068 915	−3.228 139	0.002 6
F	0.023 159	3.296 014	0.002 2	F_{t-1}	0.027 885	4.333 981	0.000 1
F_{t-2}	0.039 743	5.805 116	0.000 0	F_{t-3}	0.024 726	3.430 269	0.001 5
G	0.008 130	5.544 511	0.000 0	G_{t-4}	0.008 477	5.537 123	0.000 0
M	0.068 913	5.899 961	0.000 0	调整 R^2	0.858 130		

将表 4.8 中不同变量对应的当期值和所有滞后值进行汇总，可得各自变量对因变量的总体影响效果，各敏感系数的累计值分别为：0.009 985、−0.012 92、

0.115 513、0.016 607和0.068 913。将各变量的累计值进行归一化处理，可得相应变量的权重分配结果，各变量权重值见表4.9所示，其中汇率为负值，赋权时已进行正向化处理。

表4.9　FCI 的赋权结果

变量	L	H	G	F	M
权重	0.044 59	0.057 69	0.074 16	0.515 83	0.307 73

此时，FCI 的计算公式为：

$$\text{FCI} = 0.044\ 59 L_{\text{GAP}} + 0.057\ 69 H_{\text{GAP}} + 0.074\ 16 G_{\text{GAP}} + 0.515\ 83 F_{\text{GAP}} + 0.307\ 73 M_{\text{GAP}}$$

$$(4.12)$$

显而易知，基于简化式模型得到的 FCI 的计算公式中，房价因素的权重值遥遥领先于其他要素的权重，其次是货币，而利率、汇率和股价则具有相对最小的权重值，说明在季度频率下，由简化式模型处理六个变量的相互关系存在一定的差异，不同变量之间的相异特征得到充分体现。

基于式(4.12)可计算得到采用简化式模型估算的 FCI 数值(具体数值略)，据此测算不同 FCI 下货币政策第一阶段与第二阶段的传导效率，所得结果如表4.10和表4.11所示。

表4.10　稳健性检验的 $\text{TE}_{ot}^{\text{A}}$ 和 $\text{TE}_{ot}^{\text{U}}$（％）

时间	2006(1)	2006(2)	2006(3)	2006(4)	2007(1)	2007(2)	2007(3)	2007(4)
$\text{TE}_{ot}^{\text{A}}$	0.055 4	0.031 5	0.109 9	0.090 5	0.205 8	0.004 5	0.010 4	0.050 1
$\text{TE}_{ot}^{\text{U}}$	0.055 0	0.013 9	0.033 3	0.498 0	0.351 1	0.000 4	0.002 4	0.011 9
时间	2008(1)	2008(2)	2008(3)	2008(4)	2009(1)	2009(2)	2009(3)	2009(4)
$\text{TE}_{ot}^{\text{A}}$	0.043 9	0.017 8	0.033 6	0.439 0	0.034 3	0.012 8	0.005 4	0.023 6
$\text{TE}_{ot}^{\text{U}}$	0.006 9	0.001 3	0.109 0	0.289 1	0.011 8	0.001 8	0.001 4	0.059 1

续表 4.10

时间	2010(1)	2010(2)	2010(3)	2010(4)	2011(1)	2011(2)	2011(3)	2011(4)
TE_{ot}^{A}	0.037 9	0.011 5	0.005 4	0.633 0	0.068 1	0.008 3	0.026 8	0.096 4
TE_{ot}^{U}	0.014 1	0.004 1	0.001 3	0.415 5	0.024 9	0.002 0	0.010 2	0.025 6
时间	2012(1)	2012(2)	2012(3)	2012(4)	2013(1)	2013(2)	2013(3)	2013(4)
TE_{ot}^{A}	0.071 3	0.141 3	0.219 5	0.273 2	0.174 3	0.001 8	0.036 9	0.044 0
TE_{ot}^{U}	0.021 4	0.015 4	0.079 2	0.059 4	0.054 0	0.000 5	0.034 4	0.008 9
时间	2014(1)	2014(2)	2014(3)	2014(4)	2015(1)	2015(2)	2015(3)	2015(4)
TE_{ot}^{A}	0.071 4	0.102 0	0.072 0	0.234 6	0.044 3	0.014 0	0.001 9	0.037 1
TE_{ot}^{U}	0.063 6	0.020 8	0.028 5	0.118 0	0.037 7	0.000 8	0.000 3	0.022 7
时间	2016(1)	2016(2)	2016(3)	2016(4)	2017(1)	2017(2)	2017(3)	2017(4)
TE_{ot}^{A}	0.069 1	0.020 1	0.003 6	0.061 3	0.184 3	0.091 4	0.017 6	0.125 3
TE_{ot}^{U}	0.033 6	0.003 5	0.000 6	0.031 5	0.080 7	0.013 1	0.003 9	0.053 7
时间	2018(1)	2018(2)	2018(3)	2018(4)				
TE_{ot}^{A}	0.261 6	0.024 5	0.011 5	0.146 4				
TE_{ot}^{U}	0.082 2	0.003 8	0.002 3	0.092 9				

注：2006(1) 表示 2006 年第一季度，其余类同。

依据表4.10可计算稳健性检验下 TE_{ot}^{A} 的最大值、最小值和平均值分别为63.30%、0.18% 和8.87%，TE_{ot}^{U} 的最大值、最小值、平均值分别为49.80%、0.03% 和5.60%，其中有67.31% 的 TE_{ot}^{A} 小于均值（35 个季度），75.00% 的 TE_{ot}^{U} 小于均值（39 个季度）。

依据表4.11可计算稳健性检验下 TE_{st}^{A} 的最大值、最小值和平均值分别为99.71%、0.63% 和30.87%，TE_{st}^{U} 的最大值、最小值和平均值分别为72.93%、51.73% 和61.44%，其中有59.62% 的 TE_{st}^{A} 小于均值（31 个季度），40.38% 的 TE_{st}^{U}

小于均值(21个季度)。

表4.11　稳健性检验的 TE_{st}^{A} 和 TE_{st}^{U} (%)

时间	2006(1)	2006(2)	2006(3)	2006(4)	2007(1)	2007(2)	2007(3)	2007(4)
TE_{st}^{A}	0.521 5	0.259 5	0.898 8	0.535 1	0.988 4	0.014 3	0.029 4	0.093 4
TE_{st}^{U}	0.685 6	0.668 8	0.589 4	0.517 3	0.634 6	0.583 6	0.637 1	0.546 8
时间	2008(1)	2008(2)	2008(3)	2008(4)	2009(1)	2009(2)	2009(3)	2009(4)
TE_{st}^{A}	0.093 9	0.065 7	0.164 1	0.895 8	0.148 7	0.036 8	0.015 6	0.059 8
TE_{st}^{U}	0.562 1	0.629 8	0.559 4	0.540 5	0.570 4	0.533 4	0.575 6	0.537 0
时间	2010(1)	2010(2)	2010(3)	2010(4)	2011(1)	2011(2)	2011(3)	2011(4)
TE_{st}^{A}	0.128 6	0.053 3	0.022 9	0.633 0	0.259 4	0.045 0	0.109 1	0.444 0
TE_{st}^{U}	0.649 4	0.661 6	0.621 9	0.631 2	0.663 8	0.713 1	0.618 6	0.593 0
时间	2012(1)	2012(2)	2012(3)	2012(4)	2013(1)	2013(2)	2013(3)	2013(4)
TE_{st}^{A}	0.311 1	0.601 7	0.563 9	0.459 2	0.690 1	0.010 2	0.164 6	0.275 6
TE_{st}^{U}	0.590 7	0.625 7	0.621 5	0.601 7	0.626 2	0.653 9	0.552 4	0.627 9
时间	2014(1)	2014(2)	2014(3)	2014(4)	2015(1)	2015(2)	2015(3)	2015(4)
TE_{st}^{A}	0.344 3	0.612 0	0.320 6	0.997 1	0.188 0	0.043 6	0.006 3	0.135 0
TE_{st}^{U}	0.577 4	0.615 9	0.535 0	0.559 3	0.650 4	0.697 6	0.631 2	0.622 0
时间	2016(1)	2016(2)	2016(3)	2016(4)	2017(1)	2017(2)	2017(3)	2017(4)
TE_{st}^{A}	0.286 3	0.096 0	0.019 6	0.248 1	0.482 3	0.477 2	0.085 1	0.632 1
TE_{st}^{U}	0.654 3	0.678 7	0.729 3	0.614 0	0.615 0	0.606 0	0.616 5	0.627 3
时间	2018(1)	2018(2)	2018(3)	2018(4)				
TE_{st}^{A}	0.587 6	0.081 7	0.063 5	0.752 5				
TE_{st}^{U}	0.642 2	0.618 2	0.612 9	0.619 0				

注：2006(1) 表示 2006 年第一季度，其余类同。

整体比较可见，基于简化式模型法得到的 TE_{ot}^A 和 TE_{ot}^U 的均值要低于采用主成分分析法得到的 TE_{ot}^A 和 TE_{ot}^U 的均值，而基于简化式模型法得到的 TE_{st}^A 和 TE_{st}^U 的均值则要高于采用主成分方法得到的 TE_{st}^A 和 TE_{st}^U 的均值，其主要原因在于不同赋权方法得到的 FCI 对于货币政策最终目标的指示效果存在差异。通过计算高度相似的两种 FCI 与经济产出的动态相关系数发现，主成分法得到的 FCI 与 lnGDP 的动态相关系数在第1期达到最大值，而采用简化式模型得到的 FCI 与 lnGDP 的动态相关系数则在第7期便达到最大值，这意味着简化式模型得到的 FCI 可以提前更长时间对经济产出波动情况予以预测，反过来说，就是从货币政策操作工具到 FCI 的作用时间相对更短，因而这段时期的传导效率整体较高。

稳健性检验验证了本书对货币政策传导效率测度结果的合理性。

五、本章小结

本章以利率和 GDP 的波动关系为基础，以货币政策新型参考指标 FCI 为基准，设计了货币政策传导效率的理论模型，基于预期与非预期视角，分别采用实证数据测算了2006年第一季度到2018年第四季度的货币政策综合传导效率，以及从货币政策操作工具到中介目标之间的第一阶段传导效率和货币政策中介目标到最终目标之间的第二阶段传导效率。经过详细的理论推导与实证检验，本章得出如下三点主要结论。

第一，综合来看，不管是预期还是非预期视角，我国货币政策第一阶段传导效率偏低，短期内的第二阶段传导效率较高，这意味着货币政策的短期实施效果更优。但无论是综合传导效率，还是第一阶段传导效率或第二阶段传导效率，本书对 TE_{ot}^A 和 TE_{ot}^U、TE_{st}^A 和 TE_{st}^U、TE_{ft}^A 和 TE_{ft}^U 展开测算的结果发现其整体水平都偏低，虽然偶有高效传导时刻，但大部分时期都是低效率的，这一结论有助于丰富货币政策领域的理论研究成果。同时，如何疏通货币政策传导渠道，也应当成为重点关注的问题。

第二，经测算与比较，发现货币政策三类传导效率的均值之间存在如下关系：最终传导效率最低，不同赋权方法得到的 FCI 对货币政策最终目标的指示效果存在差异，因而第一阶段和第二阶段的传导效率也不甚相同，这可为货币政策的制定和执行部门提供决策依据。同时，从货币政策传导效果来看，优先扫清货币政策操作工具到中介目标之间的传导障碍，对于提高货币政策第一阶段传导效率乃至综合传导效率都具有重要的意义。

第三，FCI 在分析货币政策执行效果方面具有较大的潜力，进一步规范 FCI 的合成指标与编制方案，降低货币政策操作工具对 FCI 的冲击偏差，同时提升 FCI 对货币政策最终目标的指示效果，均可在较大程度上推动货币政策传导效率的提高。

第五章　预期与非预期货币政策的时域效应研究

一、预期与非预期货币政策时域效应研究的理论基础

（一）货币政策传导时滞的基础理论

1. 货币政策实施过程

选择并灵活调整货币政策执行模式，对于提高货币政策执行效率、调控宏观经济发展目标具有重要的意义，但其基本前提是要全面透析货币政策的实施过程。大体来看，货币政策实施的全过程应该包括四个环节：意识环节、制定环节、实施环节和调整环节。

意识环节是货币政策制定和实施的前提。我国货币政策由中国人民银行在国务院授权下予以制定和实施，但对于是否应当执行货币政策、执行何种形式的货币政策、执行多大力度的货币政策和是否应当以及如何调整货币政策等问题，都是建立在对宏观经济指标的监测与目标设定的基础之上，国内外的货币政策实施历程，也无一不印证了这一点。然而货币当局和相关金融监管机构对宏观经济指标进行监测的结果，往往是已经发生了的历史信息，对于这一历史信息是否严重偏离均衡状态而需加以政策干预使之趋向均衡状态时，通常需

要一定的判断时间，这是货币政策实施的第一个环节。在得出市场已经难以自我修复而确实需要政府这只"看得见的手"来调节时，货币当局会组织高峰讨论，制定翔实且全面的政策方案并对外公布，同时通过中央和地方金融机构实施具体的政策操作方案，这是货币政策实施的第二个环节。货币政策操作工具的推行引起中介目标的改变，从而引发宏观经济指标向预期目标靠拢，这是货币政策实施过程的第三个环节。基于历史信息制定的货币政策尝试改变宏观经济指标的未来走势，但现期货币政策与预期经济指标之间可能存在不匹配，这就需要对这种不匹配问题予以修正，使得经济指标趋于预期，这是货币政策实施过程的第四个环节。货币政策实施的四个环节如图5.1所示。

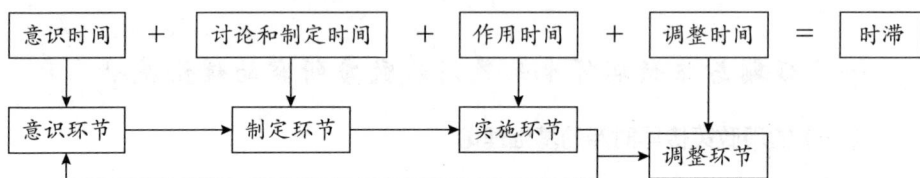

图5.1　货币政策实施的四个环节

货币政策发挥作用的时间由上述四个环节所用时间组成。通常情况下，第一个环节所需的时间取决于统计制度的发展水平，统计质量越高、公布频率越快，则所需时间越少；第二个环节所需的时间取决于货币当局对信息的敏感性和政策制定的效率；第三个阶段受到制约的因素很多，所需的时间通常比较长；第四个阶段考验货币当局和相关金融机构的监管技术和调整能力，经调整的货币政策方案会再一次作用于经济系统使之趋于均衡，故而这个阶段所需时间也较长。理论上，研究我国货币政策时滞效应，应当从以上四个环节展开。但由于意识环节和制定环节的主观性较强，调整环节也涉及货币政策的重新制定环节，同时货币政策的实际作用体现在推行操作工具到最终目标这一过程之中，因而学术界对货币政策时滞效应的研究几乎都集中在货币政策的实施环节，本书也主要分析货币政策实施环节的时滞问题。

2. 货币政策传导时滞

基于上一小节的分析，本书界定的货币政策时滞主要是指作用时滞，包括货币政策操作工具到中介目标之间的时滞一，以及由中介目标到最终目标之间的时滞二。货币政策传导的时滞原理如图5.2所示。

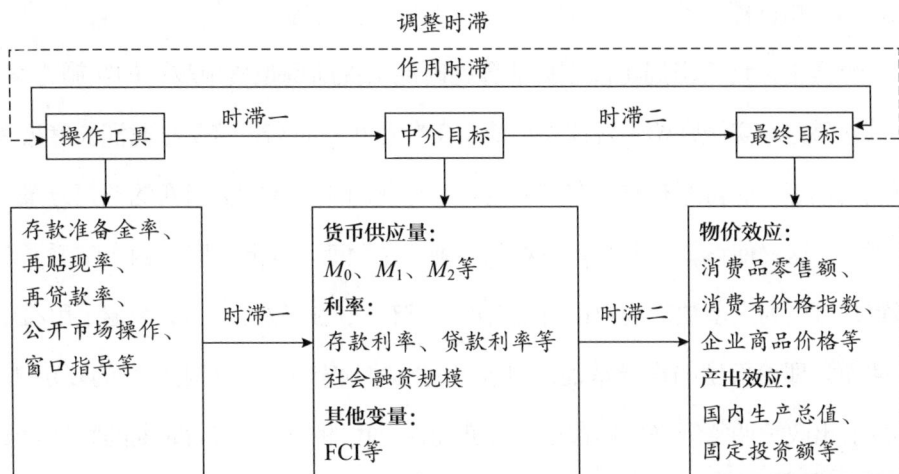

图5.2　货币政策传导时滞原理

图5.2中，存款准备金率、再贴现率、再贷款率、公开市场操作和窗口指导等是常用的货币政策操作工具；依据我国货币政策实践，中介目标的选取指标涉及三个层次的货币供应量、存贷款利率指标、社会融资规模，以及一些可借鉴的新型参考指标如 FCI 等（欧阳胜银和许涤龙，2018）[111]；最终目标主要体现为物价效应和产出效应，其中物价效应包括消费品零售额、消费者价格指数和企业商品价格等，产出效应包括国内生产总值和固定投资额等[112]。

（二）预期与非预期货币政策时域效应研究的基本范畴

不管是理论界还是实务界，货币政策存在时滞已经成为一个公认的话题（陈利平，2006；陈利平，2007）[113-114]，学术界也基于不同视角、从不同层面、运用不同方法展开过货币政策时滞问题的探讨，但这些探讨的结果，几乎都是分析货币政策影响最终目标的时间滞后长度，也即货币当局从计划实施货币政策到最终目标发生预期波动所需的时间长度。这种分析结果，对于货币政策的制定与及时调整，具有重要的参考意义，但同样存在不足的是，这种分析范式的前提是探究所实施的货币政策对最终目标的整体影响，而忽视了整个滞后时期内的影响过程。

事实上，货币当局可以依据估算的时滞来提前调整货币政策的实施方案，但从调整方案实施开始到发挥作用效果又存在新的时滞，这两个时滞长度极有可能不相等，而且原有方案在实施过程中存在的滞后影响会对新的调整方案产生干扰，这又使得新的调整方案难以准确符合预期。与此同时，西方学派通常假定并且认为大多数宏观政策对经济的调整存在短期效应，因而普遍采用滞后一期作为理论模型的推导基础，但政策调整的频繁性以及宏观环境的复杂性，都反射出政策调整经济目标存在时长波动性，也即在不同滞后时期的影响力度可能存在波动。因此，有必要剖析货币政策的内部结构与动态特征，并对不同长短期滞后时段的货币政策效应分别展开研究，这对于客观认识货币政策作用机理及其策略调整，具有重要的理论价值与现实意义。

此外，尽管各界普遍认可货币政策存在时滞，对货币政策的时滞长度和效应也展开过较多探索，但我国货币政策对最终目标的影响在不同的制度环境下究竟存在多长时间的滞后；在引入预期假说基础上，公众可预期的货币政策是否能及时牵制最终目标的波动；非预期的货币政策是否会滞后影响、多长时间的滞后影响到最终目标，这些问题都未能得到较好地解决，这意味着各界依旧尚未对我国货币政策的时滞效应和特征形成一致看法。正因如此，在对货币政策进行分解的基础上，也有必要分别探讨预期与非预期货币政策的时域效应，这能更准确、合理地阐释我国货币政策的时滞特征，从而为货币当局制定和调整货币政策提供依据。

　　基于上述分析，本章从动态视角研究预期与非预期货币政策的时滞问题，据此探析其不同滞后期的时域效应，主要包括两方面的内容。其一是借助短期滞后回归模型探讨两种形式下货币政策存在的短期时滞，包括时滞长度和时滞影响力度；其二是设计长期分析模型，研究预期与非预期货币政策对最终目标的动态影响特征，由此解决货币政策的最佳执行时间、调整方向和调整力度等问题。

（三）预期与非预期货币政策时域效应的理论机制

　　预期与非预期货币政策时域效应的理论机制分析，建立在货币政策时滞效应理论基础之上。苗杨等（2015）[115] 基于费雪交易方程和 Taylor 提出的两个结构性模型（错叠价格制定机制模型与错叠工资制定机制模型）得到产出与货币政策存在如下理论关系：

$$y_t = \varphi y_{t-1} + \frac{1+\varphi}{2}(m_t - m_{t-1}), \quad \varphi = \frac{1-\sqrt{\delta}}{1+\sqrt{\delta}} \tag{5.1}$$

式中，y_t 为当期产出水平，y_{t-1} 为上一期产出水平，m_t 为当期货币供给，m_{t-1} 为上一期的货币供给，δ 为产出相对工资水平的影响系数。

　　式（5.1）刻画的是一个简化的动态产出演化过程。如果 $\delta = 0$，那么 $\varphi = 1$，此时货币政策冲击的持续性将无衰退地延续到无穷；如果 $\delta = 1$，那么 $\varphi = 0$，此时货币政策冲击的持续性为 0；如果 $0 < \delta < 1$，那么 $0 < \varphi < 1$，则式（5.1）可以看成是一个滞后系数按几何级数衰减的解释变量为（$m_t - m_{t-1}$）的无穷分布滞后模型，而解释变量正是货币增长率，所以此时的产出是一个平稳的自回归过程，其持续性将按几何级数衰退地延续到无穷。

　　为了更为一般地解释货币传导于产出的动态机制，则可以将式（5.1）中货币供给的滞后期由一期延续到若干期既可。即：

$$y_t = c + \rho y_{t-1} + \beta_0 m_t + \beta_1 m_{t-1} + \cdots + \beta_k m_{t-k} + \mu_t \tag{5.2}$$

式中，m_{t-k} 表示滞后 k 期的货币供给，μ_t 为随机扰动项。

对式(5.2)进行估计可以得到具体的显著性滞后阶数 k 和产出的自回归系数 $\hat{\rho}$。将产出的滞后值进行依次迭代，可以得到产出的分布滞后式模型：

$$y_t = \widehat{\beta_k}(m_{t-k} + \hat{\rho} m_{t-k-1} + \hat{\rho}^2 m_{t-k-2} + \cdots) + \widehat{\mu_t} + \hat{\rho}\mu_{t-1} + \hat{\rho}^2 \mu_{t-2} + \cdots \tag{5.3}$$

据此，可得货币政策的平均滞后长度为：

$$\text{AL} = \frac{\widehat{\beta_k}[k + \hat{\rho}(k+1) + \hat{\rho}^2(k+2) + \cdots]}{\widehat{\beta_k}(1 + \hat{\rho} + \hat{\rho}^2 + \cdots)} = k - 1 + \frac{1}{1 - \hat{\rho}} \tag{5.4}$$

因此，只要估计得到了滞后阶数 k 和产出的自回归系数 $\hat{\rho}$，则货币政策的平均滞后长度可以得到估计。对于货币政策的滞后阶数而言，$k > 1$，而产出的自回归系数体现的是惯性，$\hat{\rho} < 1$，因此 $\text{AL} > 0$，这意味着货币政策存在理论上的时滞问题。如果将式(5.3)中的货币供给置换为预期与非预期货币政策，则产出的分布滞后式模型可分别表述为：

$$y_t = \widehat{\beta_k}(\text{LL}_{t-k}^{\text{U}} + \hat{\rho}\text{LL}_{t-k-1}^{\text{U}} + \hat{\rho}^2 \text{LL}_{t-k-2}^{\text{U}} + \cdots) + \widehat{\mu_t} + \hat{\rho}\mu_{t-1} + \hat{\rho}^2 \mu_{t-2} + \cdots \tag{5.5}$$

$$y_t = \widehat{\beta_k}(\text{LL}_{t-k}^{\text{E}} + \hat{\rho}\text{LL}_{t-k-1}^{\text{E}} + \hat{\rho}^2 \text{LL}_{t-k-2}^{\text{E}} + \cdots) + \widehat{\mu_t} + \hat{\rho}\mu_{t-1} + \hat{\rho}^2 \mu_{t-2} + \cdots \tag{5.6}$$

式(5.5)和式(5.6)解释了非预期与预期货币政策对产出的理论时滞影响长度。

二、预期与非预期货币政策时域效应模型的设计

（一）时滞模型的提出

在研究货币政策时域效应的基本模型与方法上，学术界探索了较多的理论模型并得出了诸多有价值的研究结论。这些研究方法包括早期的观察法和图表法，如直接观察货币政策从开始实施到某最终经济目标变量出现明显变动之间的间隔来衡量时滞，或者通过将有关经济金融变量绘制成图表，通过观察

各变量运行周期中的波峰或者波谷的时间差来确定时滞[116]。随着统计软件的推出与完善，应用统计指标或者计量模型来衡量货币政策时滞效应的研究成果层出不穷。比如，徐琼等(2009)应用时差相关系数法来研究货币政策的时滞问题，这种方法是通过选取时差相关系数的峰值来确定时滞[117]。也有不少学者将有关经济变量和金融变量不同滞后期进行线性回归，以统计显著性等来确定时滞[118]。但当前学者应用最多的方法是选用向量自回归模型(VAR)或者结构性向量自回归模型(SVAR)的脉冲响应函数和方差分解原理来探讨货币政策的时滞效应，基于脉冲响应函数的最大值所对应的时期和方差分解达到稳定过程的时期来确定最佳作用时滞[119]。

但综合来看，学者们对货币政策时滞效应问题的研究大多是基于单一视角，本书拟从时滞长度和动态时滞特征两个角度探讨这一问题，并相应地设计理论模型。具体来说，以标准化回归模型来分析预期与非预期货币政策的时滞长度，以动态相关系数来分析预期与非预期货币政策的动态时滞特征。

（二）时滞模型的构建

1. 标准化回归模型的引出

传统的回归模型主要是在度量其他条件保持不变的背景下，某一个解释变量变动一个单位(或者百分之一)，因变量将因此变动多少个单位(或者百分之几)。这是变量对变量的绝对影响，在模型估计结果较为理想的前提下，回归模型可以给出解释变量到被解释变量之间较为准确的数据对应关系。因而衡量货币政策是否对最终目标具有指示作用的基本方法，可以建立一个以预期与非预期货币政策为解释变量，货币政策最终目标为被解释变量的回归模型。

但传统的回归模型隐含了一些基本的缺陷，便是当回归模型中变量的单位或者数量级发生变动时，估计系数也会随之发生改变，这一不足将使得依靠系数估计值来权衡变量重要性的方式将变得不再可靠。其次，不同解释变量对被解释变量重要程度的比较只限于同一个回归模型当中，不同模型中解释变量的系数估计值已经没有了可比性，即便 R^2 更高、其他检验结果更为理想，也难以提供充足的比较证据。为此，本书考虑构建一个衡量变量波动幅度的回归模型，来解释自变量对因变量的波动影响程度，标准化回归模型则恰好提供了帮助。

标准化回归模型在好处在于，将纳入模型的全部变量进行了标准化处理，即便是在不同的模型当中，也即便不同模型的拟合优度有差异，只要变量的估计系数能通过显著性检验，那么不同数量级和不同单位的变量在模型拟合过程中所得系数的显著性水平是可以进行比较的，依据系数的贝塔估计值的显著性程度可以判断自变量对因变量是否具有统计意义上的解释能力；此外，标准化回归关心的是单个变量与总体的比较，而不太重视变量之间的因果关联，因而该模型可以越过变量之间的因果检验环节直接用于估计。

2. 标准化回归模型的构建思路

根据标准化回归模型的基本思想，将纳入模型的全部变量进行标准化处理。变量标准化的处理规则是将变量原始值减去均值再除以标准差，具体方法为：

$$x = (X - \overline{X})\big/\mathrm{Se}(X) \tag{5.7}$$

式中，X 代表变量原始值，$\overline{X}$ 为变量的均值，$\mathrm{Se}(X)$ 为标准差，x 即为变量的标准化值。

标准化之所以有用，是因为该模型是从变量都保持其原有形式的 OLS 方程开始的：

$$Y_t = \widehat{\beta}_0 + \widehat{\beta}_1 X_{t1} + \widehat{\beta}_2 X_{t2} + \cdots + \widehat{\beta}_k X_{tk} + \widehat{\mu}_t \tag{5.8}$$

式 (5.8) 中变量的平均方程为：

$$\overline{Y} = \beta_0 + \beta_1 \overline{X}_1 + \beta_2 \overline{X}_2 + \cdots + \beta_k \overline{X}_k + \overline{\mu}_t \tag{5.9}$$

根据残差的均值为0的特征，有 $\overline{\mu}_t = 0$。于是，将式(5.8)减去式(5.9)，可以得到：

$$Y_t - \overline{Y} = \widehat{\beta}_1 (X_{t1} - \overline{X}_1) + \widehat{\beta}_2 (X_{t2} - \overline{X}_2) + \cdots + \widehat{\beta}_k (X_{tk} - \overline{X}_k) + \widehat{\mu}_t \tag{5.10}$$

假设 $\widehat{\sigma}_y$ 为因变量的标准差，$\widehat{\sigma}_i$ 为自变量 x_i 的标准差，$i = 1, 2, \cdots, k$。那么，式(5.10)便可以转换为：

$$
\begin{aligned}
(Y_t - \overline{Y})\big/\widehat{\sigma}_y &= (\widehat{\sigma}_1\big/\widehat{\sigma}_y)\widehat{\beta}_1 [(X_{t1} - \overline{X}_1)\big/\widehat{\sigma}_1] + (\widehat{\sigma}_2\big/\widehat{\sigma}_y)\widehat{\beta}_2 [(X_{t2} - \overline{X}_2)\big/\widehat{\sigma}_2] \\
&\quad + \cdots + (\widehat{\sigma}_k\big/\widehat{\sigma}_y)\widehat{\beta}_k [(X_{tk} - \overline{X}_k)\big/\widehat{\sigma}_k] + \widehat{\mu}_t\big/\widehat{\sigma}_y
\end{aligned} \tag{5.11}
$$

令 $\mathrm{Se}(y_t) = (Y_t - \overline{Y})\big/\widehat{\sigma}_y$，$\mathrm{Se}(x_t) = [(X_t - \overline{X}_i)\big/\widehat{\sigma}_i]$，$i = 1, 2, \cdots, k$，则式(5.11)的一般形式可以记为：

$$\mathrm{Se}(y_t) = \widehat{\beta}_1 \cdot \mathrm{Se}(x_{t1}) + \widehat{\beta}_2 \cdot \mathrm{Se}(x_{t2}) + \cdots + \widehat{\beta}_k \cdot \mathrm{Se}(x_{tk}) + \mu_t \tag{5.12}$$

式中，解释变量 X_k 的系数 $\widehat{\beta}_k = (\widehat{\sigma}_k\big/\widehat{\sigma}_y)\widehat{\beta}_k$，它是原系数 $\widehat{\beta}_k$ 乘以 X_k 的标准差与 Y 的标准差之比。式(5.12)中，$\widehat{\beta}_k$ 称为标准化回归系数，但通常也定义为贝塔系数。由此可见，在标准化回归模型中，截距项是完全消失的，方程右边仅剩标准化解释变量和残差项。

3. 预期与非预期货币政策时域效应的标准化回归模型设计

根据标准化回归模型的构建思路，非预期与预期货币政策分别影响 GDP 与 CPI 的标准化时序回归模型的具体形式可设为：

$$\mathrm{Se}(\mathrm{GDP}_t) = \beta \cdot \mathrm{Se}(\mathrm{LL}_t^{\mathrm{U}}) + \mu_t \tag{5.13}$$

$$\mathrm{Se}(\mathrm{GDP}_t) = \beta \cdot \mathrm{Se}(\mathrm{LL}_t^{\mathrm{E}}) + \mu_t \tag{5.14}$$

$$\mathrm{Se}(\mathrm{CPI}_t) = \beta \cdot \mathrm{Se}(\mathrm{LL}_t^{\mathrm{U}}) + \mu_t \tag{5.15}$$

$$\mathrm{Se}(\mathrm{CPI}_t) = \beta \cdot \mathrm{Se}(\mathrm{LL}_t^{\mathrm{E}}) + \mu_t \tag{5.16}$$

还可以在式(5.13) ~ (5.16)的右边加入因变量、$\mathrm{LL}_t^{\mathrm{U}}$（或 $\mathrm{LL}_t^{\mathrm{E}}$）的滞后项，

以考察 GDP 和 CPI 的历史信息对模型的作用，充分反映因变量的预期效应。因此，非预期与预期货币政策指示货币政策最终目标的标准化回归模型可以表示为：

$$Se(GDP_t) = \gamma \cdot \sum Se(GDP_{t-i}) + \beta \cdot \sum Se(LL_{t-j}^U) + \mu_t, \quad i=1,2,\cdots,t\,,\, j=0,1,2,\cdots,t$$

$$(5.17)$$

$$Se(GDP_t) = \gamma \cdot \sum Se(GDP_{t-i}) + \beta \cdot \sum Se(LL_{t-j}^E) + \mu_t, \quad i=1,2,\cdots,t\,,\, j=0,1,2,\cdots,t$$

$$(5.18)$$

$$Se(CPI_t) = \gamma \cdot \sum Se(CPI_{t-i}) + \beta \cdot \sum Se(LL_{t-j}^U) + \mu_t, \quad i=1,2,\cdots,t\,,\, j=0,1,2,\cdots,t$$

$$(5.19)$$

$$Se(CPI_t) = \gamma \cdot \sum Se(CPI_{t-i}) + \beta \cdot \sum Se(LL_{t-j}^E) + \mu_t, \quad i=1,2,\cdots,t\,,\, j=0,1,2,\cdots,t$$

$$(5.20)$$

对式 (5.17) 至式 (5.20) 进行 OLS 估计，即可得到非预期与预期货币政策对 GDP 和 CPI 变动的无偏估计量。通过模型显著性检验的标准化回归模型，可得各期的 i 值，这反映了货币政策的滞后影响系数，由此得到不同滞后期预期与非预期货币政策对 GDP 和 CPI 的动态影响特征。

需要说明的是，由于对变量进行了标准化处理，所以式 (5.17) 至式 (5.20) 中变量估计系数的解释已不同于传统的回归模型。在标准化回归模型中，贝塔系数的统计意义变为在显著性水平下，自变量提高一倍的标准差，将使因变量的标准差变动多少倍。其经济意义则为：在 GDP 和 CPI 的波动幅度中，有多少是可以通过预期与非预期货币政策的波动来解释。

（三）动态特征的分析方法

标准化回归模型度量了预期与非预期货币政策影响最终目标的平均时滞长度，但难以刻画不同时滞区段作用效果的差异性，为此本书进一步借助动态特征模型来测算变量之间的动态相关系数，据此反映相关系数的时变特征。借鉴学术界对于 DCC-MGARCH 模型的研究贡献，并考虑到该动态模型，能够较好地刻画不同变量间的条件相关系数的时变特征(何德旭和苗文龙，2015；钱智俊和李勇，2017；邝明源和李本钊，2018)[120-122]，因而本章采用该模型来研究预期与非预期货币政策影响最终目标的动态时变特征。

在本书当中，参考李庆章(2018)的思路[123]，假设预期与非预期货币政策对最终目标的影响服从有条件的多变量正态分布，并具有零期望值 r_t 和协方差矩阵 H_t，在给定时间 $t-1$ 内，在已知其他信息的情况下，具有以下分布：

$$R_t = \xi_{t-1} \sim N(0, H_t) \tag{5.21}$$

$$H_t = D_t R_t D_t \tag{5.22}$$

式中，$\boldsymbol{D}_t$ 是第 $k \times k$ 个对角线上的单变量 GARCH 模型 $\sqrt{h_{it}}$ 随时间变化的标准差偏差对角矩阵，$\boldsymbol{R}_t$ 是时变相关矩阵。

可通过指数平滑的方式对条件相关矩阵 $\boldsymbol{R}_t$ 进行表示：

$$(\boldsymbol{R}_t) = \rho_{ij} = \frac{\sum_{s=1}^{t-1} \lambda^s \xi_{i,t-s} \xi_{j,t-s}}{\sqrt{\sum_{s=1}^{t-1} \lambda^s \xi_{i,t-s}^2 \sum_{s=1}^{t-1} \lambda^s \xi_{j,t-s}^2}} \tag{5.23}$$

式中，$\lambda\,(0 < \lambda < 1)$ 为平滑指数。为此，可以构造指数平滑模型：

$$\rho_{ij,t} = \frac{q_{ij,t}}{\sqrt{\rho_{ii,t} \rho_{jj,t}}} \tag{5.24}$$

$$q_{ij,t} = (1 - \lambda) \xi_{j,t-1} \xi_{j,t-1} + \lambda q_{ij,t-1} \tag{5.25}$$

也可以通过 GARCH (1,1) 模型的方式，对 $q_{ij,t}$ 进行表示：

$$q_{ij,t} = \overline{\rho_{ij}} + \alpha(\xi_{j,t-1} \xi_{j,t-1}' - \overline{\rho_{ij}}) + \beta(q_{ij,t-1} - \overline{\rho_{ij}}) \tag{5.26}$$

式中，$\overline{\rho_{ij}}$ 为 $\xi_{j,t} \xi_{j,t}'$ 与 $\xi_{j,t-1} \xi_{j,t-1}'$ 之间的非条件下相关。采用矩阵方式表达，上述过程可以分别表示为：

$$Q_t = (1 - \lambda)\xi_{t-1}\xi_{t-1} + \lambda Q_{t-1} \tag{5.27}$$

$$Q_t = \overline{Q}(1 - \alpha - \beta) + \alpha\xi_{t-1}\xi_{t-1} + \beta Q_{t-1} \tag{5.28}$$

动态相关结构由以下等式定义：

$$Q_t = \overline{Q}(1 - \sum_{m=1}^{M}\alpha_m - \sum_{n=1}^{N}\beta_n) + (\sum_{m=1}^{M}\alpha_m(\varepsilon_{t-m}\varepsilon_{t-m}^{'}) + \sum_{n=1}^{N}\beta_n)Q_{t-n} \tag{5.29}$$

式中，Q_t 是由第一阶段估计产生的标准化残差的无条件协方差，并且由对角线元素的平方根组成的对角矩阵：

$$Q_t^* \begin{bmatrix} \sqrt{q_{11}} & 0 & \cdots & 0 \\ 0 & \sqrt{q_{22}} & \cdots & 0 \\ \cdots & \cdots & \cdots & \cdots \\ 0 & 0 & 0 & \sqrt{q_{kk}} \end{bmatrix} \tag{5.30}$$

$\overline{Q}$ 为 ζ 的非条件相关系数矩阵。

基于上述分析方法的设计，既可测度预期与非预期货币政策对最终目标的影响时滞，据此探究这种影响时滞的动态特征。

三、预期与非预期货币政策时域效应的实证分析

（一）指标选取与变量说明

分析货币政策的时滞效应和动态时滞特征，主要是研究货币政策对最终目标的影响滞后期及其滞后特征，因而进行实证研究所需的变量包括预期与非预期货币政策指标，以及度量货币政策最终目标的相关指标。本部分采用第三章分解得到的 LL_t 和 LL_t^U 分别作为预期与非预期货币政策的代理变量，在货币政策最终目标方面，同时选择经济增长和通货膨胀两个代理指标，实证研究所需数据选取的是从 2005 年到 2018 年的季度数据，具体指标说明与数据处理参考第三章第二节。

（二）时滞测度与分析

式(5.17)至式(5.20)给出了不同 GDP 滞后期与非预期和预期货币政策滞后期对当期 GDP 的标准化回归程度，以及不同 CPI 滞后期与非预期和预期货币政策滞后期对当期 CPI 的标准化回归程度。但由于模型的滞后期并不统一，因而需要对拟合模型的滞后期进行选择，由此确定最佳模型。本书选择的依据是：首先纳入各解释变量的滞后1~4期，然后逐个剔除不显著的变量，得到各解释变量均已通过统计上显著性检验的若干个回归模型，在此基础上选择可决系数达到最大值的模型设定为最终拟合模型。由此得到非预期与预期货币政策对 GDP 和 CPI 的标准化回归结果如式(5.31)至式(5.34)所示。

$$Se(GDP_t) = 1.047Se(GDP_{t-4}) - 0.016Se(LL^U_{t-3}) - 0.031Se(LL^U_{t-4}) + 0.246$$
$$(154.530***) \quad (-1.966*) \quad (-3.750***) \quad (40.062***)$$

$$R^2 = 0.998 \tag{5.31}$$

$$Se(GDP_t) = 1.031Se(GDP_{t-1}) + 0.044Se(LL^E_t) + 0.237$$
$$(117.484***) \quad (4.683***) \quad (31.173***)$$

$$R^2 = 0.997 \tag{5.32}$$

$$Se(CPI_t) = 1.086Se(CPI_{t-1}) + 0.363Se(CPI_{t-2}) - 0.574Se(CPI_{t-3}) - 0.048Se(LL^U_t)$$
$$(11.691***) \quad (2.680**) \quad (-7.047***) \quad (-1.954*)$$

$$R^2 = 0.960 \tag{5.33}$$

$$Se(CPI_t) = 1.008Se(CPI_{t-1}) + 0.376Se(CPI_{t-2}) - 0.493Se(CPI_{t-3}) + 0.087Se(LL^E_t)$$
$$(10.939***) \quad (2.893***) \quad (-5.996***) \quad (2.287**)$$
$$- 0.115Se(LL^e_{t-1})$$
$$(-3.146***)$$

$$R^2 = 0.964 \tag{5.34}$$

根据式(5.31)至式(5.34)的估计参数可以发现，模型的 R^2 均达到了较高的水平，且此时各模型的解释变量均通过显著性检验，表明模型的拟合效果较为理想。

根据估计的结果来看，非预期的货币政策和预期到的货币政策对 GDP 和 CPI 均存在较为明显的时滞影响。对比来看，滞后三期和四期的非预期货币政策对 GDP 的影响较为显著，其整体的时滞影响系数为 −0.047，也即非预期的货币政策对 GDP 存在三个季度到四个季度的滞后影响，非预期货币政策操作利率波动发生1% 的正偏时，将使得经济产出呈现出0.047% 的下滑，这反映出紧缩型货币政策的经济降温功能。预期货币政策对 GDP 的影响是及时的，预期操作利率波动发生1% 的正偏时，产出迅速波动0.044 个单位，这体现了理性经济人迅速捕捉市场信息的能力以及根据市场做出灵活调整的能力。当期的非预期货币政策对 CPI 的影响较为显著，整体影响力度为0.048%，而预期货币政策对 CPI 的影响也体现为短期显著，整体影响力度为0.028%，表明非预期货币政策对最终目标的冲击要高于预期货币政策对最终目标的冲击；同时也可以发现，不管是预期还是非预期的货币政策，对 CPI 的冲击都在短期（一个季度以内）发挥了明显的作用。

综合时滞模型的拟合系数可以得出的结论是，预期货币政策对最终目标的影响非常迅速，而非预期货币政策对最终目标的最长影响时滞大约为三至四个季度，由此说明我国货币政策对最终目标的影响时滞相对较短。

（三）动态时滞特征分析

为了进一步刻画预期与非预期货币政策对最终目标的时滞影响差异，依据上一节对动态特征分析方法的描述，本节分别对 LL_t^E、LL_t^U 同 GDP、CPI 的动态相关系数进行测算。

由于动态相关系数考虑了滞后时间，因而选取动态相关系数的动态期非常重要，而这一选取结果又受时间滞后节点的影响。本书选取时间滞后节点的依据是：以12个滞后期为时间区间，寻找所有动态相关系数出现最大值的时间区间作为计算的时间滞后节点。所得结果如表5.1所示，据此可知预期与非预期货币政策对 GDP 与 CPI 的动态响应特征。

表5.1　LL_t^I、LL_t^U 同 GDP、CPI 的动态相关系数

滞后期	$i=1$	$i=2$	$i=3$	$i=4$	$i=5$	$i=6$	$i=7$	$i=8$	$i=9$
$LL_{t-i}^U\_GDP$	-0.004 3	-0.006 9	-0.060 0	-0.049 7	-0.060 5	-0.087 6	-0.096 3	-0.115 6	-0.082 2
$LL_{t-i}^U\_CPI$	-0.081 3	-0.147 6	-0.202 5	-0.240 8	-0.268 6	-0.269 5	-0.247 2	-0.227 1	-0.185 7
$LL_{t-i}^E\_GDP$	0.525 8	0.518 7	0.511 2	0.506 9	0.479 8	0.474 1	0.461 9	0.472 1	0.441 8
$LL_{t-i}^E\_CPI$	0.403 1	0.291 2	0.152 6	-0.011 0	-0.150 8	-0.286 2	-0.401 4	-0.489 2	-0.540 4
滞后期	$i=10$	$i=11$	$i=12$	$i=13$	$i=14$	$i=15$	$i=16$	$i=17$	$i=18$
$LL_{t-i}^U\_GDP$	-0.050 0	-0.000 2	0.021 7	0.070 3	0.097 1	0.138 8	0.075 1	0.056 3	0.026 3
$LL_{t-i}^U\_CPI$	-0.129 5	-0.069 7	-0.014 9	-0.001 5	0.038 2	0.050 0	0.094 3	0.121 8	0.142 6
$LL_{t-i}^E\_GDP$	0.433 5	0.420 8	0.431 4	0.408 5	0.408 0	0.397 3	0.408 0	0.376 2	0.365 4
$LL_{t-i}^E\_CPI$	-0.555 3	-0.537 3	-0.495 2	-0.441 0	-0.382 2	-0.339 2	-0.310 9	-0.299 2	-0.304 7
滞后期	$i=19$	$i=20$	$i=21$	$i=22$	$i=23$	$i=24$	$i=25$	$i=26$	$i=27$
$LL_{t-i}^U\_GDP$	0.011 6	-0.014 7	-0.068 4	-0.114 7	-0.188 6	-0.178 3	-0.162 5	-0.185 2	-0.180 8
$LL_{t-i}^U\_CPI$	0.167 7	0.167 4	0.184 8	0.175 1	0.164 4	0.159 0	0.162 7	0.167 2	0.166 1
$LL_{t-i}^E\_GDP$	0.345 8	0.349 4	0.301 9	0.280 1	0.251 2	0.244 7	0.193 5	0.162 9	0.122 6
$LL_{t-i}^E\_CPI$	-0.317 1	-0.333 7	-0.344 5	-0.346 0	-0.335 6	-0.311 4	-0.285 1	-0.237 3	-0.189 4
滞后期	$i=28$	$i=29$	$i=30$	$i=31$	$i=32$	$i=33$	$i=34$	$i=35$	$i=36$
$LL_{t-i}^U\_GDP$	-0.185 2	-0.187 9	-0.232 6	-0.276 3	-0.275 0	-0.211 2	-0.166 4	-0.067 8	0.013 7
$LL_{t-i}^U\_CPI$	0.148 6	0.126 0	0.112 7	0.074 0	0.055 3	0.011 1	-0.017 9	-0.046 2	-0.063 8
$LL_{t-i}^E\_GDP$	0.100 8	0.026 1	-0.026 0	-0.086 2	-0.114 1	-0.226 1	-0.277 8	-0.355 9	-0.362 8
$LL_{t-i}^E\_CPI$	-0.126 1	-0.055 2	-0.005 4	0.074 1	0.117 1	0.166 7	0.180 9	0.190 0	0.201 3

从表5.1的测算结果可以看出，预期货币政策对最终目标存在短期正向影响效应，而非预期货币政策对最终目标则存在短期负向的影响效应。这表明非预期的货币政策对经济增长和通货膨胀存在有效调控作用，但随着时间推移，这种有效性将逐渐减弱。理性经济人对货币政策的准确预期，会使得预期货币政策对经济增长和通货膨胀的调控在短期内会出现"火上浇油"或"雪上加霜"的情况，严重制约货币政策的执行效果，但这种反向制约作用会随着滞后期的延长而逐渐降低。

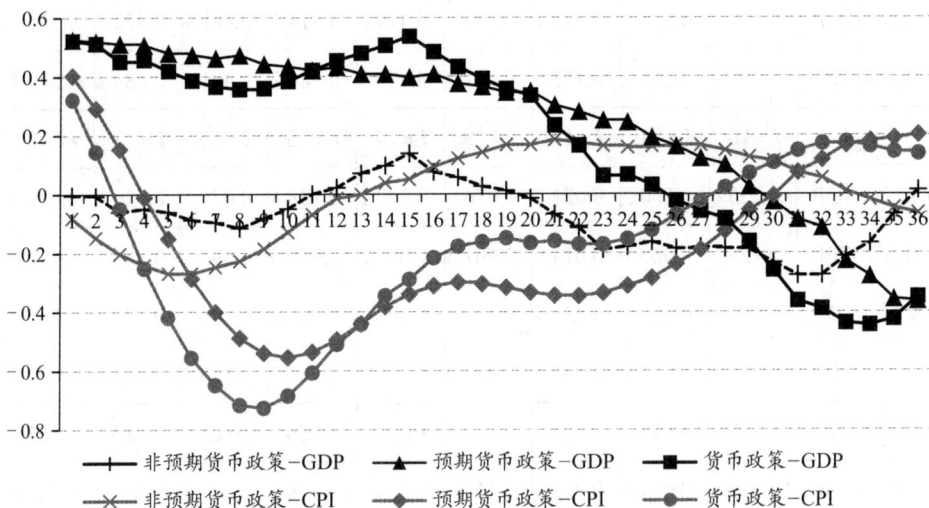

图5.3 LL_t、LL_t^U 同 GDP、CPI 的动态相关系数趋势图

图5.3更直观地描绘了预期与非预期货币政策分别与 GDP 和 CPI 的动态相关趋势。从中可以观察到，预期货币政策对 GDP 冲击的敏感性随着滞后阶数的延长，呈现出明显的正敏感性减小而负敏感性增大的趋势，这体现了预期货币政策对 GDP 的短期冲击效应。预期货币政策与 CPI 的动态相关系数整体表现为先正后负再转正的形态，但相关系数的绝对值较大，表明通货膨胀受预期货币政策影响的敏感性更强。非预期货币政策与 GDP 和 CPI 的动态相关系数虽然绝对值较小，但波动关系较为复杂，体现出理性经济人在不断预期这

种非预期的货币政策，并依据预期结果不断调整应对策略，以期实现个人利益最大化，但因为货币政策的非预期特征，使得不同经济主体对策略的不断"试错"在不同滞后期呈现出明显的差异化特征。但综合来看，非预期货币政策与GDP和CPI的动态相关系数整体较为稳定，且系数绝对值相对较小，这表明非预期货币政策对GDP和CPI的影响较为平缓，且影响力度相对较弱。

整体对比来看，预期货币政策对GDP冲击的持久性要长于对CPI冲击的持久性，这意味着预期货币政策对GDP具有长期调节作用，对CPI的调节作用则相对较短。此外，预期货币政策对GDP的影响时滞差异相对较小，而非预期货币政策对GDP和CPI的时滞影响，以及预期货币政策对CPI的时滞影响，都呈现出明显的波动性特征，可见这种时滞影响确实存在明显的动态性，由此间接证明了对货币政策进行动态时滞特征分析的必要性。预期与非预期货币政策与GDP和CPI的动态相关系数，也能为提前思考货币政策的执行和调整方案提供依据。

为进一步比较货币政策操作工具与最终目标之间的动态相关性，图5.3同时描绘了一般性货币政策与GDP、CPI之间的动态相关系数。对比可以发现，7天期银行业同业拆借利率与GDP、CPI在短期内都呈现出正相关性，但这种正相关系数随后都出现下降，尤其是货币政策与CPI的动态相关系数出现非常迅速的变化特征，而与GDP的动态相关系数则变化较小，这体现了货币政策调节CPI的敏感性，也与第三章预期与非预期货币政策效应的检验结果是一致的。

从图5.3中还可以发现，货币政策与CPI的动态相关系数的波动特征和预期货币政策与CPI的动态相关系数的波动特征非常相似，且货币政策与GDP的动态相关系数的波动特征和预期货币政策与GDP的动态相关系数的波动特征也十分接近，这表明在考虑时滞作用下，我国货币政策能否有效调节宏观经济指标，主要取决于预期货币政策的作用，非预期货币政策的动态时滞效应较为迟钝。此外，第三章已经从理论和实证角度验证了预期货币政策的有效性，这也就否定了货币政策中性的观点。因此，随着滞后时间的延长，我国货币政策的时滞效应由预期货币政策来主导，而非预期的货币政策会在长期中被不断"试错"，而逐渐变得可预期。基于上述分析可形成判断：从短期来看，我国实施非预期的相机抉择型货币政策具有较好的效果，但从长远来看，实施可预期的固定规则型货币政策对于保持经济增长、稳定物价水平具有更显著的意义。

四、本章小结

本部分从意识环节、制定环节、实施环节和调整环节四个阶段出发，探讨货币政策存在时滞的根源，并依据费雪交易方程和结构性模型，剖析预期与非预期货币政策时滞效应的理论机制。在此基础上，提出设计标准化回归模型来分析预期与非预期货币政策的时滞长度，同时测算动态相关系数来研究预期与非预期货币政策的动态影响特征。基于2005—2018年的季度数据展开实证研究，得出如下三点重要结论：

(1)不管是非预期的货币政策还是预期到的货币政策，对 CPI 的冲击都在短期(一个季度以内)发挥了明显的作用，预期货币政策对 GDP 的影响也非常迅速，但非预期的货币政策对 GDP 存在三个季度到四个季度的滞后影响，由此说明我国货币政策对最终目标的影响时滞相对较短。从估计系数的方向来看，得出的结论发现非预期货币政策操作利率的上升将使得经济产出出现下滑的迹象，这反映出紧缩型货币政策的经济降温功能。

(2)短期内，预期货币政策对最终目标存在"火上浇油"或"雪上加霜"的消极影响，而非预期货币政策对最终目标则具有积极的影响效应，也即短期内的预期货币政策无效。随着时间的推移，预期货币政策将变得有效，非预期货币政策效应出现震荡式变化。长期来看，预期与非预期货币政策对经济增长和通货膨胀的影响效应均会减弱。

（3）对比来看，货币政策调节 GDP 的能力相对较弱，而对 CPI 的调节更为敏感。进一步发现，在考虑时滞影响的前提下，我国货币政策能否有效调节宏观经济指标，主要取决于预期货币政策的作用，非预期货币政策的动态时滞效应较为迟钝。在市场有效前提下，随着滞后时间的延长，我国货币政策的时滞效应由预期货币政策来主导，而非预期货币政策的影响效应则在长期中不断"试错"。因此，可以考虑在短期内实施非预期的相机抉择型货币政策，但可预期的固定规则型货币政策对于保持经济增长、稳定物价水平具有长远的意义。

第六章　预期与非预期货币政策的区域效应研究

由于货币政策的制定和执行机构主要是一国的中央银行，而货币政策的制定是对宏观经济指标进行调控的重要工具，因而中央银行通常会采取统一的货币政策来对经济指标进行宏观调控。然而20世纪60年代 Mundell 提出的最优货币区理论指出，实施统一的包括货币政策在内的宏观调控政策，应当建立在各区域所处经济周期一致和经济区域各要素均值的完美假设基础上，但这种假设与现实的差异，使得各区域应当实施有差别的调控政策（ Mundell R. A., 1961）[124]。货币政策的区域效应已经成为公认的话题，但预期与非预期的货币政策是否也存在区域效应，以及如何在不同区域间发挥作用，都尚未得到系统研究，这些将成为本章研究的重点。

本章拟从空间视角出发，探讨预期与非预期货币政策效应的空间差异性，为区域型货币政策的研究和制定提供基础。

一、预期与非预期货币政策区域效应的理论基础研究

（一）预期与非预期货币政策区域效应研究的必要性

目前，全世界大多数国家几乎都没有采取单一的货币政策方式，而是将预期与非预期货币政策的两种执行方式结合起来一起使用。相对而言，中国、美国、越南和朝鲜等大多数国家倾向于使用预期的货币政策执行方式，而韩国等则侧重于开展非预期货币政策。从理论上来分析，基于其他相同条件的假设，不同货币政策执行方式应该会导致不同的实践效果，然而从学者们的研究成果来看，同一国家既定货币政策执行方式的实施效果也不一致，由此引发学术界对货币政策区域效应的思考，即同一国家不同区域存在的地理环境、人文风俗、经济水平和开放程度等差异，会导致货币政策在不同区域间存在不同的影响效果。

正因如此，从研究视角来看，检验预期与非预期货币政策的区域效应，并从研究内容上对区域间预期与非预期货币政策执行方式的差异化效果及其缘由实施横向比较，同时从研究对象角度出发，结合不同区域和环境特征来选择不同货币政策工具，进一步分析货币政策执行主体和参与对象的差异，对于全面了解和分析货币政策执行效果具有重要的意义。

整体来看，预期与非预期货币政策效应受到政策目标、制度环境、经济周期、地区特征、收入水平和消费结构等多种因素的制约，究竟哪种方式的货币政策具有更优效应不可一概而论，而应该置于一个动态的视角加以考察。正因如此，不论是新古典宏观经济学派的预期货币政策无效还是新凯恩斯主义的预期货币政策有效，都不建议直接照搬于经济实践，符合不同背景、不同区域和不同发展阶段的货币政策预期理论还有待探索。此外，不少学者指出，传统货币政策对整个经济的影响具有一般性，难以满足结构调整的预期，因而需要

针对特定行业或地区采取有差别的货币政策。国外的实践经验也支持了这一观点：为应对金融危机的影响，以美国、英国、日本等为代表的发达国家实施的系列差别性货币政策，可以较好地缓解市场流动性紧张、改善中小企业融资条件、促进货币政策目标的达成。遗憾的是，在目前大多数学者的研究当中，预期与非预期货币政策中的区域效应研究都未有很好地体现，由此使得预期与非预期货币政策效应的研究结论还有待进一步商榷。但毋庸置疑，预期与非预期货币政策的区域效应研究，应当成为当前理论界和实务界探索的重要议题。

（二）货币政策区域效应的产生渠道

货币政策区域效应的存在来源于货币政策操作工具在不同环境制度下的传导差异，因而关于货币政策区域效应的产生渠道主要从货币政策的传导机制方面予以探索。卞志村和杨全年（2010）总结了货币政策区域效应的产生渠道，主要有三个方面 [125]。

1. 利率渠道

传统的凯恩斯主义理论认为货币政策影响经济活动的传导过程是经由利率和有效需求的变动完成的。货币政策通过利率渠道产生区域效应，体现为各区域产业结构对利率敏感性的不同。许多研究表明，制造业和工业相对服务业、农业对利率更为敏感。因此，如果一个区域的工业等利率敏感性较高产业的产值占地区总产值的比例较大，则货币政策冲击对该区域的影响就相对较大。此外，如果一个地区有较高的资本产出比，那么货币政策在该地区就有相对较强的影响力。因为预期利率的变化对于高投资地区来讲是很重要的，微小的利率变动都将较大地影响到资金成本的变动。

2. 汇率渠道

汇率作为货币在国际市场上的价格，在开放经济中，利率的变化会影响汇率水平，进而改变本国的贸易条件，最终改变产出水平。当国内货币政策紧缩导致实际利率上升时，大量的外国资本会流入本国，从而推动本币升值，本国商品相对外国商品更贵，因而本国的出口减少，最终导致总产出下降。如果各区域出口部门的重要性不同，货币政策通过汇率渠道的影响就会不同。出口额占地区产值的比例反映该地区出口部门的重要程度。

3. 信贷渠道

在货币经济理论中，信贷渠道存在的前提条件是信息不对称中的逆向选择和道德风险问题。由于金融市场的不完全性，实际经济运行中普遍存在信息不对称、合约成本等问题，银行在减轻信贷市场上不完全信息、分散风险、降低交易成本方面发挥特殊重要作用，因此，银行是金融市场不发达情况下货币政策的主要传导渠道。新凯恩斯主义以信息不对称为理论基础，通过信贷配给理论基础下的信贷传导渠道差异分析货币政策的区域影响；后凯恩斯主义也侧重于信贷渠道的研究，认为银行发展阶段和流动性偏好的地区差异是真正原因。

（三）区域效应的机理研究

如何从理论视角探究货币政策的区域效应，学术界展开了较多研究，并主要体现在以 VAR 系列模型（包括 GVAR 模型，PVAR 模型、SVAR 模型等）为基础的分析框架上，如 Pesaran（2004）[126]、Anagnostou 和 Papadamou（2014）[127]、牛晓健等（2015）[128]、叶永刚和周子瑜（2015）[129] 等。但也有以其他模型为基础的分析框架，如 Gertler 和 Kiyotaki（2010）基于资产负债表视角 [130]、罗雨薇（2015）基于奥肯法则视角 [131]、骆祚炎等（2018）基于 DSGE 模型视角 [132] 等展开了诸多的探索。

本书参考陈煜明和阳建辉（2015）的设计思路，基于菲利普斯曲线和奥肯法则探究货币政策区域效应的机理 [133]。根据作者的观点，在菲利普斯曲线和奥肯法则的理论基础上，特定经济目标下的货币政策是外生变量，经济增长率和通货膨胀率是内生变量。因此定义 $M_t = (RGDP_t, \pi CPI_t)'$，则 M_t 为由 GDP 增长率、通货膨胀率组成的内生变量。基于向量的内生性，则有：

$$BE(M_t \mid lr) = \sum_{k=1}^{n} \theta_k M_{t-k}, \quad n = 1, 2, \cdots \tag{6.1}$$

式中，B 为各内生变量的即期结构参数，E 表示给定货币政策条件下，GDP 增长率和通货膨胀率的期望值，θ_k 表示各内生变量的滞后待估计参数。

令 $\xi_t = (\xi_{RGDP_t}, \xi_{\pi CPI_t})'$，$\xi_t$ 表示内生变量的简约型随机冲击，即忽略内生变量之间的即期影响。基于时间序列数据，有：

$$M_{t|lr} = E(M_t \mid lr) + \xi_{t|lr} = \sum_{k=1}^{n} \theta_k M_{t-k} + \xi_{t|lr} \tag{6.2}$$

式(6.2)可以表述为：

$$BM_{t|lr} = \sum_{k=1}^{n} \theta_k M_{t-k} + \xi_{t|lr} \tag{6.3}$$

式中：

$$\varepsilon_{t|lr} = B\xi_{t|lr} \tag{6.4}$$

$$\theta_k = B^{-1}\theta_k \tag{6.5}$$

$\varepsilon_t = (\varepsilon_{RGDP_t}, \varepsilon_{\pi CPI_t})$ 为结构 VAR 模型的随机扰动向量，$\xi_t \in (0, \Omega)$，$\varepsilon_t \in (0, \Sigma)$。

在结构 VAR 模型(6.3)中，参数 B 反映了各内生变量间的即期关系，θ_k 反映了各内生变量自身及相互间的长期相关关系。因此，内生变量结构型冲击之间既不存在即期相关，也不存在长期相关，即 ε_t 的方差矩阵 Σ 是对角矩阵。因简约型 VAR 模型(6.2)无法反映内生变量之间的即期相关，知 ξ_t 的方差矩阵 Ω 为非对角矩阵。

式(6.2)至式(6.3)以货币政策指标为外生变量，通过将其显性化，则有：

$$BM_t = \sum_{k=1}^{n} \theta_k M_{t-k} + \beta lr_t + \varepsilon_t \tag{6.6}$$

$$M_t = \sum_{k=1}^{n} \theta_k M_{t-k} + \gamma lr_t + \xi_t \tag{6.7}$$

式中，$\gamma = B^{-1}\beta$。

式(6.6)和式(6.7)表示有外生变量的结构 VAR 模型和简约 VAR 模型。

考虑到各省份对相同外生变量反应灵敏度的差异性，可使用省际面板数据模型，分析相同货币政策因不同省份的技术发展水平、产业结构等差异引致的经济效应和空间效应的差异性。为比较衡量不同省份对同质外生变量的不同响应，有必要假定货币政策效应存在区域差异性。将式(6.6)扩展为含有货币政策因素的交互项效应面板数据模型，记为 IEPSVAR 模型，即：

$$BM_{it} = \sum_{k=1}^{n} \theta_k M_{i,t-k} + \beta_i lr_t + v_i + \varepsilon_{it}, \quad i = 1, 2, \cdots, N, \quad t = 1, 2, \cdots, T \tag{6.8}$$

其中，β_i 刻画了货币政策对第 i 个省份经济增长的灵敏度差异，v_i 为各省份个体效应。相应地，IEPSVAR 模型的简约模型为：

$$M_{it} = \sum_{k=1}^{n} \theta_k M_{i,t-k} + \gamma_i lr_t + \mu_i + \xi_t \tag{6.9}$$

将货币政策工具定义为货币供应量和利率，则将式(6.9)的外生变量以矩阵形式表示如下：

$$\boldsymbol{M}_{it} = \sum_{k=1}^{n} \phi_k M_{i,t-k} + CG_t + \mu_i + \xi_t \tag{6.10}$$

由于 SVAR 模型参数的不可估计性，于是通过估计 IEPSVAR 简约模型的参数，依据简约参数与结构参数之间的对应关系，推算出 IEPSVAR 结构模型的估计参数。具体参照 Bai(2009)[134]。

式(6.9)中，基于斜率估计系数矩阵 θ_k 和货币政策的即期效应估计参数 β_t，可以估计出各省份的个体效应 μ_t、方差矩阵 Ω 和残差值 ξ_{it}。

对于模型(6.4)，$\Omega = B^{-1}\sum B^{-1}$ 中的 Ω 进行 Cholesky 分解，由 Ω 得到式(6.8)的结构参数估计值 B 以及模型其他结构参数值。至此，便完成了对 IEPSVAR

模型结构参数的理论估计。

进一步，将式 (6.8) 转换为面板结构 VMA 形式：

$$M_{it} = \lambda_i + \sum_{p=0}^{\infty} \left(k_{ip} lr_{t-p} + \Theta_p \varepsilon_{i,t-p} \right) \tag{6.11}$$

其中：

$$\lambda_i = \Phi(-1)^{-1} \mu_i, \ \ \Phi(L) = I - \sum_{j=1}^{n} \phi_j L^j, \ \ \Phi(1) = I - \sum_{j=1}^{n} \phi_j \tag{6.12}$$

$$\Theta(L) = \sum_{p=0}^{\infty} \Theta_p L^p = \Theta(L)^{-1} B^{-1}, \ \ \Theta(1) = \sum_{p=0}^{\infty} \Theta_p \Theta(L)^{-1} B^{-1}, \ \ \Theta_0 = B^{-1} \tag{6.13}$$

$$\Theta_p = \left[\sum_{j=1}^{p} (\phi_j \Theta_{p-j}) \right], \ \ \gamma_{i0} = k_i, \ \ k_{ip} = \left[\sum_{j=1}^{p} (\phi_j k_{i,p-j}) \right] \tag{6.14}$$

在式 (6.14) 中，若 $j > n$，则 $\phi_j = 0$，其中 n 为 VAR 模型式 (6.8)、式 (6.9) 的滞后阶数。通过式 (6.8)，可以量化出不同时期货币政策的即期冲击对不同地区的动态效应与地区差异性。根据货币政策冲击对 GDP 增长率影响的期数不同，即先期的货币政策冲击对当期 GDP 增长率影响不同，而当期货币政策冲击将对 GDP 增长率产生后续多期的影响。鉴于此，在式 (6.11) 的基础上，通过转换，构建出货币政策的当期以及其先期冲击对 GDP 增长率影响的整体模型，以便测量出货币政策的总体经济效应及其差异性。

式 (6.11) 是经济增长效应的 PSMA 形式，据此，衡量了货币政策效应的区域差异性模型可以表述为：

$$r\,\mathrm{GDP}_{it} = \lambda_i + k_i lr_t + \sum_{p=0}^{\infty} \omega_{11p} \varepsilon_{R\mathrm{GDP}_{i,t-p}} + \sum_{p=0}^{\infty} \omega_{12p} \varepsilon_{\pi\mathrm{CPI}_{i,t-p}} \tag{6.15}$$

式 (6.15) 从左到右依次为：个体效应、货币政策与个体的交叉效应、GDP 增长率波动的惯性冲击效应、通货膨胀率波动的冲击效应。模型 (6.17) 因已标准化且正交化了各种冲击，故能有效地测算出各种冲击对各省份经济增长率影响的动态形成机制。

式（6.15）中 $\omega_{11p}\varepsilon_{\mathrm{RGDP}_{i,t-p}}$、$\omega_{12p}\varepsilon_{\pi\mathrm{CPI}_{i,t-p}}$ 分别表示动态项的惯性冲击、通货膨胀冲击对 GDP 增长率影响的整体效应，ω_{11p}、ω_{12p} 分别表示各内生变量滞后第 p 期的动态效应。

（四）货币政策存在区域效应的相关文献支撑

由于不同国别货币当局在执行货币政策方面存在的差异性，一些学者研究了东道国货币政策对其他国家的影响。比如 Aizenman 等（2016）认为美联储的政策对于贸易相关国家尤其是新兴金融市场国家，具有信息通告的作用，其影响面和影响力度都很大[135]。Ogawa 和 Wang（2016）的研究发现，美国货币政策的实施和调整，会极大地影响东亚国家的货币流动[136]。邵磊等（2018）指出一国货币供应量的增加存在溢出效应，会对相邻国家造成正面影响，而实际利率的上升则会对相邻国家造成负面影响。因而世界主要经济体在充分运用价格型货币政策的同时，应加强各国货币政策的统筹协调，并增强自身的硬实力，以减少货币政策溢出带来的不利影响[137]。类似的研究还有 Takáts 和 Vela（2014）[138]、Albagli 等（2015）[139]、Bruno 和 Shin（2015）[140]、Gagnon 等（2017）[141] 等。

学者们进一步研究发现，货币政策的区域效应不仅体现在不同经济体之间，也体现在同一个经济体当中。如 Fielding 和 Shields（2006）认为，最优货币区的完美条件即便在单一国家内部也很难完全实现，更不必说某些幅员辽阔、各区域经济发展状况显著不同的国家[142]。余华义和黄燕芬（2015）、蔡婉华和叶阿忠（2016）研究发现我国货币政策对一线城市和东部城市的经济增长存在差异化影响，并主要表现为东强西弱的态势[143-144]。黄佳琳和秦凤鸣（2017）认为这种区域效应特征主要体现为区域间经济活动对货币政策冲击的反应趋势特征相似，而程度则存在差异[145]。但涂红等（2018）认为这种区域效应的差异，在一、二、三线城市间、八大综合经济区间、省份间和城市间均非常显著[146]。

在最优货币区理论的基础上，Kashyap 和 Stein（1995）通过研究表明，小型银行和中小企业越多的地区，通常货币政策的执行效率要更高，因为小型银行和中小型企业对银行的信贷政策更为敏感，会使得货币政策的调整对该地区影响越大 [147]。此外，Owyang M. T. 和 Wall H. J（2004）[148]、Weber E. J.（2006）[149]、Arnold I. J. M. 和 Vrugt E. B.（2010）[150]、Beckworth（2010）[151]、Barigozzi 等（2014）[152]、Georgiadis（2014，2015）[153-154]、Beraja 等（2017）[155] 学者根据不同国家的实践情况展开分析，但最终都支持了这一观点。

对于货币政策区域效应的原因，一些学者做了相关探讨。如张晶（2006）、焦瑾璞等（2006）、蒋益民和陈璋（2009）以及董志勇等（2010）、卢盛荣（2013）证实了我国货币政策的区域效应，并分别从经济结构差异视角、货币政策传导视角、实证模型视角、生命周期视角出发，对货币政策区域效应的原因进行了系列探索 [156-160]。吴琼和张影（2016）通过总结学术界的研究成果，认为货币政策在实际传导过程中存在结构性效应，区域间经济、金融发展水平的差异是结构性效应的根源 [161]。马旭东（2019）则认为，受教育程度、社会认同感、人际交往半径、收入分配、企业家精神、地方政府行为、市场化程度和人口流动性是我国货币政策存在区域效应的重要因素 [162]。

整体而言，货币政策存在区域非对称性在学术界得到了广泛的认可，货币当局应当实施有差别的货币政策也成为当今政策制定的主要旋律。正因如此，在引入理性预期假说下，研究预期与非预期货币政策的区域效应显得尤为重要。

二、预期与非预期货币政策区域效应的模型设计与估计方法

（一）模型设计

基于第一节对货币政策区域效应机理的识别，本部分构建预期与非预期货币政策区域效应的理论评估模型，借此展开实证研究。

根据式(6.15)的设计思路，构建如下反映预期与非预期货币政策区域效应评估模型：

$$\text{STMP}_{i,t} = \omega \cdot r\text{GDP}_{i,t-1} + k_1 \cdot \text{MP}_{i,t} + k_2 \cdot \pi\text{CPI}_{i,t-1} + \lambda_i + u_{it} \tag{6.16}$$

$$\text{STMP}_{i,t} = \omega \cdot r\text{GDP}_{i,t-1} + k_1 \cdot \text{MP}_{i,t}^{\text{U}} + k_2 \cdot \pi\text{CPI}_{i,t-1} + \lambda_i + u_{it} \tag{6.17}$$

式(6.16)和式(6.17)为预期与非预期货币政策对区域经济增长的动态面板数据模型。其中，STMP 为货币政策最终目标，πCPI 为通货膨胀率，MP 为预期到的货币政策，MP^{U} 为非预期到的货币政策，λ 为个体效应参数，ω、k_1、k_2 为解释变量的拟合系数，i 为各个省份，t 为时间变量。

（二）估计方法

为对式(6.16)和式(6.17)进行估计，需要对潜在的模型进行检验。传统的面板模型是借助两个 F 统计量来分析面板数据模型该选择变系数模型，还是变截距模型，拟或不变系数模型。

设计两个统计量：

$$F_2 = \frac{(S_3 - S_1)/[(N-1)(k+1)]}{S_1/(NT - N(k+1))} \sim F[(N-1)(k+1), N(T-k-1)] \tag{6.18}$$

$$F_1 = \frac{(S_2 - S_1)/[(N-1)k]}{S_1/(NT - N(k+1))} \sim F[(N-1)k, N(T-k-1)] \tag{6.19}$$

式(6.18)和式(6.19)中，S_1 为变系数回归模型的残差平方和，S_2 为变截距模型的残差平方和，S_3 为不变系数模型的残差平方和，N 为模型截面成员个数，T 为时期数，k 为模型变量个数。当 F_2 在统计上小于 $F[(N-1)(k+1), N(T-k-1)]$

时，选择不变系数模型，否则可进一步根据检验 F_1 是否在统计上大于 $F[(N-1)$ $k, N(T-k-1)]$ 的结果，来选择变系数模型或者变截距模型。

由于式(6.16)和式(6.17)刻画的是一种动态面板数据模型，且被解释变量的一阶滞后项和复合残差项中都含有个体效应，这表明两者的相关系数不为0，即 $\mathrm{Cov}(Y_{i,t-1}, u_{i,t}) \neq 0$，如果采用静态面板的组内回归估计方法，则会导致主要参数 ω、k_1、k_2 难以得到无偏和一致的拟合结果。而要得到相对准确的估计量，必须采用合适的工具变量和 GMM 方法来估计。

假定其他解释变量是严格外生的，Anderson 和 Hsiao（1981）提出的 A-H 分析方法建议首先对模型进行差分以剔除 γ_i，此举好处是通过一阶差分来消除个体效应的影响[163]，用数学符号表示为：

$$\Delta \mathrm{STMP}_{i,t} = \omega \cdot \Delta \mathrm{STMP}_{i,t-1} + k_1 \cdot \Delta \mathrm{MP}_{i,t} + k_2 \cdot \Delta \pi \mathrm{CPI}_{i,t-1} + \Delta \lambda_i + \Delta u_{it} \qquad (6.20)$$

$$\Delta \mathrm{STMP}_{i,t} = \omega \cdot \Delta \mathrm{STMP}_{i,t-1} + k_1 \cdot \Delta \mathrm{MP}^{\mathrm{U}}_{i,t} + k_2 \cdot \Delta \pi \mathrm{CPI}_{i,t-1} + \Delta \lambda_i + \Delta u_{it} \qquad (6.21)$$

但是式(6.20)和式(6.21)的差分结果虽然消除了个体效应，其一阶差分滞后项依然和残差项的一阶差分仍然有可能存在相关，因而需要采用工具变量方法来处理。工具变量的选取较为严格，其理想的前提下，要求与 $\Delta \mathrm{STMP}_{i,t-1}$ 相关，但与 $\Delta \mu_{i,t}$ 无关，可行的工具变量主要是 $\mathrm{STMP}_{i,t-2}$ 和 $\Delta \mathrm{STMP}_{i,t-2}$。基于此，A-H 给出两种选择：

(1) $\Delta \mathrm{STMP}_{i,t-2}$ 作为工具变量 Z（作为 $\Delta \mathrm{STMP}_{i,t-1}$ 的工具变量），从 $t = 4$ 开始。

(2) $\mathrm{STMP}_{i,t-2}$ 作为 $\Delta \mathrm{STMP}_{i,t-1}$ 的工具变量，从 $t = 3$ 开始。

这两种方法得到的参数估计 ω、k_1、k_2 在理论上讲是一致的，但却存在如下三个问题：第一，采用 $\Delta \mathrm{STMP}_{i,t-2}$ 作为工具变量会引起严重问题（当 k 在一个较大范围内变化时），$\mathrm{STMP}_{i,t-2}$ 更可取；第二，当 k 非常接近1时，工具变量会变得很弱，因而在小样本或短时期内，这些估计都有问题；第三，这两种方法都不是有效的。

鉴于上述可能存在的一些问题，Arellano 和 Bond（1991）指出，因为关于残差项的假定，残差项的一阶差分 $\Delta\mu_{i,t}$ 和所有的 $STMP_{i,t}$、$\pi CPI_{i,t-2}$、$MP_{i,t}$（$t-2$ 时刻及以前）都不相关。这意味着可以采用所有这些值作为 $\Delta STMP_{i,t-1}$ 的工具变量，然后利用广义矩估计，得到有效的估计[164]。

但一般来说，工具变量的选取具有一定的随意性，这些矩条件可能会出现过度约束（工具变量个数超过了内生变量个数），因而验证矩条件的有效性显得十分重要。理论界通常采用 GMM 过度识别进行验证，主要包括萨甘检验和汉森 J 检验。其中萨甘检验是一个渐进的卡方分布，具体构造如下：

$$S = \hat{u}' Z(\sum_{i=1}^{n} Z_i' HZ_i)^{-1} Z'\hat{u} \to \chi^2_{L-m} \tag{6.22}$$

式中，L 是矩条件个数，m 是参数个数。H 是一个主对角线元素为 2，次对角线元素为 -1，其他元素为 0 的（$T-m-1$）阶方阵。

汉森 J 检验给出了一个 J 检验统计量，利用有效矩估计量，在零假设下：

$$J(\hat{k}_{EGMM}) = n\overline{g}(\hat{k})' \hat{S}^{-1} \overline{g}(\hat{k}) \to \chi^2_{L-m} \tag{6.23}$$

式中，L 是矩条件个数，k 是参数个数。$\overline{g}(\hat{k}) = \frac{1}{n}\sum_{i=1}^{n} g_i(k) = \frac{1}{n}\sum_{i=1}^{n} Z_i'(y_i - x_i k) = \frac{1}{n}Z'u$ 为样本矩。如果存在异方差，则：$J(\hat{k}_{EGMM}) = \overline{u}Z'(Z'\widehat{\Omega Z})^{-1} Z\hat{u}' \to \chi^2_{L-m}$。

三、指标选取与数据说明

对式（6.16）和式（6.17）的动态面板数据模型进行估计，首先需要搜集并整理实证相关指标和数据，本部分涉及的实证数据主要包括因变量：各省份相关年度的 GDP 增长率；自变量为各地区通货膨胀率、预期与非预期货币政策等。

各地区 GDP 增长率为剔除物价因素影响的实际 GDP 增长率（用 $rDGP$ 表示），剔除物价因素的方法是采用各地区通货膨胀率进行折减，地区通货膨胀率是采用各地区以 2011 年为基期的环比农产品生产价格指数来替代（用 πCPI

表示)。各地区的 GDP 和通货膨胀基础数据均来源于历年各省市统计年鉴。

由于我国同业拆借市场在全国实行统一的同业拆借利率，货币供给也有中央银行统筹，这使得获取省级的预期与非预期货币政策变量数据变得有些困难，国内外诸多学者的实践经验也是将货币供应量作为一个全局变量加以考虑，鲜有涉及区域性的货币政策代理指标，如朱芳和吴金福(2014)[165]、余华义和黄燕芬(2015)[166]、崔百胜等(2016)[167]等。好在 Shiller (2003)对增加货币供给量的各种方式引发的不同效应进行了系统论证，认为"信贷余额"是区域货币供给量在不同区域的空间效应"第一步"[168]。基于此，借鉴国内外诸多学者的观点，本书以各省市的信贷规模作为区域货币政策的执行变量，选取的指标为金融机构本外币信贷资金来源总额(用 *credit* 表示)，并以人民币兑美元汇率进行外币信贷折算，数据来源于历年各省市统计年鉴、国家外汇管理局网站和中国人民银行各省市分支机构网站。

由于黑龙江银行信贷数据只公布了2014年以来的数据，故本部分进行动态面板数据模型估计的样本期选择时段为2014—2018年。此外，由于西藏缺乏 CPI 等数据，故本书的省域分析对象不考虑西藏。

本书中，以第三章预期与非预期货币政策分解原理为依据，测算预期信贷规模(credit-A)和非预期信贷规模(credit-U)，以此分别作为预期货币政策与非预期货币政策的代理变量。

四、预期与非预期货币政策区域效应的实证分析

本部分的实证分析采用 STATA 12.0软件实现。

（一）描述性统计分析

对金融机构本外币信贷资金额分别按时间和省份进行描述性统计分析，

目的是借此评估信贷数据在不同时区和省与省之间的结构特征，为货币政策区域效应研究提供依据。

考虑到2014—2018年共5年的数据在分析样本特征时，数据量偏小，为此针对2014—2018年的金融机构本外币信贷资金额展开季度分析。但需要说明的是，中国人民银行上海分行公布的部分月度数据存在一些残缺，本书对于这些残缺数据的补齐方式是：采用2018年8月和10月的平均值作为该年度第三季度的信贷数据；采用2018年2月和4月的平均值作为该年第一季度的信贷数据；采用2017年10月的数据作为该年第三季度的信贷值；采用2015年11月的数据作为当年第四季度的值；采用2015年4月的数据作为当年第二季度的信贷值。

以季度为频率的金融机构本外币信贷资金额按时间序列的描述性统计结果如表6.1所示，按省份的描述性统计结果如表6.2所示。

表6.1 信贷额分时序的描述性统计结果

年份	季度	均值	最大值	最小值	标准差	*J-B* 值	*P* 值
2014	第一季度	25 366.52	79 183.10	3 687.30	19 633.62	10.289 9	0.005 8
	第二季度	26 215.38	81 422.60	3 995.34	20 082.07	10.261 3	0.005 9
	第三季度	26 793.30	83 220.40	4 125.55	20 381.34	10.418 5	0.005 5
	第四季度	27 454.37	84 921.79	4 303.43	20 740.65	10.401 3	0.005 5
2015	第一季度	28 668.27	88 113.34	4 463.97	21 372.72	10.481 8	0.005 3
	第二季度	29 550.29	91 210.31	4 576.16	21 918.82	10.947 5	0.004 2
	第三季度	30 391.32	93 918.21	4 799.39	22 494.57	10.639 7	0.004 9
	第四季度	30 979.55	95 661.12	5 117.82	22 695.83	11.101 3	0.003 9
2016	第一季度	32 427.05	101 130.6	5 364.43	23 863.05	11.872 2	0.002 6
	第二季度	33 264.10	104 249.0	5 446.22	24 409.96	12.170 6	0.002 3
	第三季度	34 076.84	108 299.10	5 528.53	25 099.41	12.992 5	0.001 5
	第四季度	34 887.57	110 928.40	5 667.89	25 585.77	13.030 9	0.001 5
2017	第一季度	36 341.37	115 813.80	5 888.29	26 632.95	13.291 6	0.001 3
	第二季度	37 455.50	118 988.70	6 106.73	27 389.31	13.063 1	0.001 5
	第三季度	38 333.94	123 115.00	6 299.79	28 104.83	13.867 0	0.001 0
	第四季度	39 007.09	126 031.90	6 332.61	28 644.00	14.312 7	0.000 8
2018	第一季度	40 346.86	131 590.60	6 441.73	29 682.19	15.713 7	0.000 4
	第二季度	41 534.04	136 671.90	6 476.80	30 656.34	15.883 8	0.000 4
	第三季度	42 821.63	142 033.10	6 543.40	32 008.45	16.517 1	0.000 3
	第四季度	43 592.66	145 169.40	6 634.90	32 715.03	16.974 1	0.000 2

由表6.1的统计结果可以看出，我国各地区平均的金融机构本外币信贷资金平均值随着时间的推移，整体呈现出上升的趋势，这体现了我国各地区对信贷资金的运用程度，也反映了地区货币政策的执行水平。进一步发现，各

地区平均的金融机构本外币信贷资金的最大值、最小值和标准差也表现出类似攀高的特征，表明在本书所考虑的30个省（市、区）域范围内，数据之间的区域差异化特征愈加明显，这意味着各地区在中央银行统一的政策规定下，针对各地区实施的货币政策更具差异化。正因如此，研究货币政策的区域效应显得尤为必要。

表6.2　信贷额分省域的描述性统计结果

省（市、区）	均值	最大值	最小值	标准差	J-B 值	P 值
北京	61 442.89	70 483.67	50 479.83	6 667.38	1.574 6	0.455 1
天津	27 911.63	34 084.90	21 711.58	4 018.65	1.463 9	0.481 0
河北	36 420.31	48 115.34	25 588.11	7 441.34	1.517 9	0.468 2
山西	19 978.90	25 256.43	15 648.72	3 040.50	1.336 4	0.512 6
内蒙古	18 641.88	22 259.73	13 895.81	2 929.19	1.707 7	0.425 8
辽宁	38 027.94	44 985.00	30 814.00	4 302.41	0.903 3	0.636 6
吉林	16 010.39	19 033.29	11 578.50	2 490.84	1.790 5	0.408 5
黑龙江	17 079.23	20 326.00	12 686.00	2 623.933	1.646 6	0.439 0
上海	58 718.86	73 272.35	46 136.99	9 381.70	1.633 2	0.441 9
江苏	90 522.13	11 7807.9	67 666.27	15 920.90	1.343 0	0.511 0
浙江	82 527.94	105 774.90	67 693.29	11 076.11	1.536 8	0.463 8
安徽	29 582.87	39 452.70	20 689.17	6 111.347	1.473 5	0.478 7
福建	36 663.53	46 503.45	27 465.05	6 001.981	1.242 4	0.408 5
江西	21 369.88	30 567.14	13 986.76	5 260.98	1.327 4	0.439 0
山东	60 103.82	74 879.40	46 647.48	8 933.06	1.277 9	0.441 9
河南	35 967.48	48 870.60	24 189.30	7 618.41	1.253 0	0.511 0
湖北	33 607.04	45 805.66	23 073.41	7 294.64	1.340 6	0.463 8
湖南	27 141.28	36 460.54	19 061.27	5 566.51	1.283 8	0.478 7

续表 6.2

省（市、区）	均值	最大值	最小值	标准差	J-B 值	P 值
广东	108 083.6	145 169.4	79 183.10	21 069.98	1.384 3	0.500 5
广西	20 133.11	26 688.31	14 753.57	3 676.14	1.253 3	0.534 4
海南	7 121.44	8 823.99	4 879.16	1 339.02	1.605 5	0.448 1
重庆	25 138.68	32 247.75	18 899.82	4 071.34	1.035 9	0.595 7
四川	42 742.70	55 390.86	31 817.43	7 375.32	1.291 1	0.524 4
贵州	17 250.97	24 811.37	10 740.40	4 325.87	1.157 5	0.560 6
云南	22 583.12	28 485.59	16 406.96	3 737.09	1.134 1	0.567 2
陕西	23 791.20	30 742.73	17 363.66	4 089.07	0.976 3	0.613 7
甘肃	14 867.65	19 371.74	9 366.356	3 214.56	1.391 5	0.498 7
青海	5 400.44	6 634.93	3 687.30	958.98	1.640 0	0.440 4
宁夏	5 549.72	6 807.52	4 113.76	861.43	1.283 5	0.526 4
新疆	1 4881.18	18 771.30	10 772.68	2 497.46	1.231 5	0.540 2

根据表6.2给出的描述性统计结果可知，在2014—2018年期间，我国信贷资金平均值呈现的基本趋势是：东部地区高于中部地区，中部地区又高于西部地区。分省来看，广东的金融机构本外币信贷资金平均值最高，其次是江苏和浙江，这体现了信贷资金在经济活跃地区流通的频繁性；相对而言，青海、宁夏和海南三个地区的信贷资金并不活跃，这种区间差异可为分析货币政策的区域特征提供依据。

（二）动态面板模型分析

基于描述性统计结果，本书分三大区域展开货币政策的区域效应研究[①]。

① 按国家统计局的公布标准，东部地区包括北京、天津、河北、辽宁、上海、江苏、浙江、福建、山东、广东和海南；中部地区包括山西、吉林、黑龙江、安徽、江

同时根据前面的分析，本部分采用被解释变量的滞后二阶项作为工具变量，对式(6.16)和式(6.17)进行 GMM 估计，以此拟合动态面板数据模型，借之分析预期与非预期货币政策的区域效应。估计结果如表6.3所示。

表6.3　基于 GMM 的动态面板模型估计结果

	东部		中部		西部	
$r\text{DGP}(-1)$	0.982 5***	0.988 2***	0.993 7***	0.986 9***	0.957 4***	0.968 7***
πCPI	−0.026 3**	−0.044 1*	−0.018 5**	−0.032 1**	−0.015 9***	−0.011 0**
credit–A	−0.133 0**		−0.113 6*		−0.068 5**	
credit–U		−0.183 6**		−0.295 7**		−0.375 1***
C	2.538 1**	3.663 5***	3.1548**	2.584 9*	4.577 8*	3.965 0*
Wald	0.000 0	0.000 0	0.000 0	0.000 0	0.000 0	0.000 0
AR（2）	0.325 4	0.470 3	0.639 8	0.512 7	0.309 9	0.441 5
sargan	0.135 8	0.147 5	0.632 6	0.554 9	0.313 5	0.396 7

注：***、**、* 分别表示在0.01、0.05、0.1 的显著性水平下通过检验；Wald、AR（2）和 sargan 均为检验的概率值。

从表6.3的 GMM 估计结果可以看出，各个估计方程的 Wald 统计量的 P 值均远小于0.001，说明模型估计的整体效果非常理想；Sargan 检验量的估计结果表明工具变量的选取合理；AR（2）统计量的 P 值均大于0.1，显示了估计模型的随机扰动项不存在明显的二阶自相关。整体而言，动态面板数据模型估计结果通过显著性检验，可以用于实证分析。

三大区域 credit–A 和 credit–U 的估计系数均为负，且均在0.1的显著性水平下通过检验，说明紧缩型货币政策有助于牵制经济快速增长的势头，也说明

西、河南、湖北和湖南；西部地区包括内蒙古、广西、重庆、四川、贵州、云南、西藏、陕西、甘肃、青海、宁夏和新疆。

预期货币政策与非预期货币政策均存在显著的区域效应。credit-U 拟合系数的绝对值要高于 credit-A 拟合系数的绝对值，这意味着各个区域内均表现为非预期货币政策的调控效果要高于预期货币政策的调控效果，这与第三章的货币政策效应检验结果也是一致的。我国预期与非预期货币政策区域效应的实证结果，验证了货币当局实施差异化的区域型货币政策具有重要的现实意义。

进一步发现，货币政策存在明显差异化的区域效应，表现为预期货币政策在东部地区的调控效果更佳，其次是中部地区，西部地区的调控力度相对较弱；而非预期货币政策则相反，这一特征主要是受不同区域市场经济活力的差异所致。东部地区的经济与金融体系较为完善，经济主体在市场中的活跃程度相对较高且相对更为理性，因而对货币政策的预期程度和敏感性更强，这有助于提高预期货币政策的执行效率，从而表现为货币政策在东部地区的调控效果更好。但同样因此，在相对不完善的市场体制下，西部地区的货币政策非预期部分相对较大，非预期货币政策对经济目标的影响更为明显，由此表现为 credit-U 拟合系数在西部最大而东部最小的结果，也侧面反映出本章结论的合理性。

（三）稳健性检验

为了验证动态面板数据模型估计结果的合理性，本部分考虑两种形式的稳健性检验方法：(1) 对 *credit* 进行对数处理，然后重新估计预期信贷规模 lncredit-A 和非预期信贷规模 lncredit-U ；(2) 对式(6.16)和式(6.17)两边同时进行差分处理。

两种方法所得稳健性检验结果如表6.4和表6.5所示。

表6.4　经对数处理的稳健性检验结果

	东部		中部		西部	
rDGP(−1)	0.936 5**	0.925 7***	0.961 7***	0.989 3***	0.922 4***	0.936 9***
πCPI	−0.018 29***	−0.026 7***	−0.023 6**	−0.028 7***	−0.010 5*	−0.008 9*
lncredit−A	−0.103 3**		−0.138 0**		−0.287 8**	
lncredit−U		−0.093 1**		−0.166 4*		−0.298 9**
C	1.886 2***	1.936 0**	2.754 8***	2.331 9*	3.045 1**	3.285 9*
Wald	0.000 0	0.000 0	0.000 0	0.000 0	0.000 0	0.000 0
AR（2）	0.221 8	0.293 7	0.545 4	0.487 6	0.250 6	0.221 7
sargan	0.186 5	0.152 3	0.485 9	0.361 0	0.282 8	0.317 6

注：***、**、*分别表示在0.01、0.05、0.1的显著性水平下通过检验；Wald、AR（2）和sargan均为检验的概率值。

表6.5　经差分处理的稳健性检验结果

	东部		中部		西部	
rDGP(−1)	0.965 8***	0.971 6**	0.932 5***	0.964 1**	0.989 3**	0.977 0***
πCPI	−0.066 5**	−0.082 9***	−0.053 1***	−0.055 7***	−0.043 8**	−0.025 4*
credit−A	−0.082 9***		−0.188 0***		−0.209 2*	
credit−U		−0.060 3**		−0.202 3**		−0.296 1***
C	1.526 8***	2.313 7**	2.065 8*	1.969 2*	3.067 5***	2.881 3**
Wald	0.000 0	0.000 0	0.000 0	0.000 0	0.000 0	0.000 0
AR（2）	0.323 9	0.381 6	0.503 3	0.560 2	0.114 5	0.203 6
sargan	0.152 4	0.189 9	0.353 7	0.401 6	0.293 8	0.250 1

注：***、**、*分别表示在0.01、0.05、0.1的显著性水平下通过检验；Wald、AR（2）和sargan均为检验的概率值。

依据表6.4和表6.5的稳健性检验结果来看，动态面板数据模型的检验参数均符合预期，而各模型的动态项在0.05的显著性水平下都通过了检验，其他控制变量的估计系数与动态面板数据模型的估计结果虽然存在一定程度大小的差异，但保持了方向上的一致性，并且都可以通过显著性检验。由此表明，本章前面进行动态面板估计的结果是稳健的，也反映出预期与非预期的货币政策确实存在显著的区域效应。

五、本章小结

近年来，货币政策存在区域效应已经成为不争的事实，然而通过对货币政策进行预期与非预期分解，借之分析两种货币政策形态的区域效应问题，则缺乏系统性研究。本部分从利率渠道、汇率渠道和信贷渠道总结货币政策的区域效应，通过剖析预期与非预期货币政策区域效应的作用机理，设计预期与非预期货币政策区域效应的动态面板数据模型，采用 GMM 方法进行实证分析，得到三点主要结论。

(1)三大区域的预期货币政策与非预期货币政策对地区经济增长的作用，在0.1的显著性水平下均为负，表明预期与非预期货币政策在各区域均是有效的，因而货币政策仍然是我国有效的宏观经济调控工具之一。

(2)非预期货币政策拟合系数的绝对值要高于预期货币政策拟合系数的绝对值，这一特征在三大区域是一致的，这意味着理性预期降低了货币政策的执行效果，采取相机抉择型货币政策能够在调控货币政策最终目标方面发挥更好的作用。

(3)不同市场活跃度的区域，预期货币政策与非预期货币政策的作用效果存在较大差异。表现为预期货币政策在东部地区的调控效果更佳，其次是中部地区，西部地区的调控力度相对较弱；而非预期货币政策则相反。因此，中国人民银行实施有区域差异化的货币政策，更能有效调控宏观经济目标。

第七章 预期与非预期货币政策的产业效应研究

货币政策不仅在时间和空间上存在差异，针对不同产业的影响效果也不一而同。本章拟从产业结构视角出发，探讨预期与非预期货币政策效应在产业间的差异性，为产业型货币政策的研究和制定提供基础。

一、预期与非预期货币政策产业效应研究的理论基础

（一）预期与非预期货币政策产业效应的概念与范畴

1. 产业效应的概念界定

何为产业效应？当前理论界从不同视角给出了一些看法或者说定义。根据产业经济学和企业战略理论的解释，产业效应是指在其他条件（如年度效应、企业效应）相同的条件下，某产业内企业的平均业绩优于另一产业的效应。但MBA 智库文档指出，产业效应是指引进的技术可以通过产业关联、示范和外部激励等途径推动工业结构的升级。而百度百科又认为，产业效应即是罗斯托准则或者扩散效应最大准则，是强调支柱产业对经济和社会发展影响力的一种效应，这一准则强调的是通过选择扩散效应最大的产业或产业群作为一国的主

导产业，重点扶持，加速发展，从而带动其他产业发展和社会进步，其基本带动原理包括回顾效应、旁侧效应和前向效应。由此可见，理论界关于产业效应的定义存在很大的差异，但基本认同的一点是，产业效应主要是通过一些外在手段，研究不同产业间效应的差异性，并试图基于一些高效应产业带动低效应产业的发展。

产业是国民经济发展的重要单元，从宏观角度来看产业效应，应是全部产业的共生共进或者帕累托最优；从微观角度来看产业效应，则应该是依据外部学习、内部技术扩张等途径实现各产品供给方的规模扩大和产业链延伸。因而如何严格定义产业效应，首先需要准确定位其研究视角与研究焦点，这对于分析其基本内涵、功能与特征，具有重要的现实意义。

由于产业转型升级存在一定的时代背景，并受特定政策与环境的制约，因而在既定产业转型升级政策环境与制度背景下研究产业效应，更有针对性。正因如此，本书对产业效应的界定，主要是探讨在外部政策作用下，产业如何依托外部力量实现分块式的扩张与增长，通过先升级的产业带动后升级的产业，并最终带动整个产业的发展与升级。

2. 货币政策产业效应的概念界定

产业升级离不开金融政策的支持，而在我国货币政策与财政政策两大宏观调控手段之间，货币政策的产业刺激效果相对更优，这也使得如何利用货币政策来推动产业转型升级成为一个新的议题。

本章基于货币政策视角展开对产业效应的定义与分析，认为货币政策产业效应可以定义为：一个经济体在货币政策的作用下，会对不同产业形成有差异化的影响，以及如何使得这种有差异化的影响去刺激不同产业的转型升级，并由此带动整个产业的发展。这种对货币政策产业效应内涵界定的把握，主要需要考虑三大要素，其一是货币政策背景，其二是产业间效应的差异；其三是整个产业升级。第一个要素是前提，第二要素是核心，第三个要素是结论。

对于第一个要素而言，不同的金融政策和制度背景都会对产业发展形成不同的影响，因而通过限定货币政策这一政策背景，有助于奠定货币政策产业效应的分析前提。在货币政策背景下，存贷款基准利率、银行间债券质押式回购利率、常备借贷便利、中期借贷便利、短期流动性和抵押补充贷款等操作工具对不同产业都会形成差异化的定向调节效应（欧阳志刚和薛龙，2017[169]；周晶和陶士贵，2019[170]）。因此，如何选择与调整货币政策操作工具，对于产业转型升级来说，意义十分重大。

针对第二个要素来说，鉴于不同政策工具的影响差异，各产业的政策敏感性和响应效果不一而同，也是情理之中。一般而言，政策的提出，一方面是通过鼓励部分产业的变革与发展，来推动整个产业的兴起与繁荣；另一方面则是在不同产业间形成不同方向的效应，通过刺激新兴产业崛起的同时淘汰落后产能，从而加速产业升级步伐。由此可见，政府推出的既定政策，应当允许产业间存在响应差异，包括响应力度大小的差异，也包括响应方向上的差异。

基于第三个要素，是努力寻找和探索所有产业实现帕累托最优的最终预期模式。包括货币政策在内的其他政策的提出，是通过一些产业实现先行转型升级，再带动其他产业的转型升级，但其最终目的是要促进全社会产业的协同进步。不以所有产业协同进步为目标的政策体制，不仅其政策持续性会受到影响，也会进一步拉开产业发展的差距，由此出现社会不公。正因如此，货币政策的产业效应不仅研究特征产业的政策敏感性，也应分析不同产业的帕累托最优模式。

（二）预期与非预期货币政策产业效应研究的必要性

一个经济体的不同产业在融资手段、融资途径、融资工具和融资规模等方面存在较大的差异性，这就决定了这些产业对货币政策的敏感性也存在较大差异。经验表明，相比劳动密集型企业，资本密集型企业具有更多的专业技术人员和高知识储备人才，同时由于对资金天然需求的异同，使得资本密集型企业会更加关注包括货币政策在内的宏观经济政策的波动，因而研究货币政策在不同产业间的效应，是推动产业结构调整的重要议题，也可为经济高质量增长提供货币政策支持依据。

美国次贷危机的惨痛经历，以及互联网大数据时代的冲击，决定了企业发展的趋势将由招聘大量劳动力向吸收大量资本转移，资本密集型企业的比例将逐渐提高。但资本密集型企业对货币政策的敏感性相对更强，且在预期与非预期视角下，资本密集型企业的理性经济人又要比劳动密集型企业的理性经济人更为"理性"，这就决定了不同特征的企业受货币政策影响不甚一致。此外，由于资本密集型企业集聚了更多的专业技术人员和高知识储备人才，因而对政策的把握能力和对经济的预测能力相对更强，此时预期的紧缩型货币政策将难以对资本密集型企业形成有效的约束，只有非预期的紧缩型货币政策才能发挥意想不到的效果。而劳动密集型企业对货币政策的天然弱敏感性，使得不管是预期还是非预期货币政策的推行，都难以对劳动密集型企业产生实质性的影响。这就意味着，在有效市场中，非预期货币政策对资本密集型产业的效应研究将成为本领域的重点。

但我国目前的资本市场仍处于弱势有效状态，也即资本密集型企业的经济人并不十分理性，从而难以对货币政策执行模式、手段和时机形成及时且准确的预期。因此，理性经济人假设下预期的货币政策在现实当中并不能得到充分预期，这表明理想状态下的预期货币政策在现实中也能对资本密集型企业形成有效干预，而且市场越弱式有效，资本密集型企业经济人的理性程度越低，预期货币政策的产业效应就越显著。由此可见，不管是预期还是非预期货币政策，都存在一定的产业效应。而如果不能对预期与非预期货币政策的产业效应形成准确认识，那么货币政策的实际产业效应将得到极大程度上的低估，这既难以保证资本密集型企业的资金有效融通，并使得部分企业走上快速破产与重组之路，也会降低货币政策的执行效率，由此提高货币政策无效论的呼声。

从西方学派的观点来看，庇古效应的存在论证了预期货币政策会改变产业经济的波动路径，这使得产业结构转型之路会受到货币政策的影响，而李嘉图定理则进一步分析了货币政策对产业结构升级的调节作用，要强于财政政策。因此，在全球经济增速放缓的背景下，非常有必要从预期与非预期视角展开货币政策的产业效应研究。而基于这一议题的分析，通过探究预期与非预期货币政策在产业转型中扮演的角色，既可提高货币政策执行效率和货币政策执行当局的声望，也有助于推动产业结构调整与升级的步伐，从而为经济高质量增长提供支撑。

（三）预期与非预期货币政策产业效应的学术研究

货币政策是否在不同产业之间会产生不同作用，学术界对这一问题的研究始于20世纪末。Ganley 和 Salmon(1997)通过对英国9个行业进行货币政策的反应能力分析，发现建筑业的政策敏感性最强，其他行业对货币政策的敏感性也存在差异性。这一研究结论的出现，开创了货币政策产业效应研究的先河[171]。自此，学术界从不同视角对这一议题展开了较多的探索。

总体来看，当前学术界对货币政策产业效应的研究主要集中在四个方面，主要包括：其一是货币政策产业效应的反应速度；其二是货币政策产业效应的反应力度；其三是货币政策产业效应的作用方向；其四是货币政策产业效应的形成。

从产业效应的反应速度来看，闫红波和王国林(2008)以制造业中30个次级行业为研究样本，通过实证检验认为1/3的行业存在较高的货币政策反应速度，约23%的行业存在较低的货币政策反应速度[172]。肖强、张晓峒和司颖华(2014)从三次产业的角度，通过构建FAVAR模型来研究货币政策在三次产业之间的有效性，结果发现第一产业对货币政策的反应速度最强，其次是第二产业，第三产业的反应速度相对最弱[173]。类似的研究还有张淑娟和王晓天(2016)[174]、Sebastian和Martin(2017)[175]等。

从产业效应的反应力度来看，戴金平、金永军和陈柳钦(2005)基于E-G两步法、ADL模型和VAR模型对我国进行了实证分析，得出结论发现货币政策(利率政策)对第一产业、第二产业和房地产行业的影响力度较大，而对第三产业、餐饮业和批发贸易零售业的影响力度则较小[176]。类似的研究还有曹永琴(2010)[177]、张辉(2013)[178]、吕光明(2013)[179]、Korobilis(2013)[180]、刘传哲(2018)[181]等。

从产业效应的方向来看，Gert Peersamn和Frank Smets(2005)以欧洲7个国家11个行业为实证对象，分析发现利率渠道和信贷渠道的产业效应是完全相反的[182]。王朝明和朱睿博(2016)从传导渠道视角考察了我国货币政策的产业效应，发现汇率渠道和信贷渠道能够积极优化我国产业结构，而利率渠道则会约束产业结构升级；对于资产价格渠道而言，这种效应也存在差异，表现为股票市场对产业结构升级存在积极作用，但房地产市场对产业结构升级则存在消极的影响[183]。类似的研究还有Okamoto和Matsubayashi(2017)[184]、彭明生和范从来(2018)[185]等。

进一步梳理学术文献发现，一些学者认为货币政策的产业效应还呈现出一定的区域特征。如Carlino和Defina(1999)针对美国货币政策展开效应差异性分析，借助 SVAR 模型得到的结果是：美国各个州存在的产业间差异，决定了货币政策存在州际效应，由此发现货币政策的区域效应和产业效应是并同的[186]。国内学者郭晔(2011)通过动态面板数据模型进行实证分析，也发现货币政策对三次产业的影响在东部、中部、西部三大区域之间存在明显的差异[187]。

总结学术界的研究成果可以发现，货币政策视角下的产业效应尽管存在很多方面，不仅体现为不同产业对货币政策的反应速度不甚一致(如有的反应快，有的反应慢)，也体现为不同产业对货币政策的反应力度存在差异(如有的反应大，有的反应小)，还体现为货币政策对不同产业的作用方向完全相反(如有的反应为正，有的反应为负)，但对货币政策存在的产业效应已经达成一致意见。在全球倡导产业结构升级的历史车轮下，针对不同产业实施有差别的货币政策，也成为我国追逐历史车轮、实现经济高质量增长的必然之路。

（四）预期与非预期货币政策产业效应的形成原因

随着学术界对货币政策产业效应的系统分析，学者们也深入探讨了预期与非预期货币政策存在产业效应的原因，如姜泽华和白艳(2006)从社会总需求、技术进步、制度安排和资源供给等四个方面界定了产业升级的影响因素，其中资源供给主要受限于货币政策等金融信息的变动[188]。而不少学者从资本密集角度对此展开了研究，从多方面论证了货币政策产业效应存在的根源是不同行业之间的资本密集度。比如，Hayo 和 Uhlenbrock (1999)以德国为研究对象，通过对其制造业和采矿业进行细分行业划分，在 Logit 模型的帮助下，发现资本密集行业的货币政策效应最为敏感[189]。Ghosh (2009)以印度为研究对象，通过对该国的工业进行细分行业研究，得到重要结论：资本密集度是造成行业对货币政策反应不一致的原因之一[190]。吉红云和干杏娣(2014)也对此进行分析，发现资本密集型行业对于货币政策最为敏感，而劳动密集型行业对货币政策的敏感度较低[191]。资本密集型行业受货币政策影响较大的结论，几乎已经在学术界达成了共识，但事实上，耐用品行业也存在很大的货币政策敏感性(杨真和崔雁冰，2018[192])。类似的研究还有 Aghion 等(2014)[193]。

总结学术界分析货币政策产业效应形成的缘由可以发现，要素密集度是学术界探讨的热门话题。这是因为，西方经济理论指出当要素相对价格发生变化时，企业通常会采取两种方案：其一，在技术难以突破的短期内，改变投入生产要素的结构安排和比例分配，通过降低昂贵要素的投入比例和提高廉价要素的投入比例，来从投入视角降低成本；其二，当要素价格预期波动比较剧烈且波动周期较长时，可以从技术创新视角改变要素投入类型，变革要素配比，以此实现投入要素的最优化配置。当然，不管是短期的要素投入结构变化，还是长期的要素投入类型变革，企业都将面临不同要素之间相互替代的问题。又由于各企业不同要素的相互替代性不一而同，由此使得企业对于货币当局提出的货币政策出现不同的优化决策方案，这显然会影响企业的资本配置与经营业绩，并最终表现为货币政策在不同企业间的产出效应存在非一致性。

除此以外，曹永琴(2010)[177]等学者通过实证分析发现，有形资产比例高低使得企业所面临的金融摩擦也不尽相同，这是货币政策存在非对称效应的重要缘由。作者进一步发现，市场结构差异、信贷制度安排等亦是货币政策产业效应的重要形成因素。

货币政策产业效应的三大成因

1. 金融摩擦差异

每个产业所面临的金融摩擦存在较大的差异。首先，每个产业包含的企业类型及其规模存在差异。其次，每个产业的有形资产占总资产的比例存在较大差异。最后，各产业要素密集程度也大不相同。这三方面差异导致各产业所受的融资约束和代理成本约束各不相同。因而各产业所面临的金融摩擦存在较大的差异。由于各产业面临的金融摩擦存在差异，在金融加速器机制的作用下，货币政策对产业非对称影响会被进一步放大从而在产业层面上表现出显著的非对称效应。

2. 信贷约束

各产业所属的市场结构不同是造成货币政策产业非对称效应的重要原因之一。若某一产业市场竞争越激烈，那么货币政策对实体经济的影响就越强。随着市场竞争程度的上升，该产业对货币政策的反应程度就会随之上升。因为对于完全竞争的产业来说，对信贷资金的使用取决于资金的使用成本和边际回报率，这时货币政策的松紧变化就会对该产业产生较大的影响。第一产业因其产品的同质性较强、技术水平要求较低与资本投入较少、进入门槛较低而竞争程度较高，使得其市场结构最接近于完全竞争市场。中国的垄断产业主要集中于电信、邮政、电力、供水、铁路、航空等部门，而这些部门集中于第二、第三产业，因而第二、第三产业的垄断程度要远远高于近似完全竞争的第一产业。

3. 国有银行信贷制度

现有信贷制度造成产业间信贷约束软硬程度差异是形成货币政策产业非对称效应的制度因素。中国银行信贷制度的最大弊端是对国有企业预算软约束，并导致国有企业对货币政策反应不敏感，最终造成信贷领域的"公共地"悲剧。集中体现在国有商业银行出现集中资金，争抢向大型、重点企业、热点企业和基础设施产业授信的信贷集中和扩张倾向，而这些企业大多都集中于第二产业，在这种制度安排下，中央银行调控宏观经济的货币政策必然会出现产业非对称效应，对第一产业影响较大，对第二、第三产业的影响则较小。

资料来源：曹永琴.中国货币政策产业非对称效应实证研究 [J].数量经济技术经济研究，2010(9): 18-30+42.

二、预期与非预期货币政策产业效应评估的理论模型

（一）货币政策产业效应的形成机理

师磊和赵志君（2018）[194] 从最终产品部门和中间产品部门出发，分析了货币政策产业效应的形成机理。表现为：

1. 最终产品部门

假设经济中存在一个最终产品部门，其产出由两种中间产品复合而成：

$$Y(t) = \left[\gamma_1 Y_1(t)^{\frac{\varepsilon-1}{\varepsilon}} + \gamma_2 Y_2(t)^{\frac{\varepsilon-1}{\varepsilon}} \right]^{\frac{\varepsilon}{\varepsilon-1}} \tag{7.1}$$

其中，$\gamma_i \in (0, 1)$ 为两种中间品的权重，且 $\gamma_1 + \gamma_2 = 1$，$Y(t)$ 表示最终产品产出，$Y_i(t)$ 表示中间产品产出，ε 表示两种中间产品的替代弹性。

对于最终产品部门而言，可以通过求解下述问题得到其对中间产品的需求：

$$\max_{Y_1, Y_2} Y(t) = \left[\gamma Y_1(t)^{\frac{\varepsilon-1}{\varepsilon}} + (1-\gamma) Y_2(t)^{\frac{\varepsilon-1}{\varepsilon}} \right]^{\frac{\varepsilon}{\varepsilon-1}} \tag{7.2}$$

$$\text{s.t. } P_1 Y_1 + P_2 Y_2 = Y \tag{7.3}$$

将最终产品作为计价物，P_i 表示中间产品的价格水平。通过求解上述问题可以得到：

$$Y_i(t) = \left[\frac{P_i}{\gamma_i P} \right]^{-\varepsilon} Y(t), \quad i = 1, 2 \tag{7.4}$$

2. 中间产品部门

为表明中间产品部门生产要素之间具有替代性的作用，假设中间产品部门的生产函数为：

$$Y_i(t) = \left\{ \alpha_i K_i(t)^{\frac{\sigma_i-1}{\sigma_i}} + (1-\alpha_i)[A_i(t)L_i(t)]^{\frac{\sigma_i-1}{\sigma_i}} \right\}^{\frac{\sigma_i}{\sigma_i-1}}, \quad i = 1, 2 \tag{7.5}$$

式中，$A_i(t)$ 表示技术水平，σ_i 为要素替代弹性，表示两部门的要素替代能力不同。进一步假设对于第一个部门而言（记为部门1），要素之间呈现出更强的互补性特征，即 $\sigma_1 \in (0,1)$；第二个部门（记为部门2）的要素之间则表现出更强的替代性，即有 $\sigma_2 > 1$。

在给定对中间产品部门产品的需求之后，在总量资源约束的条件下，可以得到中间产品部门利润最大化的一阶条件：

$$\begin{cases} R_i = \lambda_i \alpha_i Y_i^{\frac{1}{\alpha_i}} K_i^{-\frac{1}{\alpha_i}} \\ W_i = \lambda_i (1-\alpha_i) Y_i^{\frac{1}{\alpha_i}} A_i^{1-\frac{1}{\alpha_i}} L_i^{-\frac{1}{\alpha_i}} \end{cases} \tag{7.6}$$

3. 模型分析

记要素相对价格为 $\omega_i = w_i / R_i$，由式 (7.6) 可知：

$$k_i = (\omega_i)^{\sigma_i} \left(\frac{\alpha_i}{1-\alpha_i}\right)^{\alpha_i} A_i^{1-\frac{1}{\alpha_i}} \tag{7.7}$$

式中，k_i 表示第 i 个生产部门的人均资本水平，要素相对价格对人均资本的影响可以通过下式得到：

$$\frac{\partial k_i}{\partial \omega_i} = \sigma_i \left(\frac{W_i}{R_i}\right)^{\sigma_i - 1} \left(\frac{\alpha_i}{1-\alpha_i}\right)^{\sigma_i} A_i^{1-\frac{1}{\alpha_i}} > 0 \tag{7.8}$$

式 (7.8) 表明，若利率下降，则劳动力的相对价格水平较高，两个生产部门都将使用资本替代劳动力。但是在总量生产要素的约束下，会发生要素在部门之间的重新分配，为说明此，假设部门1所投入的资本占比为 $\varphi = K_1/K$，所投入的劳动力占比为：$\lambda = L_1/L$。从而可以得到：

$$\frac{\partial \varphi}{\partial k} = \frac{\left(\frac{1}{\sigma_2} - \frac{1}{\sigma_1}\right)\frac{1}{k}}{\left[\frac{1}{\sigma_1}\frac{1}{\varphi} + \frac{1}{\sigma_2}\frac{1}{(1-\varphi)}\right]} = \frac{\frac{\sigma_1 - \sigma_2}{\sigma_2 \sigma_1}}{k\left[\frac{1}{\sigma_1}\frac{1}{\varphi} + \frac{1}{\sigma_2}\frac{1}{(1-\varphi)}\right]} = \frac{\sigma_1 - \sigma_2}{k\left[\frac{\sigma_2}{\varphi} + \frac{\sigma_1}{(1-\varphi)}\right]} \tag{7.9}$$

由于本书假设 $0 < \sigma_1 < 1 < \sigma_2$，从而 $\frac{\partial \varphi}{\partial k} < 0$，即随着资本深化，部门2会

以更高的比例用资本替代劳动，导致资本更多地流向于部门2。类似地，还可以得到资本密集度对劳动力在两部门之间分配的影响：

$$\frac{\partial \lambda}{\partial k} = \frac{(\frac{1}{\sigma_2} - \frac{1}{\sigma_1})\frac{1}{k}}{[\frac{1}{\sigma_1}\frac{1}{\lambda} + \frac{1}{\sigma_2}\frac{1}{(1-\lambda)}]} = \frac{\frac{\sigma_1 - \sigma_2}{\sigma_2 \sigma_1}}{k[\frac{1}{\sigma_1}\frac{1}{\lambda} + \frac{1}{\sigma_2}\frac{1}{(1-\lambda)}]} = \frac{\sigma_1 - \sigma_2}{k[\frac{\sigma_2}{\lambda} + \frac{\sigma_1}{(1-\lambda)}]} > 0 \quad (7.10)$$

式(7.10)表明，部门2在使用资本替代劳动时，劳动力由该部门流出。

在上述过程中，部门产出也会相应地发生变化，通过简单的运算可以得到：

$$\frac{dY_1(t)}{d\omega} = \sigma_1 Y_1(t)^{\frac{1}{\sigma_1}} k_1^{-\frac{1}{\sigma_1}} \frac{dk_1}{d\omega} < 0 \quad (7.11)$$

$$\frac{dY_2(t)}{d\omega} = \sigma_2 Y_2(t)^{\frac{1}{\sigma_2}} k_2^{-\frac{1}{\sigma_2}} \frac{dk_2}{d\omega} > 0 \quad (7.12)$$

从式(7.11)和式(7.12)可以看出，当资本的相对价格下降时，部门1的产出减少，如果政府采用宽松型的货币政策，反而降低了部门1的产出。这主要由两个因素造成：首先，由于部门1在用资本替代劳动力时不具有部门2一样的灵活性，所以当资本的相对价格下降时，部门2对其要素投入进行调整导致更多的资本流入至部门2；其次，由于本书在分析时假设了资源的充分利用，所以部门2用资本替代劳动的结果是劳动力从部门2流出，所释放出来的劳动力全部被部门1所吸收，这样就造成了企图使用资本替代劳动力的部门1，却反而用劳动力替代了资本。由于部门1在要素替代能力方面的"僵化"，导致其生产效率低下，进一步造成了宽松型的政策反而使得该部门的产出减少。

（二）预期与非预期货币政策产业效应评估模型的设计

当前学术界关于货币政策产业效应的实证研究，多是应用 VAR（或 SVAR、FAVAR、GVAR 等）模型来展开脉冲响应研究，这样的分析结果不以经济理论为支撑，可以单独考察货币政策因素对不同产业的响应力度，并进行不同产业间的相应比较。基于此，本书基于预期与非预期视角，采用 VAR 模型来评估货币政策的产业效应。

设计预期与非预期货币政策产业效应评估模型的目的，是为了检验预期与非预期货币政策在不同产业间的促进力度，因而需要分别设计非预期与预期货币政策对不同产业增长值的 VAR 影响模型，借此评估非预期与预期货币政策操作工具对相关产业增长值的响应效果：

$$\theta_i^{\mathrm{U}} = \partial Y_{i,t+q} / \partial \mathrm{MP}_t^{\mathrm{U}}, \quad t = 1,2,\cdots,T \tag{7.13}$$

$$\theta_i = \partial Y_{i,t+q} / \partial \mathrm{MP}_t, \quad t = 1,2,\cdots,T \tag{7.14}$$

式中，Y 为各产业的产出增长值，$i = 1,2,3$ 分别表示第一、第二、第三产业；t 为时间变量，MP 和 MP^{U} 分别为预期与非预期的货币政策；$q = 0,1,\cdots,$ 表示滞后阶数。式(7.13)和式(7.14)分别衡量了非预期与预期货币政策对产业的冲击效果，其在各滞后期的累积数值越大，表明货币政策的执行效果越好。

基于学术界的研究成果可知，不同要素密集型企业对货币政策敏感性存在较大差异，因而本书在分一、二、三次产业展开分析的基础上，再对第二产业展开细分行业的分析，于是再设计第二产业细分行业的 VAR 影响模型，估计预期与非预期货币政策操作工具对第二产业细分行业增长值的响应效果：

$$\theta_{2j}^{\mathrm{U}} = \partial Y_{2j,t+q} / \partial \mathrm{MP}_t^{\mathrm{U}}, \quad t = 1,2,\cdots,T \tag{7.15}$$

$$\theta_{2j} = \partial Y_{2j,t+q} / \partial \mathrm{MP}_t, \quad t = 1,2,\cdots,T \tag{7.16}$$

式中，$2j$ 表示第二产业的第 j 个细分行业。式(7.15)和式(7.16)分别衡量了预期与非预期货币政策对第二产业细分行业的冲击效果，其在各滞后期的累积数值越大，表明货币政策的执行效果越好。

三、预期与非预期货币政策产业效应研究的实证检验

（一）指标说明与数据来源

本部分涉及关于产业选取与划分的相关指标和数据问题。首先是大类产业的选取，这主要是依据我国传统的分类方式，从三次产业角度来分析。第一、第二和第三产业的增长值数据来源于国家统计局网站。

进一步，本书参考王岳平（2002）[195]、代军勋等（2018）[196] 等学者的观点，以第二产业为基础，依据要素密集程度将第二产业进行行业细分，共得7个细分行业，以此为基础，展开细分行业的预期与非预期货币政策的产业效应研究。具体所得细分结果如表7.1所示。

表7.1　按要素密集程度划分的行业

行业划分	包含的具体子行业
技术密集型（Y_{21}）	计算机、通信和其他电子设备制造业
中度资本技术密集型（Y_{22}）	烟草制造业；化学原料和化学制品制造业；化学纤维制造业；黑色金属冶炼和压延加工业
中度劳动技术密集型（Y_{23}）	印刷和记录媒介复制业；医药制造业；专用设备制造业；铁路、船舶、航空航天和其他运输设备制造业；电气机械和器材制造业；仪器仪表制造业；金属制品、机械和设备制造业
资本密集型（Y_{24}）	石油、煤炭及其他燃料加工业；电力、热力生产和供应业
中度资本密集型（Y_{25}）	酒、饮料和精制茶制造业；造纸和纸制品业；有色金属冶炼和压延加工业；燃气生产和供应业；水的生产和供应业
劳动密集型（Y_{26}）	农副食品加工业；食品制造业；纺织业；纺织服装、服饰业；皮革、毛皮、羽毛及其制品和制鞋业；木材加工和木、竹、藤、棕、草制品业；家具制造业；文教、工美、体育和娱乐用品制造业；橡胶和塑料制品业；非金属矿物制品业；金属制品

行业划分	包含的具体子行业
资源采掘业（Y_{27}）	煤炭开采和洗选业；石油和天然气开采业；黑色金属矿采选业；有色金属矿采选业；非金属矿采选业

第二产业细分行业的增长值数据来源于中经网数据库。需要说明的是，由于2018年各细分行业缺乏累计值数据，但公布了其累计同比增速数据，故本书以2018年各季度累计同比增速乘以对应2017年各季度的累计值，来得到各细分行业2018年的基础数据。此外，考虑到中经网数据库公布了各细分行业的月度累积增长值，因而本书选取每年3月、6月、9月和12月的数值作为当年第一季度、第二季度、第三季度和第四季度的数值，由此实现月度数据向季度数据的转换。

关于货币政策预期与非预期数据的获取，主要是采用第三章的分解原理得到的预期与非预期的7天期银行间同业拆借市场交易利率，数据来源于第三章的统计分解结果。

（二）产业效应的描述性统计分析

本书首先对货币政策产业效应的相关变量进行描述性统计分析，据此描述各变量的相关统计特征。三次产业相关指标的描述性统计结果见表7.2第2~4行所示。

由表7.2给出的三次产业相关指标描述性统计结果可以发现，在2005年第一季度到2018年第四季度期间，我国第一、第二、第三产业的均值呈现出明显的差异，整体表现出第三产业的均值最高，第一产业的均值最低；从其最大、最小值的关系也可以发现，第三产业的最小值在所有产业中是最高的，而其最大值也是所有产业当中最高的。不管是均值，还是最小值或者最大值，第二产业都处于居中位置，并且仅次于第三产业。这一描述性统计结果客观体现了我国三次产业的历史数值特征。

表7.2　变量的描述性统计结果

	均值	最小值	最大值	标准差	偏度	峰度	样本量
Y_1	11 152.57	2 884.00	24 934.20	5 633.44	0.603 8	2.441 6	56
Y_2	55 524.63	18 159.50	104 178.1	22 066.31	0.102 7	2.064 5	56
Y_3	61 262.31	18 745.50	124 486.4	31 062.94	0.345 2	1.918 7	56
Y_{21}	1 567.05	198.15	4 274.54	1 127.32	0.783 0	2.674 9	56
Y_{22}	5 454.31	719.26	20 625.68	3 886.47	1.359 1	5.538 0	56
Y_{23}	7 746.95	314.64	24 659.74	6 667.22	0.838 7	2.598 9	56
Y_{24}	6 638.86	1 096.56	16 041.64	4 122.28	0.667 7	2.482 3	56
Y_{25}	4 250.37	286.00	11 858.04	3 302.34	0.779 6	2.485 0	56
Y_{26}	15 429.75	780.18	48 857.32	12 806.37	0.922 4	2.840 1	56
Y_{27}	4 014.45	350.62	10 500.61	2 644.71	0.618 6	2.538 2	56

第二产业细分行业相关指标的描述性统计结果见表7.2第5~11行所示。仔细观察发现，劳动密集型行业和资本密集型行业的增长值相对来说最高，技术密集型行业的增长值相对来说最低，这表明我国第二产业的增长源泉主要是单纯依靠资本投入或劳动投入，技术行业的规模和比例仍然非常低。进一步发现，中度劳动密集型行业和劳动密集型行业的变异系数(标准差与平均值之比)最高，分别达到0.86和0.83，而资本密集型行业和资源采掘业的变异系数最低，分别为0.62和0.68，因而相对来说，中度劳动密集型行业和劳动密集型行业的变异程度更明显，包含的信息量更大。

（三）产业效应结果的实证分析

1. 三次产业的货币政策效应分析

在描述性统计分析的基础上，接下来分一、二、三产业进行货币政策的产业效应分析。

考虑到三次产业增长值与预期和非预期货币政策的数量关系，并为减少异方差的影响，将三次产业增长值进行对数处理，然后进行货币政策产业效应的 VAR 估计，结果在保留滞后二阶的前提下，发现 VAR 估计结果相对更为合理，单位根模的倒数均位于单位元以内，模型估计效果较好。此时，预期与非预期货币政策对三次产业的产业效应估计结果为：

$$
\begin{bmatrix} \ln Y_1 \\ MP^U \\ MP \end{bmatrix} = \begin{bmatrix} 7.811\,7 \\ 1.202\,3 \\ 0.597\,8 \end{bmatrix} + \begin{bmatrix} 0.259\,7 & -0.044 & 0.025\,8 \\ -0.112\,4 & 0.615\,2 & 0.227\,4 \\ -0.006\,3 & 0.025\,0 & 0.558\,1 \end{bmatrix} \begin{bmatrix} \ln Y_1(-1) \\ MP^U(-1) \\ MP(-1) \end{bmatrix} +
$$

$$
\begin{bmatrix} -0.205\,2 & 0.077\,8 & 0.282\,2 \\ -0.108\,6 & 0.147\,0 & 0.046\,9 \\ 0.021\,2 & -0.216\,1 & 0.209\,9 \end{bmatrix} \begin{bmatrix} \ln Y_1(-2) \\ MP^U(-2) \\ MP(-2) \end{bmatrix} + \begin{bmatrix} e_{1t} \\ e_{2t} \\ e_{3t} \end{bmatrix} \tag{7.17}
$$

$R_1^2 = 0.269\,3$，$R_2^2 = 0.517\,7$，$R_3^2 = 0.767\,1$

$$
\begin{bmatrix} \ln Y_2 \\ MP^U \\ MP \end{bmatrix} = \begin{bmatrix} 0.717\,0 \\ 2.336\,6 \\ -0.536\,8 \end{bmatrix} + \begin{bmatrix} 0.344\,2 & 0.007\,5 & 0.004\,8 \\ -0.052\,6 & 0.606\,4 & 0.234\,4 \\ -0.002\,3 & 0.034\,1 & 0.544\,3 \end{bmatrix} \begin{bmatrix} \ln Y_2(-1) \\ MP^U(-1) \\ MP(-1) \end{bmatrix} +
$$

$$
\begin{bmatrix} 0.593\,5 & -0.021\,5 & -0.002\,9 \\ -0.253\,8 & 0.158\,8 & 0.091\,9 \\ 0.134\,0 & -0.231\,6 & 0.172\,1 \end{bmatrix} \begin{bmatrix} \ln Y_2(-2) \\ MP^U(-2) \\ MP(-2) \end{bmatrix} + \begin{bmatrix} e_{1t} \\ e_{2t} \\ e_{3t} \end{bmatrix} \tag{7.18}
$$

$R_1^2 = 0.929\,8$，$R_2^2 = 0.523\,2$，$R_3^2 = 0.770\,3$

$$
\begin{bmatrix} \ln Y_3 \\ MP^U \\ MP \end{bmatrix} = \begin{bmatrix} 0.213\,3 \\ 1.190\,6 \\ -0.210\,1 \end{bmatrix} + \begin{bmatrix} 0.937\,0 & 0.005\,7 & 0.009\,4 \\ -0.482\,1 & 0.608\,3 & 0.228\,2 \\ 0.662\,6 & 0.038\,9 & 0.539\,9 \end{bmatrix} \begin{bmatrix} \ln Y_3(-1) \\ MP^U(-1) \\ MP(-1) \end{bmatrix} +
$$

$$
\begin{bmatrix} 0.046\ 1 & -0.005\ 6 & -0.006\ 9 \\ 0.294\ 2 & 0.149\ 8 & 0.059\ 5 \\ -0.565\ 8 & -0.232\ 8 & 0.184\ 7 \end{bmatrix} \begin{bmatrix} \ln Y_3(-2) \\ \mathrm{MP}^{\mathrm{U}}(-2) \\ \mathrm{MP}(-2) \end{bmatrix} + \begin{bmatrix} e_{1t} \\ e_{2t} \\ e_{3t} \end{bmatrix} \tag{7.19}
$$

$$R_1^2 = 0.996\ 8,\ R_2^2 = 0.515\ 6,\ R_3^2 = 0.770\ 2$$

从累积脉冲响应结果的稳定性出发，发现选取脉冲响应时滞为20期，此时 $\mathrm{LL}_t^{\mathrm{U}}$ 和 $\mathrm{LL}_t^{\mathrm{E}}$ 对第一产业的脉冲力度均接近于0[见图7.1(a)]；选取脉冲响应时滞为60期，此时 $\mathrm{LL}_t^{\mathrm{U}}$ 和 $\mathrm{LL}_t^{\mathrm{E}}$ 对第二产业的脉冲力度均接近于0[见图7.1(b)]；选取脉冲响应时滞为100期，此时 $\mathrm{LL}_t^{\mathrm{U}}$ 和 $\mathrm{LL}_t^{\mathrm{E}}$ 对第三产业的脉冲力度均接近于0[见图7.1(c)]。

从数据表现来看， $\mathrm{LL}_t^{\mathrm{U}}$ 和 $\mathrm{LL}_t^{\mathrm{E}}$ 对第一产业的累积脉冲响应力度分别为 -0.434 0和0.300 7， $\mathrm{LL}_t^{\mathrm{U}}$ 和 $\mathrm{LL}_t^{\mathrm{E}}$ 对第二产业的累积脉冲响应力度分别为 -0.193 4和 -0.152 0， $\mathrm{LL}_t^{\mathrm{U}}$ 和 $\mathrm{LL}_t^{\mathrm{E}}$ 对第三产业的累积脉冲响应力度分别为 -0.123 7和0.088 2。预期与非预期货币政策对三次产业累积脉冲响应力度的差异，表明我国货币政策确实存在产业效应。整体对比来看，不管是预期还是非预期货币政策，第一产业所受的影响力度最大，而第三产业所受影响力度最小。

进一步发现，7天期银行间同业拆借市场交易利率的非预期上升，均能降低三次产业的增长值，这符合经济理论。然而7天期银行间同业拆借市场交易利率的预期上升，同时提高了第一产业和第三产业的增长值，却只对第二产业的增长值有抑制作用，表明预期货币政策对第一产业和第三产业是无效的。可能的原因是以农、林、牧、渔业为主的第一产业，受国家政策照顾力度较大，同时农户对政策的预知能力较差，使得在既定的货币政策体系下，第一产业不会出现明显的波动；而以服务业为主的第三产业，一方面是受政策的影响较大，另一方面则是集聚了较多对政策更为理性和敏感的经济金融与政治人才，使得货币政策的预期波动在诸多理性经济人面前难以发挥有效的约束。这一结果同时也表明我国第二产业的货币政策效应更明显，针对第二产业展开细分行业的货币政策效应分析更有意义。

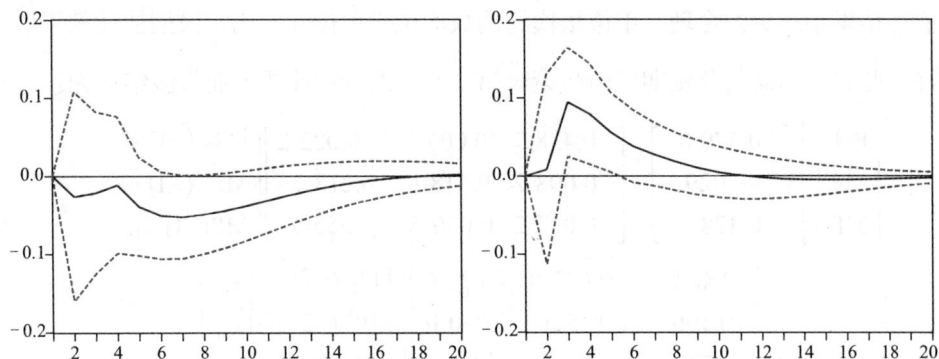

（a）预期与非预期利率对第一产业的脉冲响应

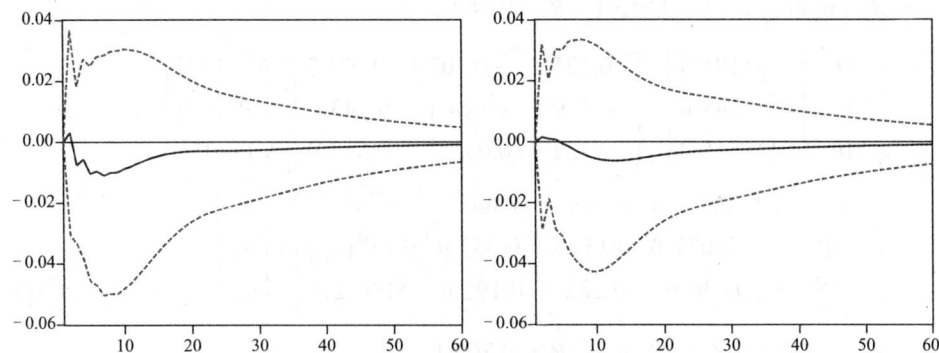

（b）预期与非预期利率对第二产业的脉冲响应

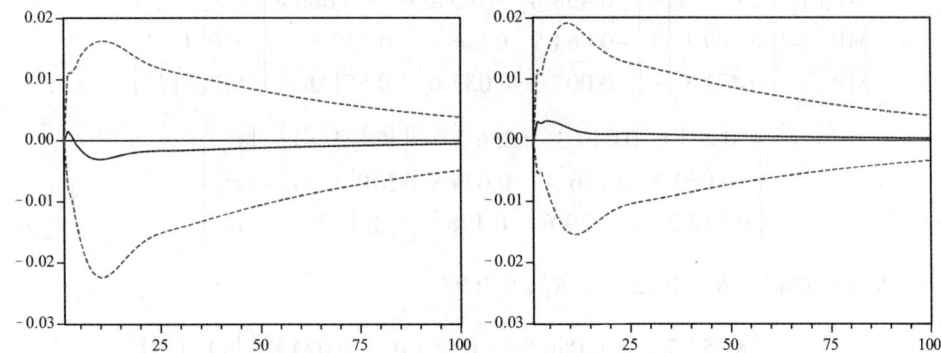

（c）预期与非预期利率对第三产业的脉冲响应

图7.1　预期与非预期利率对三次产业的脉冲响应

2. 第二产业细分行业的货币政策效应分析

对第二产业进行细分行业以后，发现在保留模型滞后二阶的前提下，VAR估计结果相对更为合理，单位根模的倒数均位于单位元以内，模型估计效果较好。此时，预期与非预期货币政策对第二产业细分行业的产业效应结果为：

$$
\begin{bmatrix} \ln Y_{21} \\ MP^U \\ MP \end{bmatrix} = \begin{bmatrix} 0.579\ 8 \\ -0.029\ 6 \\ 0.478\ 1 \end{bmatrix} + \begin{bmatrix} 0.438\ 7 & 0.006\ 3 & -0.022\ 2 \\ -0.008\ 2 & 0.618\ 1 & 0.218\ 7 \\ -0.022\ 2 & 0.030\ 5 & 0.555\ 3 \end{bmatrix} \begin{bmatrix} \ln Y_{21}(-1) \\ MP^U(-1) \\ MP(-1) \end{bmatrix} +
$$

$$
\begin{bmatrix} 0.484\ 9 & -0.057\ 9 & 0.035\ 0 \\ -0.106\ 9 & 0.145\ 0 & 0.060\ 0 \\ 0.072\ 2 & -0.226\ 9 & 0.181\ 0 \end{bmatrix} \begin{bmatrix} \ln Y_{21}(-2) \\ MP^U(-2) \\ MP(-2) \end{bmatrix} + \begin{bmatrix} e_{1t} \\ e_{2t} \\ e_{3t} \end{bmatrix} \tag{7.20}
$$

$R_1^2 = 0.863\ 5$，$R_2^2 = 0.515\ 1$，$R_3^2 = 0.769\ 1$

$$
\begin{bmatrix} \ln Y_{22} \\ MP^U \\ MP \end{bmatrix} = \begin{bmatrix} 6.181\ 8 \\ 0.748\ 0 \\ 0.555\ 0 \end{bmatrix} + \begin{bmatrix} 0.125\ 2 & -0.107\ 0 & 0.021\ 3 \\ -0.119\ 6 & 0.614\ 1 & 0.243\ 0 \\ -0.122\ 3 & 0.032\ 7 & 0.563\ 9 \end{bmatrix} \begin{bmatrix} \ln Y_{22}(-1) \\ MP^U(-1) \\ MP(-1) \end{bmatrix} +
$$

$$
\begin{bmatrix} -0.004\ 4 & 0.148\ 9 & 0.390\ 2 \\ -0.077\ 0 & 0.151\ 8 & 0.053\ 9 \\ 0.036\ 9 & -0.222\ 9 & 0.195\ 6 \end{bmatrix} \begin{bmatrix} \ln Y_{22}(-2) \\ MP^U(-2) \\ MP(-2) \end{bmatrix} + \begin{bmatrix} e_{1t} \\ e_{2t} \\ e_{3t} \end{bmatrix} \tag{7.21}
$$

$R_1^2 = 0.733\ 5$，$R_2^2 = 0.524\ 7$，$R_3^2 = 0.769\ 1$

$$
\begin{bmatrix} \ln Y_{23} \\ MP^U \\ MP \end{bmatrix} = \begin{bmatrix} 2.072\ 6 \\ 0.109\ 1 \\ 0.471\ 8 \end{bmatrix} + \begin{bmatrix} 0.458\ 0 & -0.040\ 6 & -0.066\ 8 \\ -0.064\ 9 & 0.608\ 1 & 0.239\ 3 \\ -0.002\ 3 & 0.035\ 0 & 0.551\ 0 \end{bmatrix} \begin{bmatrix} \ln Y_{23}(-1) \\ MP^U(-1) \\ MP(-1) \end{bmatrix} +
$$

$$
\begin{bmatrix} 0.221\ 6 & 0.049\ 3 & 0.256\ 3 \\ -0.059\ 5 & 0.156\ 4 & 0.074\ 9 \\ 0.047\ 2 & -0.229\ 6 & 0.178\ 0 \end{bmatrix} \begin{bmatrix} \ln Y_{23}(-2) \\ MP^U(-2) \\ MP(-2) \end{bmatrix} + \begin{bmatrix} e_{1t} \\ e_{2t} \\ e_{3t} \end{bmatrix} \tag{7.22}
$$

$R_1^2 = 0.624\ 7$，$R_2^2 = 0.523\ 0$，$R_3^2 = 0.769\ 9$

$$
\begin{bmatrix} \ln Y_{24} \\ MP^U \\ MP \end{bmatrix} = \begin{bmatrix} 8.352\ 7 \\ 0.609\ 5 \\ 0.742\ 7 \end{bmatrix} + \begin{bmatrix} 0.056\ 8 & -0.084\ 0 & -0.024\ 8 \\ -0.067\ 6 & 0.615\ 0 & 0.026\ 3 \\ -0.022\ 6 & 0.222\ 1 & 0.567\ 3 \end{bmatrix} \begin{bmatrix} \ln Y_{24}(-1) \\ MP^U(-1) \\ MP(-1) \end{bmatrix} +
$$

$$+\begin{bmatrix} -0.126\,6 & -0.074\,3 & 0.022\,0 \\ 0.083\,1 & 0.137\,8 & -0.214\,6 \\ 0.320\,6 & 0.026\,1 & 0.206\,5 \end{bmatrix}\begin{bmatrix} \ln Y_{24}(-2) \\ MP^U(-2) \\ MP(-2) \end{bmatrix}+\begin{bmatrix} e_{1t} \\ e_{2t} \\ e_{3t} \end{bmatrix} \quad (7.23)$$

$$R_1^2 = 0.105\,2,\ R_2^2 = 0.516\,3,\ R_3^2 = 0.767\,8$$

$$\begin{bmatrix} \ln Y_{25} \\ MP^U \\ MP \end{bmatrix}=\begin{bmatrix} 3.312\,5 \\ 0.272\,2 \\ 0.461\,4 \end{bmatrix}+\begin{bmatrix} 0.310\,3 & -0.080\,7 & 0.005\,4 \\ -0.035\,7 & 0.609\,2 & 0.032\,9 \\ 0.003\,9 & 0.241\,5 & 0.551\,9 \end{bmatrix}\begin{bmatrix} \ln Y_{25}(-1) \\ MP^U(-1) \\ MP(-1) \end{bmatrix}+$$

$$\begin{bmatrix} 0.170\,6 & -0.067\,7 & 0.039\,6 \\ 0.061\,7 & 0.154\,3 & -0.226\,3 \\ 0.305\,6 & 0.061\,9 & 0.187\,6 \end{bmatrix}\begin{bmatrix} \ln Y_{25}(-2) \\ MP^U(-2) \\ MP(-2) \end{bmatrix}+\begin{bmatrix} e_{1t} \\ e_{2t} \\ e_{3t} \end{bmatrix} \quad (7.24)$$

$$R_1^2 = 0.404\,2,\ R_2^2 = 0.523\,0,\ R_3^2 = 0.768\,9$$

$$\begin{bmatrix} \ln Y_{26} \\ MP^U \\ MP \end{bmatrix}=\begin{bmatrix} 3.249\,2 \\ 0.346\,9 \\ 0.436\,2 \end{bmatrix}+\begin{bmatrix} 0.376\,3 & -0.070\,3 & 0.004\,0 \\ -0.038\,9 & 0.608\,8 & 0.032\,5 \\ -0.014\,9 & 0.239\,5 & 0.551\,0 \end{bmatrix}\begin{bmatrix} \ln Y_{26}(-1) \\ MP^U(-1) \\ MP(-1) \end{bmatrix}+$$

$$\begin{bmatrix} 0.192\,6 & -0.067\,0 & 0.0380 \\ 0.050\,8 & 0.153\,6 & -0.2259 \\ 0.292\,3 & 0.066\,4 & 0.1874 \end{bmatrix}\begin{bmatrix} \ln Y_{26}(-2) \\ MP^U(-2) \\ MP(-2) \end{bmatrix}+\begin{bmatrix} e_{1t} \\ e_{2t} \\ e_{3t} \end{bmatrix} \quad (7.25)$$

$$R_1^2 = 0.486\,3,\ R_2^2 = 0.522\,6,\ R_3^2 = 0.768\,9$$

$$\begin{bmatrix} \ln Y_{27} \\ MP^U \\ MP \end{bmatrix}=\begin{bmatrix} 8.310\,0 \\ 0.716\,5 \\ 0.513\,7 \end{bmatrix}+\begin{bmatrix} -0.133\,8 & -0.111\,7 & -0.000\,7 \\ -0.095\,6 & 0.605\,3 & 0.031\,3 \\ 0.129\,7 & 0.246\,6 & 0.558\,6 \end{bmatrix}\begin{bmatrix} \ln Y_{27}(-1) \\ MP^U(-1) \\ MP(-1) \end{bmatrix}+$$

$$\begin{bmatrix} -0.152\,5 & -0.099\,0 & 0.034\,5 \\ 0.161\,2 & 0.157\,4 & -0.222\,0 \\ 0.476\,2 & 0.062\,1 & 0.195\,4 \end{bmatrix}\begin{bmatrix} \ln Y_{27}(-2) \\ MP^U(-2) \\ MP(-2) \end{bmatrix}+\begin{bmatrix} e_{1t} \\ e_{2t} \\ e_{3t} \end{bmatrix} \quad (7.26)$$

$$R_1^2 = 0.206\,4,\ R_2^2 = 0.526\,5,\ R_3^2 = 0.768\,2$$

从累积脉冲响应结果的稳定性出发，发现选取脉冲响应时滞为60期，此时 LL_t^U 和 LL_t^E 对技术密集型企业的脉冲力度均接近于0[见图7.2(a)] ；选取脉冲响应时滞为20期，此时 LL_t^U 和 LL_t^E 对中度资本技术密集型企业、中度劳动

技术密集型企业、资本密集型企业、中度资本密集型企业、劳动密集型企业和
资源采掘业的脉冲力度均接近于0[见图7.2(b)~图7.2(g)]。

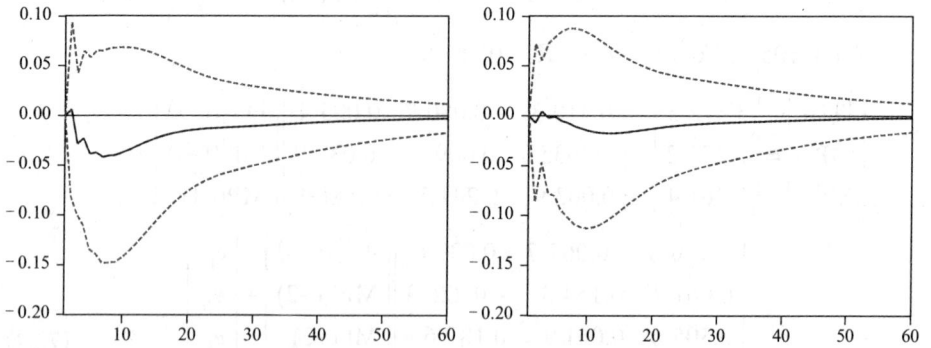

（a）预期与非预期利率对技术密集型的脉冲响应

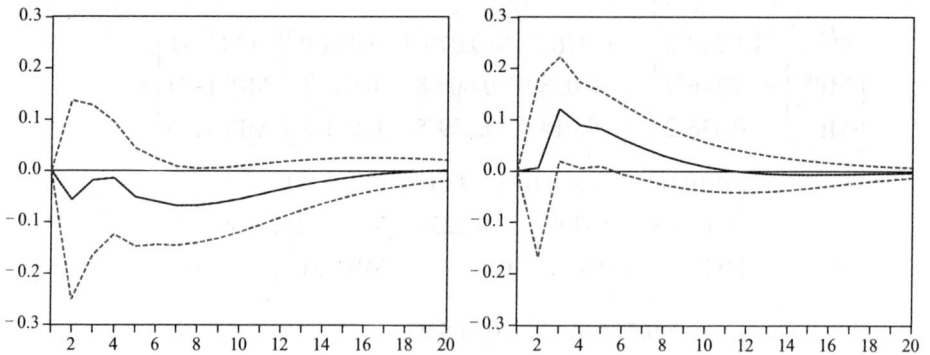

（b）预期与非预期利率对中度资本技术密集型的脉冲响应

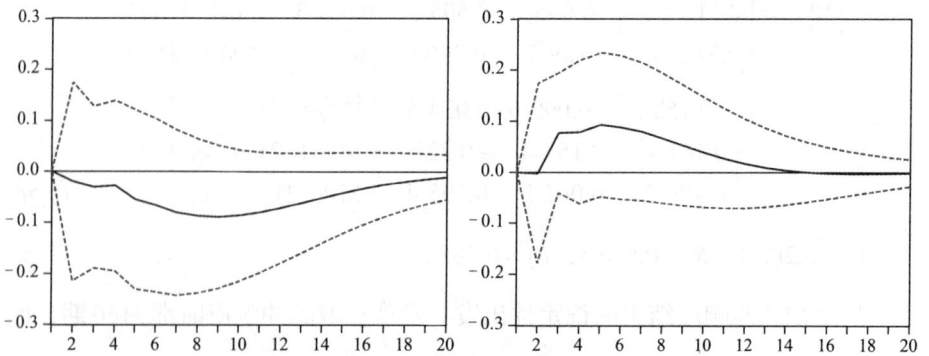

（c）预期与非预期利率对中度劳动技术密集型的脉冲响应

图7.2 预期与非预期利率对各行业的脉冲响应

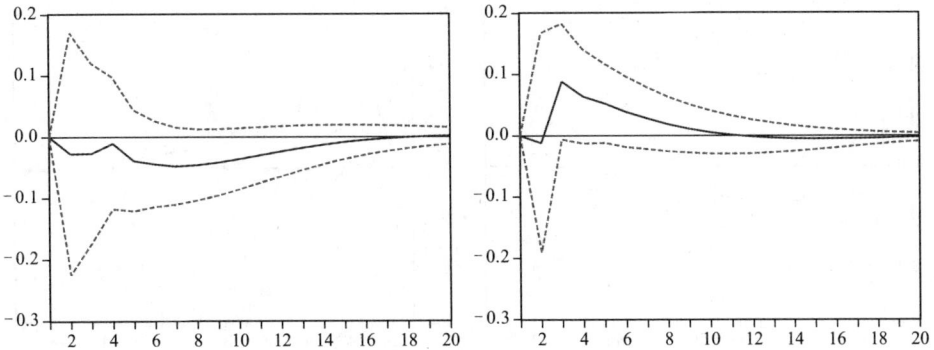

（d）预期与非预期利率对资本密集型的脉冲响应

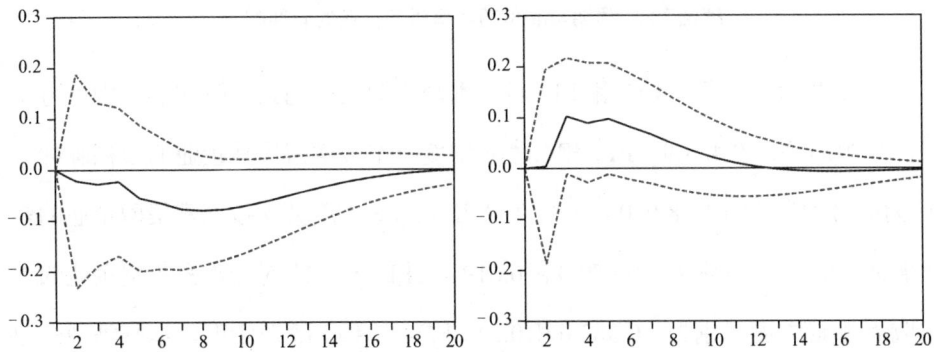

（e）预期与非预期利率对中度资本密集型的脉冲响应

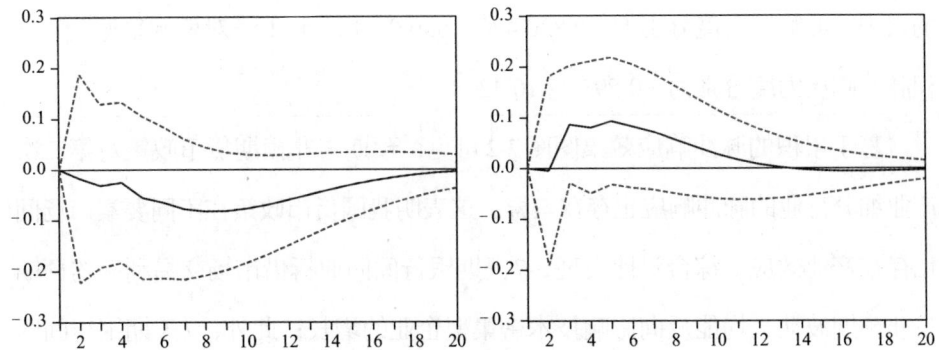

（f）预期与非预期利率对劳动密集型的脉冲响应

续图7.2　预期与非预期利率对各行业的脉冲响应

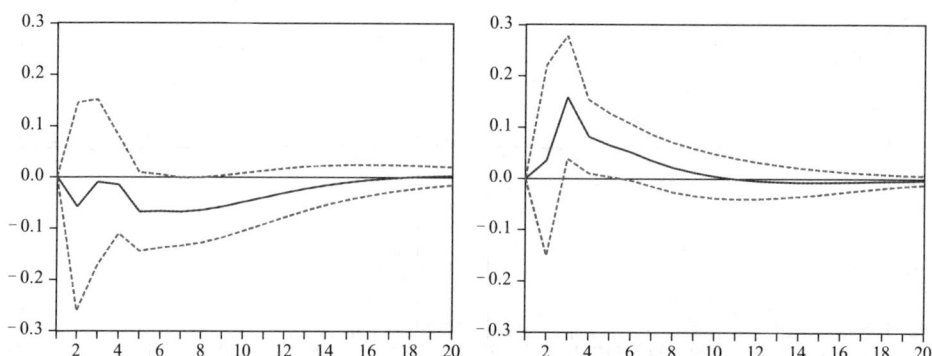

（g）预期与非预期利率对资源采掘业的脉冲响应

续图7.2　预期与非预期利率对各行业的脉冲响应

从数据表现来看，LL_t^U 和 LL_t^E 对技术密集型企业的累积脉冲响应力度分别为 −0.797 0 和 −0.423 9，LL_t^U 和 LL_t^E 对中度资本技术密集型企业的累积脉冲响应力度分别为 −0.615 8 和 0.423 3，LL_t^U 和 LL_t^E 对中度劳动技术密集型企业的累积脉冲响应力度分别为 −0.979 0 和 0.619 4，LL_t^U 和 LL_t^E 对资本密集型企业的累积脉冲响应力度分别为 −0.382 6 和 0.248 1，LL_t^U 和 LL_t^E 对中度资本密集型企业的累积脉冲响应力度分别为 −0.749 4 和 0.516 3，LL_t^U 和 LL_t^E 对劳动密集型企业的累积脉冲响应力度分别为 −0.820 4 和 0.530 0，LL_t^U 和 LL_t^E 对资源采掘业的累积脉冲响应力度分别为 −0.593 2 和 0.427 0。

基于累积的脉冲响应效果图图7-2可见，预期与非预期货币政策对第二次产业细分行业的脉冲响应也存在差异，这表明我国货币政策在不同要素市场间也存在产业效应。综合对比发现，7天期银行间同业拆借市场交易利率的预期与非预期波动，均能反向影响技术密集型企业的增长；此外，7天期银行间同业拆借市场交易利率的非预期波动，对于其他要素特征的企业也具有反向作用，然而这种预期波动却正向影响着其他要素特征的企业。

四、本章小结

通过对货币政策产业效应的概念界定，探讨了预期与非预期货币产业效应研究的必要性，基于这种产业效应的形成原因，本章设计了预期与非预期货币政策产业效应研究的评估方法，通过实证分析得到如下结论：

(1)对我国三次产业展开货币政策效应分析，发现预期与非预期货币政策的产业效应是存在的。具体表现为，非预期的货币政策均能显著影响三次产业，但预期的货币政策只对第二产业存在影响效应，对第一产业和第三产业是无效的。

(2)对我国第二产业细分行业进行货币政策效应分析，发现预期与非预期货币政策在不同要素密集型企业之间，也存在显著的影响差异。进一步发现，非预期货币政策对各细分行业的影响均显著，但货币政策的预期波动会对技术密集型企业产生有效的约束效果，而对中度资本技术密集型企业、中度劳动技术密集型企业、资本密集型企业、中度资本密集型企业、劳动密集型企业和资源采掘业的影响则不显著。

(3)不管是分三次产业还是对第二产业进行细分行业的分析，非预期货币政策的效应都是十分显著有效的，但影响力度存在差异，然而预期货币政策对部分产业或行业的影响则显示出无效的特征，由此说明，货币政策主要是由非预期部分发挥产业效应，预期货币政策的执行效力则视具体产业或行业而定，这也可以解释近年来理论界和实务界关于货币政策存在有效性争议的根源。

第八章　提升预期与非预期货币政策
执行效率的政策研究

从本书的实证结果来看，我国货币政策执行效率整体偏低，且在不同区域、不同产业间存在明显的差异性，在纳入理性预期假说以后，这种特征仍然明显。为进一步推进预期与非预期货币政策的执行效果，本书从三个方面提出有效的政策建议。

一、对货币政策执行效果的认识应当从预期与非预期视角展开

我国货币政策执行效果整体偏低，但从预期与非预期视角展开分析发现，非预期货币政策效应的敏感性更强。因此，从预期与非预期视角分析货币政策执行效率，既能对货币政策形成准确认识，亦能为提高货币政策执行效率提供支持。

（一）加强市场有效主体的识别与监管

我国人口向东部沿海和内陆主要城市的集聚，使得金融体系在发达地区也呈现得更为完善，发达地区经济主体的金融意识、金融理念、金融行为都更

有优势，从而对经济形势的把握和货币政策的预估能有更清晰的认识，这使得发达地区的"理性经济人"数量更多、特征更明显。

不同理性的经济人对市场有着不同的预期，对中国人民银行下达的货币政策也有不同敏锐度和执行力。正因如此，加强对市场有效主体的识别与监管，首先要能对市场参与主体的"理性经济人"特征进行充分识别和检验。通过准确识别不同区域经济金融市场的有效程度，寻找不同市场理性参与主体的规模和比例，并依据其对政策信息的捕捉能力、投资规律和风险防范水平等方面辩证看待市场参与主体的理性行为，在此基础上，方能针对不同理性水平的市场提出有差异性的以预期或非预期为主的货币政策。

其次，进一步提高市场参与主体的"理性经济人"特征。"理性经济人"的特征越明显，投资主体越能采用相同的分析方法得出一致的结论，从而减少对市场的预测误差，降低投资的盲目性，促使经济指标向均衡状态回归。因此，一方面应当加强投资主体金融意识的培养，强化其金融投资的安全理念，规范其金融投资行为，使其喜好金融投资但又不盲目行为；另一方面需要建立完善的信用体系，营造良好的市场环境，保障经济主体投资行为的合法与安全。

最后，在"理性经济人"为主的市场中，实行非预期为主、预期为辅的货币政策模式，给予"理性经济人"对经济环境和政策一定水平的估计，但非预期为主的货币政策操作模式能对市场采取更灵活的应对机制，从而发挥中国人民银行在制定货币政策方面的主动性；在非"理性经济人"为主的市场中，实行预期为主、非预期为辅的货币政策模式，主要采取更多的固定规则型货币政策，一方面可以让市场主体更便捷地遵循政策指引，另一方面也可以降低央行操作货币政策的难度，提高货币政策的执行效率。

（二）同时提高预期与非预期货币政策执行效率

从本书的理论推导发现，预期与非预期货币政策均能影响经济产出和通货膨胀，多角度的实证结论也证实了预期与非预期货币政策均是有效的，因而设法同时提高预期与非预期货币政策执行效率，既能作为货币政策有效性的依据，也能为央行执行货币政策提供更多的选择，具体表现在两个方面。

（1）坚持可预期货币政策的有效性地位。非预期货币政策的有效性已经在学术界得到普遍认可，但预期货币政策的有效性则在本书的研究当中也得到了肯定。因此，中国人民银行在推行灵活调整的相机抉择货币政策时，也可提前释放信号，在计划时期内，适当提出稳定且可预期的货币政策操作方案，通过固定调整存款准备金率、再贷款利率和再贴现业务等，使投资者和资金借贷者能稳定投资预期，提高投资积极性，从而防止经济出现剧烈波动。

（2）同时实施预期与非预期的货币政策组合模式。国内外的经验都表明，货币政策的实施从来都不是单一的，而是在不同模式的组合下共同发挥作用。因此，一方面应当充分发挥中央银行在货币政策制定方面的主动性，相机选择货币政策执行模式，并依据宏观经济目标进行灵活调整，以此增强非预期货币政策的执行效率；另一方面则可以公告方式透露特定时期所执行的固定规则型货币政策，这样的"告示效应"有助于稳定投资主体和市场，推进经济发展的平稳化，由此实现货币政策的最终目标。

二、重点疏通货币政策操作工具到中介变量之间的传导路径

基于第四章的研究结论可以发现，不管是基于预期视角还是非预期视角，我国货币政策第一阶段传导效率相对最低，因而优先扫清货币政策操作工具到中介目标之间的传导障碍，对于提高货币政策第一阶段传导效率乃至综合传导效率都具有重要的意义。

（一）探究合适的货币政策中介变量

早期的货币政策中介目标主要选取的是利率，并且一直持续到20世纪70年代，直至全球经济出现严重的滞胀现象，货币政策决策机构才将货币政策中介目标的选取重心向货币供应量倾斜。然而进入20世纪80年代以后，采用货币供应量调控通货膨胀虽然取得了较好的效果，却加剧了经济的困难，这在诸多国家也得到了证实，因而货币供应量作为货币政策中介目标的功能也开始受到怀疑。

中国人民银行从1996年开始正式提出将货币供应量视作货币政策的中介目标，拟通过把握货币供应量的变动情况来反映货币政策的执行效果。然而正如前文所述，货币供应量不适宜作为我国货币政策中介目标的观点大有存在，相对而言，利率的作用更为明显。但同样也有人认为，我国的利率市场化机制虽然还不完善，但已经成为不可逆转的趋势，一旦这种机制趋于成熟，利率的波动就完全取决于货币的供需博弈，而难以成为央行的控制对象，这意味着利率作为货币政策中介目标的代理指标也不太现实。

迄今为止，国际上尚未提出更有效的货币政策中介目标，而国内关于货币供应量和利率孰能作为货币政策中介目标的争论也仍在继续。如何有效解决这一国际性难题，更好地选择合适的货币政策中介目标，需要对以货币供应量和利率为代表的现有经济指标进行功能与价值分析，判断它们是否满足中介目标所提出的要求，但基于实际情况得到的检验结果却是比较模糊的。

根据西方货币理论学派的观点，设定中介目标的主要目的主要有两个：其一，解决货币政策固有的时滞性和动态性缺陷，即通过观察一些及时反映宏观经济运行状态的指标的变动情况，来迅速发现货币政策的执行效果；其二，制止货币政策执行当局的机会主义行为，即通过给货币当局施加一项约束指标，以方便其行为受到外界较好的监督。然而第二个目标往往较为隐蔽，也是难于控制的，这正是货币供应量和利率始终难以胜任货币政策中介目标大任的重要原因。不幸的是，第一个目标反映的只是中介变量的功能，它是由多个经济变量合成而来，主要是为货币政策最终目标的变动提供先验信息，而缺乏对货币当局的约束，因而没有受到重视。

事实上，不管是相机型还是规则型的货币政策，都在不同的经济阶段发挥过重要的价值，而央行制定货币政策的出发点还是基于经济现实的考虑，目的是让经济恢复预期，实现平稳发展。因此，在货币供应量和利率之外，可以尝试探索和设计一种新型可用的货币政策中介变量，将其视为货币政策指示器的新指标，这能为货币当局监控货币政策执行效果提供参考依据，既能准确预测最终目标的变动，亦能成为操作工具的灵敏指针，将成为疏通货币政策传导渠道、提高货币政策执行效率的重要方向。

新型的货币政策中介变量一方面有助于形成比较完整的货币政策的理论和方法体系，有助于对该问题形成科学、系统性的认识，对于合理解决货币政策理论缺陷，提高应对经济波动的执行力度，缩短货币政策时滞，增强货币政策执行效果，也是大有裨益的。另一方面，新探索的货币政策中介目标是对已有货币政策的补充，它从更广义的视角考察新变量与宏观经济的关联，尽可能全面地提供与货币政策有关的经济信息，从而为货币当局制定货币政策、监控货币政策执行效果提供了更多的分析依据，丰富了货币政策的研究内容。因此，对于决策部门来说，可以通过观测敏感性经济指标的波动特征，及时判断宏观经济与金融的走势，由此分析货币政策是否起到了预期的效果，进一步为最佳的货币政策模式的选择提供合理依据，也为货币当局调整货币政策的方向和力度提供有力支撑。

（二）缩短货币政策第一阶段传导时滞

提高货币政策传导效率，一方面是要强化货币政策操作工具的敏感性，另一方面则需缩短货币政策传导时滞。前一方面主要涉及对货币政策操作工具的甄选，这需要在不同的制度背景下，开展各种货币政策操作工具的优劣性比较和适用性评估；后一方面则主要是设法对第一阶段传导时滞进行缩减，即缩短货币政策操作工具至中介目标之间的时间。

我国历次调控经济发展所采用的货币政策操作工具都不完全一致，这是因为评估和比较货币政策操作工具的适用性，受到特定经济环境和制度背景的约束，这为甄选货币政策操作工具提供了依据。相对而言，如果经济处于景气阶段，商业银行提高市场信贷规模是有利可图的，此时将会尽可能降低超额存款准备金至法定存款准备金规模，因而当实施提高存款准备金率的紧缩货币政策时，对经济的影响将较为迅速。如果市场健全和有效，且市场上具有丰富的证券品种，中央银行又具有干预和控制金融市场的实力，那么货币当局可以考虑采用公开市场业务和存款准备金相结合的操作方式，这样中央银行可以自由行使货币政策操作方案，其效果也能迅速得到传递。如果商业银行的自主选择性不足，那么实施再贷款政策或再贴现政策，都将使得货币政策操作工具变得更为敏感，继而提高货币政策的执行效率。如果市场参与主体并非严格意义上的理性经济人，那么中央银行实施非预期的货币政策将比实施预期的货币政策更具效果。

第一阶段传导时滞的长短主要取决于履行货币政策的地方金融机构和其他微观金融主体的积极性，以及各商业银行存贷款业务对货币政策调节的反应方面。由此，加强地方金融体系建设，改善金融市场环境，提高金融主体的参与活力，对于央行推出的货币政策能准确、及时落实到地方金融市场具有重要的意义。正因如此，一方面需要改善市场的投融资环境，提高地方微观经济金融主体的市场参与度，以确保货币政策操作工具变动的信息能尽快传递到中介目标；另一方面则要减少政策约束，充分发挥银行业、保险业、证券业等金融机构的创新意识，并对微观金融主体展开政策培训，从而提高地方金融机构对中央银行货币政策的敏感度，加快对政策的识别速度和贯彻能力。

三、针对不同区域、不同产业开展有差异化的货币政策

从第六章和第七章的研究结果来看，以信贷额表征的货币政策在我国东部、中部、西部三大区域间的政策效果存在明显的差异，以利率为表征的货币政策在产业间的差异也十分明显，因而实施有区域差异化和产业差异化的货币政策显得尤为重要。

（一）推行有差异化的货币政策操作工具

我国当前可供选择的货币政策操作工具类型有很多，不同操作工具的实施效果并不统一，尤其在各区域金融体系存在较大差异的背景下，推行有差异化的货币政策操作工具尤为重要。

1. 实行有差异化的再贴现政策

再贴现政策是许多国家中央银行最早拥有的货币政策操作工具，通过调整再贴现率和转让票据，有助于金融机构缓解资金短缺压力，增加市场货币供应量。因此，针对不同区域和不同产业开展有差异化的再贴现政策，可以收缩货币供给过剩地区和产业的信贷供给，提高资金紧缺地区和产业的信贷供给。中国人民银行目前已经对各区域和相关产业的票据开展了一些贴现政策，但仍然存在一些不全面、不细致的短板，可以进一步对不同到期期限、不同合约规模、不同业务品种的票据开展贴现业务，以此丰富再贴现手段。

2. 实施有差异化的存款准备金率

存款准备金率对于调节地区和产业资金流动性具有重大意义，改变不同区域和产业间存款准备金的缴存方向和比例，可以有针对性的补充中西部地区和不同特征产业经济发展所需的资金。具体表现为：在同一时期，针对经济条件较好的地区，如果存在金融机构信贷供给充足和市场流动性过剩等现象，则可以适度上调存款准备金率来紧缩银根；针对经济调节较差的地区，如果存在金融机构信贷供给乏力和市场流动性不足等现象，则可以采取相反的操作，通过适度下调存款准备金率来释放银根。当前我国已经在逐步试行差别化的存款准备金率政策，并已取得较大的成效，但建设区域差异化和产业差异化的货币政策实施方案依旧任重道远。

3. 实施差别化的再贷款政策

不同经济发展水平和金融制度的地区，存款性金融机构在配置社会闲散资金方面存在先天性的差异，落后地区将因为难以从银行获得充足贷款而使得企业投资受阻，这表现为产业融资的差异化。各地区主导产业受限，将严重降低地区经济增长活力，进一步影响社会资金的融通功能，由此实现恶性循环。正因如此，实施有差别化的再贷款政策，一是需要综合各区域的城乡人口比、消费结构与收支比等多项因素，适当调整再贷款的时限、可获得人群，进行局部调控，合理向欠发达地区倾斜，做到再贷款的充分利用；二是要结合各区域产业的产出增长值和增长率、各产业对生产总值的贡献程度，适度调整再贷款的针对产业，实施有差异化的产业间再贷款政策，促使资金向新兴产业、朝阳产业、优质产业、重点扶持产业等倾斜，做到再贷款政策的精细化管理；三是加大对中西部地区的再贷款优惠力度，降低落后地区中小金融机构的融资成本，提高资金投放效率，优化资金流向，实现信贷配给的安全化、高效化。

（二）实施有差异化的货币政策操作模式

本书多方面的实证结果均证实我国预期与非预期货币政策均是有效的，但其效应具有不同的时域、区域和产业特征。我国幅员辽阔，区域间经济环境和金融体系的差异性较大，产业间资金需求与融通能力的差异性也较大，市场参与主体的理性水平和预期能力也不甚一致，货币政策调控必须考虑自然结构与经济结构所造就的空间异质性，以及有效市场差异和理性水平差异的产业异质性。因而针对不同区域和产业开展有差异化的货币政策操作模式，对于缩小区域和产业间经济金融差异、推动区域和产业间协调发展，具有重要的战略意义。

1. 适度下放货币政策的制定权

在央行统一的货币政策方针下，允许地方监管当局依据各地区和产业的实际情况，适度调整货币政策执行模式和力度，给予地方部分规划和制定货币政策的权力，以缓解货币政策的区域异质性效应。因此，一方面，需要中国人民银行积极展开信贷营销，给予地方人民银行和银保监局更多的权利，减少对地方存款性商业银行的融资和贷款约束；另一方面，鼓励地方金融机构多渠道创新金融衍生产品，合理扩充贷款品种，使信贷范围逐步扩大，信贷频率逐步提高，信贷规模逐步增加，通过信贷产品类别、产品利率和还贷途径的多样化建设，丰富区域货币政策的手段和方式。

2. 针对不同区域和产业有选择性地实施预期与非预期方案

市场活力不充分的地区，以及对资金需求活力欠缺的产业，对货币政策的敏感性较差，政策的执行效率也相对更低，因而利用经济水平不一致地区和要素密集差异性产业对货币政策敏感差异化这一特性进行定向调控，针对东部、中部、西部三大地区以及不同要素密集企业选择与其经济发展水平、金融发展速度、市场完善程度相适应的货币政策执行方式，通过不统一地实施相机抉择型和固定规则型货币政策，有助于加大对经济落后地区和弱资本密集产业的政策调控，从而实现各区域和产业的协调稳定发展。

3. 针对不同区域和产业开展有差异的货币政策组合模式

单一的货币政策工具难以满足现有经济调控的要求，因而中央银行往往采取组合拳的模式来实施货币政策，通过同时调整存款准备金率、再贷款、再贴现、公开市场操作、窗口指导等方案，力促经济发展和物价水平朝着预期目标前进。因此，制定各区域和产业差异化的货币政策不仅表现为调整方向、时机和力度等方面不一样，也可尝试采取各有特色的多样化执行方案，通过不同预期与非预期操作工具的多元组合，实现经济平稳健康发展。

（三）协调各地区的金融体系建设

我国各省市之间存在严重的经济结构失衡，一个重要的原因在于地区间金融发展与深化的差异过大，这也是货币政策存在区域效应的重要原因之一。从我国地区间的金融发展来看，主要表现为中、西部地区金融机构相对较少、金融规模相对较低、金融结构相对落后，这些地区的资金融通和信贷配给主要依赖于大型国有商业银行，中小商业银行、非银行存款性金融机构以及民间融资渠道，都未能得到有效发展，这对中、西部地区的企业融资需求以及整个金融体系的抗风险能力都是不利的。相比较而言，东部地区则存在大量的投融资机构，金融机构吸收储蓄能力非常强，企业融资速度也较为顺畅，社会资金流动充足，一些机构的信贷存在过足的情况。正因如此，完善中、西部地区的金融体系，并将东部地区过剩的资金引入中、西部地区，可起到有效协调各地区金融体系建设的作用，具体来说有两条途径。

(1)深化中、西部地区金融体制改革，优化欠发达地区的金融结构、促进产业升级，把握好市场流动性这个总闸门，减少投融资审批程序，将信贷资金这把"刀"更好地用在三农和中小企业的"刀刃"上，以提高货币资金的利用效率，从而弱化货币政策执行效果的区域差异。主要是依托西部大开发政策和中部地区崛起战略，在"乡村振兴"背景下，结合欠发达地区经济金融发展特点和要素禀赋，选择恰当的生产模式，使得金融服务业更好地作用于农业，实现产业间的融合发展；在"精准扶贫"背景下，摸清欠发达地区的金融发展现状，寻找金融发展受限因素，剖析金融发展推进机制，通过开展金融下乡等宣传教育活动，提高大众的投融资安全意识，营造良好的信用环境，并基于大数据技术采集和建立完善的居民征信档案，通过专项整治和定规立制严惩失信者。

(2)完善欠发达地区政策性金融扶持体系。逐利性的存在使得社会资本更倾向于流入经济金融发达地区，这种规律已经难以通过市场自身调节而改变，此时政府应当在行使"看得见的手"的职能的同时，通过推行一些政策性金融方案，引导资金流向欠发达地区。包括充分发挥国家开发银行和中国农业发展银行等政策性银行对中西部地区农业农村、小微企业及公共设施项目的信贷支持作用；地方政府牵头中国人民银行相关分支行、银保监局、财政局等多部门，共同探索开发政策性保险、担保、基金等多元化的政策性金融机构，将其政策扶持的方向重点调向商业银行无力或不愿参与的长期投融资项目，增强对三农和中小企业的金融支持力度。

结　论

长期存在的时滞效应、区域效应和产业效应等问题，降低了货币政策的有效性，使得近年来各界关于货币政策无效论的呼声逐渐升高。事实上，西方各国已经有过运用货币政策成功调控宏观经济目标的案例，我国自 1984 年开始执行真正意义上的货币政策以来，也取得了一些好的效果。但随着投资主体的渐趋理性以及市场活力的逐渐提升，一些市场参与者并未盲目服从货币政策的安排，而是依据自身利益最大化的目标来选择性地行使货币政策，由此给货币政策执行效果打了折扣。正因如此，在信息技术迅猛发展、金融市场日新月异的背景下，考虑投资主体的理性预期，将有助于对货币政策执行效果形成理性判断，同时也将为货币政策执行效率的提高奠定基础。

本书通过梳理学术界关于预期与非预期货币政策的研究成果，结合我国预期与非预期货币政策执行历程以及西方主流学派对预期假说的观点，总结已有学者对预期与非预期货币政策作用机理的认识，重点探讨预期与非预期货币政策操作模式对最终目标的影响机理与结果。得出的主要结论如下：

第一，首先从产品市场均衡视角出发，寻找产出与物价的内在关联；然后从货币政策需求与交易方程视角出发，探索利率对货币需求量的影响机理；接下来从 GDP 支出法视角出发，分析利率对产出的冲击；最后通过引入适应性预期假说，研究预期与非预期利率对产出波动和物价的影响机理。理论研究发现，预期与非预期货币政策均能对 GDP 和通货膨胀产生影响，这意味着预期与非预期货币政策均是有效的。

第二，采用计量模型法，基于经济增长因素、通货膨胀因素、国际标准利率因素以及货币供需缺口因素等出发，设计货币政策预期与非预期成分的分解模型。结果发现：

(1) 长期来看，货币政策中的预期成分占比较大，达到 0.801；进一步对比发现，受全球金融危机影响期间，我国货币政策的整体预期效果非常低。

(2) 非预期货币政策对经济的干预作用要强于预期的货币政策，表明我国宏观经济目标的实现，主要取决于未预期到的货币政策的变动。

(3) 预期与非预期货币政策对通货膨胀的调节效果要强于对 GDP 的调节作用，因而货币政策更适合作为通货膨胀的调控工具。

第三，综合来看，不管是预期还是非预期视角，我国货币政策第一阶段传导效率偏低，短期内的第二阶段传导效率较高。进一步发现，货币政策三类传导效率的均值之间存在如下关系：最终传导效率最低，第一阶段和第二阶段的传导效率则基于中介变量的差异而有所不同，这说明优先扫清货币政策操作工具到中介目标之间的传导障碍，对于提高货币政策第一阶段传导效率乃至综合传导效率都具有重要的意义。

第四，不管是非预期的货币政策还是预期到的货币政策，对最终目标的影响时滞相对较短。从长期来看，两种形式的货币政策均有效，且非预期货币政策操作利率的上升将使得经济产出出现下滑的迹象，这反映出紧缩型货币政策的经济降温功能。从短期来看，非预期货币政策对最终目标则具有积极的影响效应，而预期货币政策无效。对比发现，货币政策调节 GDP 的能力相对较弱，而对 CPI 的调节更为敏感，但在考虑时滞影响的前提下，我国货币政策能否有效调节宏观经济指标，主要取决于预期货币政策的作用，非预期货币政策的动态时滞效应较为迟钝。

第五，预期与非预期货币政策在各区域均是有效的，这表明货币政策仍然是我国有效的宏观经济调控工具之一。进一步发现，理性预期降低了货币政策的执行效果，采取相机抉择型货币政策能够在调控货币政策最终目标方面发挥更好的作用。研究还发现，预期货币政策与非预期货币政策存在明显的区域效应，因而中国人民银行实施有区域差异化的货币政策，更能有效地调控宏观经济目标。

第六，预期与非预期货币政策在三次产业之间存在明显的产业效应，表现为非预期的货币政策能显著影响三大产业，但预期的货币政策只对第二产业存在影响效应，对第一产业和第三产业是无效的。从第二产业细分行业的展开来看，预期与非预期货币政策在不同要素密集型企业之间，也存在显著的影响差异。进一步发现，非预期货币政策对各细分行业的影响均显著，但货币政策的预期波动会对技术密集型企业产生有效的约束效果，而对其他要素密集型企业的影响则不显著。这一结论可对于解释近年来理论界和实务界关于货币政策存在有效性争议提供有力的佐证，同时也可以对货币政策的实施效果或执行效率提供更客观的认识。

参考文献

[1] 李永友，丛树海．我国财政政策时滞的测算与分析——兼论我国财政货币政策在宏观调控中的相对重要性 [J]．统计研究，2006（10）：59-63．

[2] 王铭利．影子银行、信贷传导与货币政策有效性——一个基于微观视角的研究 [J]．中国软科学，2015（4）：173-182．

[3] LOCAS R E Jr. Some international evidence on output-inflation tradeoffs[J]. The American economic review, 1973, 63(3):326-334.

[4] BARRO R J. Unanticipated money growth and unemployment in the United States[J]. The American economic review, 1977, 67(2):101-115.

[5] BARRO R J. Unanticipated money, output, and the price level in the United States[J]. Journal of political economy, 1978, 86(4):549-580.

[6] BRUNNERMEIER M K, SANNIKOV Y. A macroeconomic model with a financial sector[J]. American economic review, 2014, 104(2):379-421.

[7] CARVALHO C, NECHIO F. Monetary policy and real exchange rate dynamics in sticky-price models[R]. SSRN working paper, 2015, No. 2461535.

[8] LARGARDE C. The case for a global policy upgrade[J]. Farewell symposium for christian noyer, 2016.

[9] 刘凌，方艳.货币冲击下国际油价与我国经济波动的动态相关性分析 [J].
上海经济研究，2014（8）: 42-49.

[10] 丁志帆.预期到的货币政策具有实际效应吗？ —— 基于动态随机一般均
衡模型的数值模拟分析 [J].投资研究，2015，34（12）: 20-38.

[11] 张夏.美国非预期货币政策冲击对我国的影响 [J].财经科学，2017（8）:
12-22.

[12] SMALL D H. Unanticipated money growth and unemployment in the United
States: comment[J]. The American economic review, 1979, 69(5):996-1003.

[13] MISHKIN F S. Does anticipated monetary policy matter? An econometric
investigation[J]. Journal of political economy, 1982, 90(1):22-51.

[14] MISHIKIN F S. Monetary policy strategy: lesson from the crisis[R]. Prepared
of the ECB central banking conference, Frankfurt, 2011, Nov, 18-19.

[15] 王曦，王茜，陈中飞.货币政策预期与通货膨胀管理 —— 基于消息冲击
的 DSGE 分析 [J].经济研究，2016（2）: 16-29.

[16] 张思成，党超.基于双预期的前瞻性货币政策反应机制 [J].金融研究，
2017（9）: 1-17.

[17] 张炜.预期、货币政策与房地产泡沫 —— 来自省际房地产市场的经验验
证 [J].中央财经大学学报，2017（8）: 77-90.

[18] HANNOUN H. Ultra-low or negative interest rates: what they mean for financial
stability and growth[R]. BIS, speech at the Eurofi High-Level Seminar, Riga, 22
April 2015.

[19] BECH M, MALKHOZOV A. How have central banks implemented negative
policy rates?[J]. BIS quarterly review, 2016(3):31-44.

[20] FISCHER S. Monetary policy, financial stability, and the zero lower bound,

seech at the annual meeting of the American Economic Association[R]. San Francisco, California, 2016(1).

[21] BERNANKE B. What tools does the Fed have left? Part 1: negative interest rates[R]. Blog at the Brookings Institution, 2016(3).

[22] BARRO B J. Unanticipated money growth and unemployment in the United States: reply[J]. The American economic review, 1979, 69(5):1004-1009.

[23] BARRO B J, RUSH M. Unanticipated money and economic activity, rational expectations and economic policy[M]. University of Chicago Press, 1980.

[24] BERNANKE B S, GERTLER M, WATSON M, et al. Systematic monetary policy and the effects of oil price shocks[M]. Brookings papers on economic activity, 1997(1):91-157.

[25] JHA R, DONDE K. The real effects of anticipated and unanticipated money: a test of the Barro proposition in the Indian context[J]. Indian economic journal, 2001(65):1-25.

[26] GOTTSCHALK J, HIPPNER F. Measuring the effects of monetary policy in the Euro Area: the role of anticipated policy[P]. Bonn econ discussion papers, 2001(8):1-31.

[27] 肖卫国, 刘杰. 可预期与不可预期货币政策时滞的实证测度 [J]. 统计研究, 2013, 30（12）: 64-68.

[28] FUNKE M, SHU C, CHENG X, et al. Assessing the CNH-CNY pricing differential: role of fundamentals, contagion and policy[J]. Journal of international money and finance, 2015, 37(6): 245-262.

[29] HLASNY V. Unanticipated money growth and GDP: evidence from Korea[J]. Working papers series, 2012(4):1-18.

[30] Òscar Jordà, SALYER K D. The response of term rates to monetary policy uncertainty[J]. Review of economic dynamics, 2003(6):941-962.

[31] MILANI F, TREADWELL J. The effects of monetary policy "news" and "surprises"[J]. Journal of money, credit and banking, 2012, 44(8):1667-1692.

[32] COVER J P. Asymmetric effects of positive and negative money-supply shocks [J]. The quarterly journal of economic, 1992, 107(4):1261-1282.

[33] MORGAN D P. Asymmetric effects of monetary policy[J]. Economic review, 1993, 78(2):21-34.

[34] MASIH A M M. Does only unanticipated monetary growth matter? An econometric investigation of ten Asian countries[J]. IDEAS working papers, 2006, 8(4):537-549.

[35] LIU J, PANG C. Evidence on the effects of money growth on inflation with regime switching[J]. China & world economy, 2011, 19(6):19-36.

[36] NGUYEN V H T, BOATENG A. An analysis of involuntary excess,reserves, monetary policy and risk-taking behaviour of Chinese banks[J]. International review of financial analysis, 2015(37):63-72.

[37] OZSUCA E A, AKBOSTANCL E. An empirical analysis of the risk-taking channel of monetary policy in Turkey[J]. Emerging markets finance and trade, 2016, 52(3):589-609.

[38] 隋建利, 刘金全. 中美两国货币增长不确定性与经济周期联动机制的差异性分析 [J]. 国际金融研究, 2011 (7): 11-21.

[39] 杜萌. 非预期货币政策, 价格波动与实际产出 [J]. 管理评论, 2013 (9): 78-85.

[40] 李媛, 谢凤敏. 影子银行体系下货币政策传导 "渗漏" 与 "扭曲" 效应研

究 [J]. 财经问题研究，2014（5）：28-32.

[41] 郭晔，黄振，王蕴. 未预期货币政策与企业债券信用利差 —— 基于固浮利差分解的研究 [J]. 金融研究，2016（6）：67-80.

[42] 陈日清. 中国货币政策对房地产市场的非对称效应 [J]. 统计研究，2014，31（6）：33-41.

[43] 尚玉皇，刘璐璐，赵洋. 未预期货币政策冲击对股票价格的非对称性影响 [J]. 金融理论与实践，2017（2）：25-31.

[44] REID M. Inflation expectations of the inattentive general public[J]. Economic modelling, 2015(46):157-166.

[45] 王少林，林建浩，李仲达. 中国货币政策透明化的宏观经济效应 —— 基于 PTVP-SV-FAVAR 模型的实证研究 [J]. 财贸经济，2014（12）：64-74.

[46] 谭旭东. 适应性学习及其在货币政策中的应用 [J]. 经济学动态，2012（7）：111-117.

[47] MASSARO D. Heterogeneous expectations in monetary DSGE models[J]. Journal of economic dynamics and control, 2013, 37(3):680-692.

[48] HACIOGLU V. Bayesian expectations and strategic complementarity: implications for macroeconomic stability[J]. Procedia-social and behavioral sciences, 2015(195):581-591.

[49] 卞志村，高洁超. 适应性学习、宏观经济预期与中国最优货币政策 [J]. 经济研究，2014（4）：32-46.

[50] 许志伟，樊海潮，薛鹤翔. 公众预期、货币供给与通货膨胀动态 —— 新凯恩斯框架下的异质性预期及其影响 [J]. 经济学(季刊)，2015，14（4）：1211-1234.

[51] 徐亚平. 货币政策有效性与货币政策透明制度的兴起 [J]. 经济研究，2006

（8）：24-34.

[52] 马理，何梦泽，刘艺. 基于适应性预期的货币政策传导研究 [J]. 金融研究，2016（8）：19-33.

[53] 鲁臻. 公众预期的货币政策效应研究 [J]. 宏观经济研究，2016（9）：72-79.

[54] 郭豫媚，陈伟泽，陈彦斌. 中国货币政策有效性下降与预期管理研究 [J]. 经济研究，2016（1）：28-41.

[55] 杨源源，张晓玲，于津平. 异质性预期、宏观经济波动与货币政策有效性——来自数量型和价格工具的双重检验 [J]. 国际金融研究，2017（9）：25-34.

[56] 谢太峰，王子博. 中国经济周期拐点预测——基于潜在经济增长率与经验判断 [J]. 国际金融研究，2013（1）：77-86.

[57] 张伟，郑婕，黄炎龙. 货币政策的预期冲击与产业经济转型效应分析——基于跨产业 DSGE 模型的视角 [J]. 金融研究，2014（6）：33-49.

[58] 汪莉，王先爽. 央行预期管理、通胀波动与银行风险承担 [J]. 经济研究，2015（10）：34-48.

[59] 张勇，涂雪梅，周浩. 货币政策、时变预期与融资成本 [J]. 统计研究，2015，32（5）：32-39.

[60] 张成思，党超. 谁的通胀预期影响了货币政策 [J]. 金融研究，2016（10）：1-15.

[61] 朱军，蔡恬恬. 中国财政、货币政策的不确定性与通货膨胀预期——基于中国财政－货币政策不确定性指数的实证分析 [J]. 财政研究，2018（1）：53-64.

[62] 马文涛. 预期形成机制的选择、宏观政策搭配与通货预期管理 [J]. 财经研究，2017（4）：4-16，145.

[63] 刘超，李大龙. 基于 DEA 模型的我国货币政策相对有效性研究 [J]. 现代财经，2014（10）: 26-35.

[64] 张萌，蒋冠. 纳入金融因素的 DSGE 模型与宏观经济稳定研究 [J]. 经济经纬，2014（1）: 155-160.

[65] 刘金全，隋建利. 中国货币增长不确定性与经济增长关系检验（1980—2008）[J]. 中国社会科学，2010（4）: 74-86+221-222.

[66] 刘金全，云航. 规则性与相机选择性货币政策的作用机制分析 [J]. 中国管理科学，2004，12（1）: 1-7.

[67] 邹文理，王曦. 预期与未预期的货币政策对股票市场的影响 [J]. 国际金融研究，2011（11）: 87-96.

[68] 彭俞超，方意. 结构性货币政策、产业结构升级与经济稳定 [J]. 经济研究，2016（7）: 29-42.

[69] 余华义，黄燕芬. 货币政策效果区域异质性、房价溢出效应与房价对通胀的跨区影响 [J]. 金融研究，2015（2）: 95-113.

[70] 卞志村，毛泽盛. 开放经济条件下中国货币政策操作规范研究 [J]. 金融研究，2009（8）: 61-74.

[71] 刘杰. 规则还是相机抉择？ —— 中国货币政策操作规范选择的动态模拟 [J]. 金融经济学研究，2016，31（1）: 49-59.

[72] 许涤龙，欧阳胜银. 金融状况指数的理论设计及应用研究 [J]. 数量经济技术经济研究，2014（12）: 55-71.

[73] 许涤龙，欧阳胜银. 基于可变参数的 FCI 构建与实证研究 [J]. 统计与信息论坛，2014（3）: 29-35.

[74] 李扬. 理顺利率体系，健全利率形成机制 [C]. 中国金融论坛，2005.

[75] REINBART V, SIMIN T. The market reaction to federal reserve policy action

from 1989 to 1992[J]. Journal of economics and business, 1997, 49(96):149-168.

[76] LOBO B J. Interest rate surprises and stock prices[J]. The financial review, 2002, 37(1):73-91.

[77] REID M. The sensitivity of South African inflation expectations to surprises [J]. South African journal of economics, 2009, 77(3):414-429.

[78] 熊海芳，王志强.货币政策意外、利率期限结构与通货膨胀预期管理 [J]. 世界经济，2012（6）：30-55.

[79] THOMAS U, PAUL W. Market response to the weekly money supply announcements in the 1970[J]. The journal of finance, 1981, 36(5):1063-1072.

[80] BRADFORD C. Money supply announcements and interest rates: another view[J]. The journal of business, 1983(1):1-23.

[81] 肖春唤.预期与未预期的货币政策对房地产市场的影响研究 [J].中国物价，2018（5）：58-61.

[82] KUTTNER K N. Monetary policy surprises and interest rates: evidence from the ded funds futures market[J]. Journal of monetary economics, 2001, 47(3): 523-544.

[83] BERNANKE B S, kuttner K N. What explains the stock market's reaction to federal reserve policy?[J]. Journal of finance, 2005, 60(3):1221-1257.

[84] 朱小能，周磊.未预期货币政策与股票市场——基于媒体数据的实证研究 [J].金融研究，2018（1）：102-120.

[85] HATZIUS J, HOOPER P, MISHKIN F S, et al. Financial conditions indexes: a fresh look after the financial crisis[R]. National Bureau of Economic Research, 2010.

[86] MARIA P O, YUAN L, BANG N J. Consolidation in banking and the lending channel of monetary transmission: evidence from Asia and Latin America[J]. Journal of international money and finance, 2011, 30(6):1034-1054.

[87] RIES W. Do credit channel and interest rate channel play important role in monetary transmission mechanism in Indonesia? A structural vector autoregression model[J]. Procedia-social and behavioral sciences, 2012, 65(12): 557-563.

[88] 孙欧, 刘志新, 庞新. 上市银行政府持股比例与货币政策传导效率——基于中国银行数据的分析 [J]. 管理评论, 2015, 27 (5): 19-28.

[89] 刘莉亚, 余晶晶. 银行竞争对货币政策传导效率的推动力效应研究——利率市场化进程中银行业的微观证据 [J]. 国际金融研究, 2018 (3): 57-67.

[90] RUBY P K, TIMOTHY P O. Bank capital and loan asymmetry in the transmission of monetary policy[J]. Journal of banking & finance, 2006, 30(1):259-285.

[91] MOHAMMED A, SIMON W. The effect of banking market structure on the lending channel: evidence from emerging markets[J]. Review of financial economics, 2013, 22(4):146-157.

[92] 董华平, 干杏娣. 我国货币政策银行贷款渠道传导效率研究——基于银行业结构的古诺模型 [J]. 金融研究, 2015 (10): 48-63.

[93] 温博慧, 唐熙. 银行风险承担、高管薪酬与货币政策的信贷传导效率——基于动态非线性效应面板的实证 [J]. 中央财经大学学报, 2016 (5): 41-52.

[94] 张建波, 王春平. 股票市场的货币政策传导机制及效率分析 [J]. 江西社会科学, 2010 (9): 83-86.

[95] 张澄, 沈悦. 房价波动、风险约束与银行信贷——来自中国银行业的经验证据 [J]. 经济与管理研究, 2018 (8): 15-26.

[96] 康立，曹湃. 我国欠发达地区货币政策传导效率及影响因素研究 —— 基于湖北省恩施州面板数据的实证检验 [J]. 武汉金融，2018（12）：15-23.

[97] MIRDALA R. Interest rate transmission mechanism of monetary policy in the selected EMU candidate countries[J].Panoeconomicus, 2009, 56(3):359-377.

[98] 刘金全，石睿柯. 利率双轨制与货币政策传导效率：理论阐释和实证检验 [J]. 经济学家，2017（12）：66-74.

[99] 郭豫媚，戴赜，彭俞超. 中国货币政策利率传导效率研究：2008—2017 [J]. 金融研究，2018（12）：37-54.

[100] ROMAN M, HELEN S. Bank lending channel and monetary policy in Nigeria [J]. Research in international business and finance, 2018, 45(10): 467-474.

[101] KOOP G, GONZALEZ R L, STRACHAN R W. On the evolution of the monetary policy transmission mechanism[J]. Journal of economic dynamics & control, 2009, 33(4):997-1017.

[102] 苗杨，李庆华，蒋毅. 我国货币政策传导机制的效率与时滞 [J]. 财经问题研究，2015（3）：46-52.

[103] HELDER F M, NATALIA C N. Monetary policy efficiency and macroeconomic stability: do financial openness and economic globalization matter?[J]. North American journal of economics and finance, 2018(10):1-20.

[104] 万阿俊，王陆雅. 数量调控与货币政策传导 —— 基于社会融资规模存量指标的再研究 [J]. 上海金融，2018（4）：13-23.

[105] 闫先东，朱迪星. 地方政府投资偏好、信贷配置结构与货币政策传导效率 [J]. 金融监管研究，2018（5）：14-31.

[106] FREEDMAN C. The use of indicators and of the monetary conditions index in Canada[R].IMF working paper, 1994.

[107] 周德才，朱志亮，贾青.中国多机制门限金融状况指数编制及应用 [J].
数量经济技术经济研究，2017（12）：111-130.

[108] 尚玉皇，郑挺国.中国金融形势指数混频测度及其预警行为研究 [J].金
融研究，2018（3）：21-35.

[109] 丁华，丁宁.中国金融状况指数构建及其在通胀中的应用 [J].现代财经，
2018（5）：45-60.

[110] CHRISTIANO L J, EICHENBAUM M, EVANS C L. Nominal rigidities and the
dynamic effects of a shock to monetary policy[J]. Journal of political economy,
2005, 113(1):1- 45.

[111] 欧阳胜银，许涤龙.多维视角下金融状况指数的构建与比较研究 [J].当
代财经，2018（12）：48-59.

[112] 张兴华，罗彪.货币政策传导过程中的阻塞机制 —— 对宽松货币政策下
通货膨胀率下降的研究 [J].金融论坛，2016（7）：22-39.

[113] 陈利平.货币存量中介目标下我国货币政策低效率的理论分析 [J].金融
研究，2006（1）：40-50.

[114] 陈利平.通货膨胀目标制并不能解决我国货币政策低效率问题 —— 一个
基于政策时滞和扰动冲击的研究 [J].经济学(季刊)，2007（4）：1115-1116.

[115] 苗杨，李庆华，蒋毅.我国货币政策传导机制的效率与时滞 [J].财经问
题研究，2015（3）：46-52.

[116] 元惠萍，刘飒.社会融资规模作为金融宏观调控中介目标的适用性分析
[J].数量经济技术经济研究，2013（10）：94-108.

[117] 徐琼，陈德伟，周英章.效应时滞与货币政策有效性 —— 中国 1993—
2001 年的实证分析和政策含义 [J].财经论丛，2003（5）：42-47.

[118] HUMPE A, MACMILLAN P. Can macroeconomic variables explain long

term stock market movements? A comparison of the US and Japan[D]. UK: School of Economics and Finance, University of St Andrews, 2007.

[119] 肖文伟，杨小娟．货币政策时滞问题实证分析 [J]．系统工程，2010（7）：97-101.

[120] 何德旭，苗文龙．国际金融市场波动溢出效应与动态相关性 [J]．数量经济技术经济研究，2015（11）：23-40.

[121] 邝明源，李本钊．中国 A 股与 B 股动态相关性研究——基于 DCC-MGARCH-VAR 与门限回归模型的视角 [J]．调研世界，2018（2）：59-65.

[122] 钱智俊，李勇．宏观因子、投资者行为与中国股债收益相关性——基于动态条件相关系数的实证研究 [J]．国际金融研究，2017（11）：86-96.

[123] 李庆章．中国股市与全球股市间的动态相关性分析 [D]．首都经济贸易大学，2018.

[124] MUNDELL R A. A theory of optimum currency areas[J].American Economic review, 1961, 51(4):657-665.

[125] 卞志村，杨全年．货币政策区域效应的研究现状及评述 [J]．财经问题研究，2010（1）：10-18.

[126] PESARAN M H, SCHUERMANN T, WEINER S M. Modeling regional interdependencies using a global error-correcting macroeconometric model[J]. Journal of business & economic statistic, 2004, 22(2):129-162.

[127] ANAGNOSTOU A, PAPADAMOU S. The impact of monetary shocks on regional output: evidence from Four South Eurozone countries[J]. Region et development, 2014(39):105-130.

[128] 牛晓健，武帅，朱树艳．中国货币政策区域效应的实证研究——基于 1985—2013 年的数据 [J]．上海经济研究，2015（9）：49-59.

[129] 叶永刚，周子瑜. 基于 GVAR 模型的中国货币政策区域效应研究 [J]. 统计与决策，2015（17）: 146-150.

[130] GERTLER M, KIYOTAKI N. Financial intermediation and credit policy in business cycle analysis[M]. Handbook of monetary economics, 2010.

[131] 罗雨薇. 基于奥肯法则的区域货币政策效应研究 [J]. 统计与决策，2014（16）: 121-123.

[132] 骆祚炎，蒋颖，曾卓. 基于金融加速器视角的货币政策区域差异化考察——基于 DSGE 模型的检验 [J]. 上海金融，2018（2）: 22-26.

[133] 陈煜明，阳建辉. 货币财政政策的区域差异效应：基于交互效应 SVAR 的实证 [J]. 江西财经大学学报，2015（1）: 21-31.

[134] Bai J.. Panel Data Models with Interactive Fixed Effects[J]. Econometrica, 2009(7): 1-34.

[135] AIZENMAN J, BINICI M, HUTCHISON M M. The transmission of federal reserve tapering news to emerging financial markets[J]. International journal of central banking, 2016, 12(2):317-356.

[136] OGAWA E, WANG Z. Effects of quantitative easing monetary policy exit strategy on East Asian currencies[J]. Developing economies, 2016, 54(1):103-129.

[137] 邵磊，侯志坚，茆训诚. 世界主要经济体货币政策的空间溢出效应研究：基于数量型和价格型货币政策工具视角 [J]. 世界经济研究，2018(11):3-14.

[138] Takáts E, VELA A. International monetary policy transmission[P]. BIS Papers, No. 78: 25-44, 2014.

[139] ALBAGLI E, CEBALLOS L, CLARO S, et al. Channels of US monetary policy spillovers into international bond markets[M]. Social Science Electronic Publishing, 2015.

[140] BRUNO V, SHIN H S. Capital flows and the risk- taking channel of monetary policy[J]. Journal of monetary economics, 2015, 71(2):119-132.

[141] GAGNON J E, BAYOUMI T, LONDONO J M, et al. Direct and spillover effects of unconventional monetary and exchange rate policies[J]. Open economies review, 2017, 28(2):191-232.

[142] FIELDING D, SHIELDS K. Regional asymmetries in monetary transmission: the case of South Africa[J]. Journal of policy modeling, 2006, 28(6):965-979.

[143] 余华义，黄燕芬.货币政策效果区域异质性、房价溢出效应与房价对通胀的跨区影响 [J].金融研究，2015（2）：95-113.

[144] 蔡婉华，叶阿忠.统一货币政策的区域差异化效应研究 —— 基于 GVAR 模型的实证检验 [J].云南财经大学学报，2016（5）：94-101.

[145] 黄佳琳，秦凤鸣.中国货币政策效果的区域非对称性研究 —— 来自混合界面全局向量自回归模型的证据 [J].金融研究，2017（12）：1-16.

[146] 涂红，徐春发，余子良.货币政策对房价影响的区域差异：来自多层混合效应模型的新证据 [J].南开经济研究，2018（5）：41-57，175.

[147] KASHYAP A K, STEIN J C. The impact of monetary policy on bank balance sheets[J]. Carnegie-Rochester conference series on public policy, 1995, 42(1): 151-195.

[148] OWYANG M T, WALL H J. Structural breaks and regional disparities in the transmission of monetary policy[R]. Federal Reserve Bank of ST. Louis working paper, 2004.

[149] WEBER E J. Monetary policy in a heterogeneous monetary union: the Australian experience[J]. Applied economics, 2006, 38(21):2487-2495.

[150] ARNOLD I J M, VRUGT E B. Treasury bond volatility and uncertainty about

monetary policy[J]. Financial review, 2010, 45(3):707-728.

[151] BECKWORTH D. One nation under the fed? The asymmetric effects of US monetary policy and its implications for the United States as an optimal currency area[J]. Journal of macroeconomics, 2010, 32(3):732-746.

[152] BARIGOZZI M, CONTI A M, LUCINAI M. Do Euro area countries respond asymmetrically to the common mnetary policy[J]. Oxford bulletin of economics and statistics, 2014, 76(5):693-714.

[153] GEORGIADIS G. Towards an explanation of cross-country asymmetries in monetary transmission[J]. Journal of macroeconomics, 2014, 39(3): 66-84.

[154] GEORGIADIS G. Examining asymmetries in the transmission of monetary policy in the Euro area: evidence from a mixed cross-section global VAR model [J]. European economic review, 2015(75):195-215.

[155] BERAJA M, FUSTER A, HURST E, et al. Regional heterogeneity and monetary policy[R]. NBER working paper, 2017, No. 23270.

[156] 张晶.我国货币财政政策存在区域效应的实证分析[J].数量经济技术经济研究, 2006（8）: 39-46.

[157] 焦瑾璞, 孙天琦, 刘向耘.货币政策执行效果的地区差别分析[J].金融研究, 2006（3）: 1-15.

[158] 蒋益民, 陈璋.SVAR模型框架下货币政策区域效应的实证研究: 1978—2016[J].金融研究, 2009（4）: 180-195.

[159] 董志勇, 黄迈, 周铭山.我国货币政策区域效应的度量与成因分析[J].经济理论与经济管理, 2010（10）: 34-70.

[160] 卢盛荣, 李文溥.中国货币政策效应双重非对称性研究——以产业传导渠道为视角[J].厦门大学学报, 2013（2）: 47-54.

[161] 吴琼，张影. 货币政策的结构性效应与结构性货币政策研究述评——基于货币政策的银行风险承担传导渠道视角 [J]. 东岳论丛，2016，37（8）：53-60.

[162] 马旭东. 货币政策空间效应非对称性研究 [J]. 财经理论研究，2019（1）：18-24.

[163] ANDERSON T W, HSIAO C. Estimation of dynamic models with error compnents[J]. American statistical association, 1981, 76(375): 598-606.

[164] ARELLANO M, BOND S. Some tests of specification for panel data: Monte Carlo evidence and an application to employment equations[J]. Review of economic studies, 1991, 58(2):277-297.

[165] 朱芳，吴金福. 我国货币政策区域效应的 SVAR 分析 [J]. 深圳大学学报(人文社会科学版)，2014，31（3）：99-106.

[166] 余华义，黄燕芬. 货币政策影响下收入和房价的跨区域联动 [J]. 中国软科学，2015（10）：85-100.

[167] 崔百胜，赵星，王诤诤. 中国价格型和数量型货币政策工具效应的区域差异性研究——基于 GVAR 模型的实证分析 [J]. 华东经济管理，2016，30（6）：72-77.

[168] SHILLER R. From efficient markets theory to behavioral finance[J]. The journal of economic perspectives, 2003, (1):83-104.

[169] 欧阳志刚，薛龙. 新常态下多种货币政策工具对特征企业的定向调节效应 [J]. 管理世界，2017（2）：53-66.

[170] 周晶，陶士贵. 结构性货币政策对中国商业银行效率的影响——基于银行风险承担渠道的研究 [J]. 中国经济问题，2019（3）：25-39.

[171] GANLEY J, SALMON C. The industrial impact of monetary policy shocks:

some stylized facts[R]. Bank of England working paper series, 1997.

[172] 闫红波，王国林. 我国货币政策产业效应的非对称性研究 [J]. 数量经济技术经济研究，2008（5）：17-29+42.

[173] 肖强，张晓峒，司颖华. 货币政策有效性及产业非对称性分析 [J]. 商业研究，2014（4）：25-30.

[174] 张淑娟，王晓天. 货币政策产业效应的双重非对称性研究——基于 STVEC 模型的非线性分析 [J]. 金融研究，2016（7）：17-32.

[175] SEBASTIAN M. Changes in US monetary policy and its transmission over the last century[J]. German economic review, 2017(11):1-24.

[176] 戴金平，金永军，陈柳钦. 货币政策的产业效应分析——基于中国货币政策的实证研究 [J]. 上海财经大学学报，2005，7（4）：8-15.

[177] 曹永琴. 中国货币政策产业非对称效应实证研究 [J]. 数量经济技术经济研究，2010（9）：18-30+42.

[178] 张辉. 我国货币政策传导变量对产业结构影响的实证研究 [J]. 经济科学，2013（1）：22-35.

[179] 吕光明. 中国货币政策产业非均衡效应实证研究 [J]. 统计研究，2013，30（4）：30-36.

[180] KOROBILIS D. VAR forecasting using Bayesian variable selection[J]. Journal of applied econometrics, 2013, 28(2):204-230.

[181] 刘传哲，谢方铭，王宁. 基于时变视角下的货币政策产业效应双重非对称性研究 [J]. 武汉金融，2018（7）：27-32.

[182] PEERSMAN G, SMETS F. The industry effects of monetary policy in the Euro area[J]. The economic journal, 2005, 115(503):319-342.

[183] 王朝明，朱睿博. 产业结构升级中的货币政策与金融市场效应 [J]. 财经

科学，2016（12）：23-34.

[184] OKAMOTO T, MATSUBAYASHI Y. Empirical evidence from a Japanese lending survey within the TVP-VAR frame-work: does the credit channel matter for monetary policy?[R]. March 2017, Graduate School of Economics Kobe University, discussion paper No. 1709.

[185] 彭明生，范从来. 中国货币政策的民间投资产业结构效应 [J]. 金融论坛，2018（8）：3-13.

[186] CARLIO G A, DEFINA R. Do states respond differently to changes in monetary policy?[J]. Business reviews, 1999(7/8):17-27.

[187] 郭晔. 货币政策与财政政策的分区域产业效应比较 [J]. 统计研究，2011，28（3）：36-44.

[188] 姜泽华，白艳. 产业结构升级的内涵与影响因素分析 [J]. 当代经济研究，2006（10）：53-56.

[189] HAYO B, UHLENBROCK B. Industry effects of monetary policy in Germany[J]. Macroeconomics, 1999(1):127-158.

[190] SAIHAL G. Industry effects of monetary policy: evidence from India[J]. India economic review, 2009(44):89-105.

[191] 吉红云，干杏娣. 我国货币政策的产业结构调整效应 —— 基于上市公司的面板数据分析 [J]. 上海经济研究，2014（2）：3-10+22.

[192] 杨真，崔雁冰. 货币政策的行业非对称效应研究：以制造业为例 [J]. 宏观经济研究，2018（8）：5-16.

[193] AGHION P, HEMOUS D, KHARROUBI E. Cyclical fiscal policy, credit constraints, and industry growth[J]. Journal of monetary economics, 2014, 62(1):41-58.

[194] 王岳平. 开放条件下的工业结构升级研究 [D]. 北京：中国社会科学院研究生院，2002.

[195] 师磊，赵志君. 我国货币政策的产业非对称效应 [J]. 上海经济研究，2018（7）：65-74.

[196] 代军勋，李琢，李俐璇. 产业异质性与货币政策传导——基于 GVAR 模型的实证分析 [J]. 中南大学学报(社会科学版)，2018，24（3）：96-105.

附　录

A　2005—2018年货币政策主要大事记

2005年	3 月 17 日	金融机构在人民银行的超额准备金存款利率由现行年利率 1.62% 下调到 0.99%，法定准备金存款利率维持 1.89% 不变
	3 月 31 日	首次对纳入扩大试点范围的 21 个省（区、市）的 291 个县（市）发行农村信用社改革试点专项中央银行票据 234 亿元
	5 月 20 日	上调境内商业银行美元、港币小额外币存款利率上限。其中，一年期美元存款利率上限提高 0.25 个百分点，一年期港币存款利率上限提高 0.1875 个百分点
	6 月 2 日	对河北安国等 552 个县（市）发行第六期农村信用社改革试点专项中央银行票据 390 亿元
	6 月 30 日	中国人民银行与四家资产管理公司和工行分别签订专项再贷款和专项中央银行票据协议书，向四家资产管理公司共发放专项再贷款 4587.9 亿元，用于认购工行的可疑类贷款，工行以其出售可疑类贷款所得，归还 283.25 亿元再贷款，余额 4304.65 亿元认购专项中央银行票据
	7 月 22 日	上调境内商业银行美元、港币小额外币存款利率上限。其中，一年期美元、港币存款利率上限均提高 0.5 个百分点
	8 月 23 日	上调境内商业银行美元、港币小额外币存款利率上限。其中，一年期美元存款利率上限提高 0.375 个百分点至 2%，一年期港币存款利率上限提高 0.375 个百分点至 1.875%

2005年	10月9日	批准国际金融公司和亚洲开发银行在全国银行间债券市场分别发行人民币债券11.3亿元和10亿元
	10月15日	上调境内商业银行美元、港币小额外币存款利率上限。其中，一年期美元、港币存款利率上限均提高0.5个百分点
	12月1日	对242个县（市）农村信用社发行专项中央银行票据，总额度为220亿元
	12月28日	上调境内商业银行美元、港币小额外币存款利率上限。其中，一年期美元、港币存款利率上限分别提高0.5和0.25个百分点
2006年	3月1日	对92个县（市）农村信用社发行专项中央银行票据，总额度为50亿元
	4月28日，	上调金融机构贷款基准利率。其中一年期贷款基准利率上调0.27个百分点，由5.58%提高到5.85%，其他各档次贷款利率也相应调整
	6月1日	对江苏等6个省（市）辖内的18个县（市）兑付专项票据，额度为9.8亿元。同时，对新疆等3个省（区、市）辖内34个县（市）农村信用社发行专项票据，额度为3.4亿元
	6月16日	从7月5日起上调存款类金融机构人民币存款准备金率0.5个百分点，执行8%存款准备金率，农村信用社（含农村合作银行）暂不上调
	7月21日	从8月15日起提高存款类金融机构人民币存款准备金率0.5个百分点，执行8.5%的存款准备金率，农村信用社（含农村合作银行）暂不上调
	8月14日	从9月15日起提高外汇存款准备金率1个百分点，执行4%的外汇存款准备金率
	8月19日	上调金融机构人民币存贷款基准利率。金融机构一年期存款基准利率上调0.27个百分点，由2.25%提高到2.52%；一年期贷款基准利率上调0.27个百分点，由5.85%提高到6.12%；其他各档次存贷款基准利率也相应调整，长期利率上调幅度大于短期利率上调幅度。同时，商业性个人住房贷款利率的下限由贷款基准利率的0.9倍扩大为0.85倍，其他商业性贷款利率下限保持0.9倍不变
	9月4日	对江苏等6个省（市）辖内60个县（市）农村信用社兑付专项票据，额度为35.78亿元。同时，对新疆等2个省（市）辖内8个县（市）农村信用社发行专项票据，额度为3.26亿元

2006年	11月3日	从11月15日起提高存款类金融机构人民币存款准备金率0.5个百分点，执行9%存款准备金率
	11月30日	对江苏等7个省（市）辖内82个县（市）农村信用社兑付专项票据，额度为49亿元
2007年	1月5日	从1月15日起提高存款类金融机构人民币存款准备金率0.5个百分点
	2月16日	从2月25日起提高存款类金融机构人民币存款准备金率0.5个百分点
	2月26日	对江苏等8个省（市）辖内125个县（市）农村信用社兑付专项票据，额度为93亿元
	3月18日	上调金融机构人民币存贷款基准利率。金融机构一年期存款基准利率上调0.27个百分点，由现行的2.52%提高到2.79%；一年期贷款基准利率上调0.27个百分点，由现行的6.12%提高到6.39%；其他各档次存贷款基准利率也相应调整
	4月5日	从2007年4月16日起提高存款类金融机构人民币存款准备金率0.5个百分点，执行10.5%存款准备金率
	4月25日	从2007年5月15日起提高外汇存款准备金率1个百分点，执行5%的外汇存款准备金率
	4月29日	从2007年5月15日起提高存款类金融机构人民币存款准备金率0.5个百分点，执行11%存款准备金率
	5月18日	从2007年6月5日起提高存款类金融机构人民币存款准备金率0.5个百分点，执行11.5%存款准备金率
	5月19日	上调金融机构人民币存贷款基准利率。金融机构一年期存款基准利率上调0.27个百分点，由现行的2.79%提高到3.06%；一年期贷款基准利率上调0.18个百分点，由现行的6.39%提高到6.57%；其他各档次存贷款基准利率也相应调整。个人住房公积金贷款利率相应上调0.09个百分点
	6月4日	对江苏等14个省（市）辖内220个县（市）农村信用社兑付专项票据，额度为123亿元
	7月21日	上调金融机构人民币存贷款基准利率。金融机构一年期存款基准利率上调0.27个百分点，由3.06%提高到3.33%；一年期贷款基准利率上

2007年		调0.27个百分点，由6.57%提高到6.84%；其他各档次存贷款基准利率也相应调整。个人住房公积金贷款利率相应上调0.09个百分点
	7月30日	从2007年8月15日起提高存款类金融机构人民币存款准备金率0.5个百分点，执行12%的存款准备金率
	8月22日	上调金融机构人民币存贷款基准利率。金融机构一年期存款基准利率上调0.27个百分点，由3.33%提高到3.60%；一年期贷款基准利率上调0.18个百分点，由6.84%提高到7.02%；其他各档次存贷款基准利率也相应调整。个人住房公积金贷款利率相应上调0.09个百分点
	8月29日	从境内商业银行买入财政部发行的第一期6000亿元特别国债
	9月4日	对江苏等19个省（区、市）辖内330个县（市）农村信用社兑付专项票据，额度为237亿元
	9月6日	从2007年9月25日起提高存款类金融机构人民币存款准备金率0.5个百分点，执行12.5%存款准备金率
	9月15日	上调金融机构人民币存贷款基准利率。金融机构一年期存款基准利率上调0.27个百分点，由3.60%提高到3.87%；一年期贷款基准利率上调0.27个百分点，由7.02%提高到7.29%；其他各档次存贷款基准利率也相应调整。个人住房公积金贷款利率相应上调0.18个百分点
	10月13日	从2007年10月25日起提高存款类金融机构人民币存款准备金率0.5个百分点，执行13%存款准备金率
	11月10日	从2007年11月26日起提高存款类金融机构人民币存款准备金率0.5个百分点，执行13.5%存款准备金率
	11月30日	对江苏等24个省（区、市）辖内349个县（市）农村信用社兑付专项票据，额度为238亿元
	12月8日	从2007年12月25日起提高存款类金融机构人民币存款准备金率1个百分点，执行14.5%存款准备金率
	12月20日	对新疆自治区辖内41个县（市）农村信用社发放专项借款7亿元
	12月21日	上调金融机构人民币存贷款基准利率，一年期存款基准利率上调0.27个百分点，由现行的3.87%提高到4.14%；一年期贷款基准利率上调0.18个百分点，由现行的7.29%提高到7.47%；其他各档次存贷款基准利率也相应调整。个人住房公积金贷款利率保持不变

2008年	1月16日	从2008年1月25日起提高存款类金融机构人民币存款准备金率0.5个百分点，执行15%的存款准备金率
	3月18日	从2008年3月25日起提高存款类金融机构人民币存款准备金率0.5个百分点，执行15.5%的存款准备金率
	3月25日	对江苏等25个省（区、市）辖内276个县（市）农村信用社兑付专项票据，额度为210亿元
	4月16日	从2008年4月25日起提高存款类金融机构人民币存款准备金率0.5个百分点，执行16%的存款准备金率
	5月12日	从2008年5月20日起提高存款类金融机构人民币存款准备金率0.5个百分点，执行16.5%的存款准备金率
	6月4日	对江苏等24个省（区、市）辖内296个县（市）农村信用社兑付专项票据，额度为190亿元
	6月7日	上调存款类金融机构人民币存款准备金1个百分点，执行17.5%存款准备金率，于2008年6月15日和25日分别按0.5个百分点缴款
	8月15日	对用于灾后恢复重建的支农再贷款自2008年5月1日起至2011年6月30日实行优惠利率，各期限利率在农村信用社再贷款利率基础上分别下调0.99个百分点
	9月15日	从2008年9月25日起，除工商银行、农业银行、中国银行、建设银行、交通银行、邮政储蓄银行暂不下调外，其他存款类金融机构人民币存款准备金率下调1个百分点，汶川地震重灾区地方法人金融机构存款准备金率下调2个百分点
	9月16日	下调金融机构人民币贷款基准利率。金融机构1年期贷款基准利率下调0.27个百分点，由7.47%下调至7.20%，其他各档次贷款基准利率相应调整。同时下调个人住房公积金贷款利率。5年期以下由4.77%下调到4.59%，下调0.18个百分点；5年期以上由5.22%下调到5.13%，下调0.09个百分点。存款基准利率保持不变
	10月8日	从2008年10月15日起下调存款类金融机构人民币存款准备金率0.5个百分点
	10月9日	下调金融机构人民币存贷款基准利率。金融机构1年期存款基准利率下调0.27个百分点，由4.14%下调至3.87%；1年期贷款基准利率下

		调 0.27 个百分点，由 7.20% 下调至 6.93%；其他各档次存贷款利率相应调整。个人住房公积金贷款利率相应下调 0.27 个百分点
2008 年	10 月 22 日	自 10 月 27 日起，扩大商业性个人住房贷款利率下浮幅度，调整最低首付款比例。商业性个人住房贷款利率的下限扩大为贷款基准利率的 0.7 倍；最低首付款比例调整为 20%。个人住房公积金贷款利率相应下调 0.27 个百分点
	10 月 30 日	下调金融机构人民币存贷款基准利率。金融机构 1 年期存款基准利率下调 0.27 个百分点，由 3.87% 下调至 3.60%；1 年期贷款基准利率下调 0.27 个百分点，由 6.93% 下调至 6.66%；其他各档次存贷款利率相应调整。个人住房公积金贷款利率保持不变
	11 月 26 日	从 2008 年 12 月 5 日起，下调工商银行、农业银行、中国银行、建设银行、交通银行、邮政储蓄银行等大型存款类金融机构人民币存款准备金率 1 个百分点，下调中小型存款类金融机构人民币存款准备金率 2 个百分点，继续对汶川地震灾区和农村金融机构执行优惠的存款准备金率
	11 月 27 日	下调人民币存贷款基准利率和人民银行对金融机构存贷款利率。1 年期存款利率由 3.60% 下调至 2.52%，下调 1.08 个百分点；1 年期贷款利率由 6.66% 下调至 5.58%，下调 1.08 个百分点；其他期限档次存款基准利率做相应调整。5 年期以下个人住房公积金贷款利率下调至 3.51%，下调 0.54 个百分点；5 年期以上（含）下调至 4.05%，下调 0.54 个百分点。同时，下调人民银行对金融机构存贷款利率。其中，法定准备金存款利率由 1.89% 下调至 1.62%，下调 0.27 个百分点；超额准备金存款利率由 0.99% 下调至 0.72%，下调 0.27 个百分点；1 年期流动性再贷款利率由 4.68% 下调至 3.60%，其他再贷款利率相应下调；再贴现利率由 4.32% 下调至 2.97%
	12 月 2 日	对安徽等 22 个省（区）辖 440 个县（市）农村信用社兑付专项票据，额度为 327 亿元；对陕西等 5 个省（区）辖内 127 个县（市）农村信用社发行专项票据，额度为 35 亿元
	12 月 22 日	从 2008 年 12 月 25 日起，下调金融机构人民币存款准备金率 0.5 个百分点

2008年	12月23日	下调金融机构人民币存贷款基准利率和人民银行对金融机构再贷款（再贴现）利率。1年期存款利率由2.52%下调至2.25%，下调0.27个百分点；1年期贷款利率由5.58%下调至5.31%，下调0.27个百分点；其他期限档次存贷款基准利率做相应调整。5年期以下个人住房公积金贷款利率下调至3.33%，下调0.18个百分点；5年期以上下调至3.87%，下调0.18个百分点。同时，下调人民银行对金融机构再贷款（再贴现）利率。其中，1年期流动性再贷款利率由3.60%下调至3.33%，下调0.27个百分点；对农村信用社再贷款（不含紧急贷款）1年期利率由3.42%下调至2.88%，下调0.54个百分点；其他档次利率相应下调。再贴现利率由2.97%下调至1.80%，下调1.17个百分点
2009年	3月3日	对安徽等14个省（区）辖内98个县（市）农村信用社兑付专项票据，额度为36亿元
	5月26日	对福建等12个省（区、市）辖内39个县（市）农村信用社兑付专项票据，额度为27亿元
	9月2日	对辽宁省辖内5个县（市）农村信用社发行专项票据，额度为4亿元，对四川等9个省（区、市）辖内26个县（市）农村信用社兑付专项票据，额度为5亿元
	11月23日	对四川等11个省（区、市）辖内22个县（市）农村信用社兑付专项票据，额度为40亿元
2010年	1月12日	从2010年1月18日起上调存款类金融机构人民币存款准备金率0.5个百分点，农村信用社等小型金融机构暂不上调
	2月12日	从2010年2月25日起上调存款类金融机构人民币存款准备金率0.5个百分点，农村信用社等小型金融机构暂不上调
	5月2日	从2010年5月10日起，上调存款类金融机构人民币存款准备金率0.5个百分点，农村信用社、村镇银行暂不上调
	8月30日	对四川等8个省（区）辖内喜德等27个县（市）农村信用社兑付专项票据，额度为9.61亿元
	10月20日	上调金融机构人民币存贷款基准利率，其中，一年期存款基准利率上调0.25个百分点，由2.25%提高到2.50%；一年期贷款基准利率上调0.25个百分点，由5.31%提高到5.56%；其他期限档次存贷款基准利

		率做相应调整
2010年	11月10日	从2010年11月16日起，上调存款类金融机构人民币存款准备金率0.5个百分点
	11月19日	从2010年11月29日起，上调存款类金融机构人民币存款准备金率0.5个百分点
	12月10日	从2010年12月20日起，上调存款类金融机构人民币存款准备金率0.5个百分点
	12月26日	上调金融机构人民币存贷款基准利率。其中，一年期存款基准利率上调0.25个百分点，由2.50%提高到2.75%；一年期贷款基准利率上调0.25个百分点，由5.56%提高到5.81%；其他期限档次存贷款基准利率做相应调整。同时，上调中国人民银行对金融机构贷款利率，其中一年期流动性再贷款利率由3.33%上调至3.85%；一年期农村信用社再贷款利率由2.88%上调至3.35%；再贴现利率由1.80%上调至2.25%
2011年	1月14日	从2011年1月20日起上调存款类金融机构人民币存款准备金率0.5个百分点
	2月9日	上调金融机构人民币存贷款基准利率，其中，一年期存款基准利率上调0.25个百分点，由2.75%提高到3%；一年期贷款基准利率上调0.25个百分点，由5.81%提高到6.06%；其他期限档次存贷款基准利率及个人住房公积金贷款利率做相应调整
	2月18日	从2011年2月24日起上调存款类金融机构人民币存款准备金率0.5个百分点
	2月22日	对河南、山东、河北等受旱灾影响严重的8省安排增加支农再贷款额度100亿元
	3月18日	从2011年3月25日起上调存款类金融机构人民币存款准备金率0.5个百分点
	3月28日	对海南等4个省（区）辖内屯昌等19个县（市）农村信用社兑付专项票据，额度为19.9亿元
	3月31日	2011年4月1日至2012年3月31日，对经考核达到新增存款一定比例用于当地贷款政策考核标准的县域法人金融机构，执行低于同类

		金融机构正常标准1个百分点的存款准备金率；对同时达到新增存款一定比例用于当地贷款和专项票据兑付后续监测考核政策标准的425个县（市）农村信用社和16个村镇银行，安排增加支农再贷款额度200亿元
2011年	4月6日	上调金融机构人民币存贷款基准利率，其中，一年期存款基准利率上调0.25个百分点，由3%提高到3.25%；一年期贷款基准利率上调0.25个百分点，由6.06%提高到6.31%；其他各档次存贷款基准利率及个人住房公积金贷款利率相应调整
	4月17日	从2011年4月21日起，上调存款类金融机构人民币存款准备金率0.5个百分点
	5月12日	从2011年5月18日起，上调存款类金融机构人民币存款准备金率0.5个百分点
	6月14日	从2011年6月20日起，上调存款类金融机构人民币存款准备金率0.5个百分点
	7月7日	上调金融机构人民币存贷款基准利率。其中，一年期存款基准利率上调0.25个百分点，由3.25%提高到3.50%；一年期贷款基准利率上调0.25个百分点，由6.31%提高到6.56%；其他各档次存贷款基准利率及个人住房公积金贷款利率相应调整
	8月	境内机构赴港发行人民币债券共500亿元，其中境内金融机构发行人民币债券250亿元，境内非金融企业发行人民币债券250亿元
	11月25日	对辽宁省等6个省辖内辽阳县等11个县（市）农村信用社兑付专项票据，额度为10.84亿元
	11月30日	从2011年12月5日起下调存款类金融机构人民币存款准备金率0.5个百分点
	11月	上海市、广东省、浙江省和深圳市政府分别在银行间市场发行债券71亿元、69亿元、67亿元和22亿元
2012年	2月16日	在原有农业银行四川、重庆、湖北、广西、甘肃、吉林、福建、山东8个省563家县支行的基础上，将黑龙江、河南、河北、安徽4个省379家县支行纳入执行差别化存款准备金率政策覆盖范围，对涉农贷款投放较多的县支行执行比农业银行低2个百分点的优惠存款准备金率

	2月18日	从2012年2月24日起下调存款类金融机构人民币存款准备金率0.5个百分点
	3月6日	增加支农再贷款100亿元，支持春耕备耕
	3月8日	对海南省等2个省辖内乐东县等3个县（市）农村信用社兑付专项票据，额度为2.13亿元
	4月3日	RQFII试点额度扩大500亿元人民币，专门用于发行在香港上市、投资境内A股指数成分股的ETF产品
	5月12日	从2012年5月18日起下调存款类金融机构人民币存款准备金率0.5个百分点
2012年	6月7日	2012年6月8日起下调金融机构人民币存贷款基准利率，其中，一年期存款基准利率下调0.25个百分点，由3.5%下调到3.25%；一年期贷款基准利率下调0.25个百分点，由6.56%下调到6.31%；其他各档次存贷款基准利率及个人住房公积金存贷款利率作相应调整。同时，调整金融机构存贷款利率浮动区间：（1）将存款利率浮动区间的上限调整为基准利率的1.1倍；（2）将贷款利率浮动区间的下限调整为基准利率的0.8倍
	7月5日	2012年7月6日起下调金融机构人民币存贷款基准利率。其中，一年期存款基准利率下调0.25个百分点，由3.25%下调到3%；一年期贷款基准利率下调0.31个百分点，由6.31%下调到6%；其他各档次存贷款基准利率及个人住房公积金存贷款利率相应调整。同时，将金融机构贷款利率浮动区间的下限调整为基准利率的0.7倍
	11月13日	人民币合格境外机构投资者（RQFII）投资额度增加2000亿元人民币，RQFII投资额度累计达到2700亿元人民币
	12月3日	对天津等2省（直辖市）辖内农村信用社兑付专项票据，额度为11.18亿元
2013年	7月20日	全面放开金融机构贷款利率管制。一是取消金融机构贷款利率0.7倍的下限，由金融机构根据商业原则自主确定贷款利率水平。二是取消票据贴现利率管制，改变贴现利率在再贴现利率基础上加点确定的方式，由金融机构自主确定。三是对农村信用社贷款利率不再设立上限。

2013年		四是为继续严格执行差别化的住房信贷政策，促进房地产市场健康发展，个人住房贷款利率浮动区间暂不作调整
	7月25日	商业银行开始在银行间市场试点发行二级资本债券，天津滨海农商行首家在银行间市场试点发行15亿元二级资本债券
	11月1日	将农业银行江苏、浙江、湖南、云南、江西、陕西、广东7个省、538个县的县域支行纳入到深化"三农金融事业部"改革试点范围
	12月27日	国家开发银行首批在上海证券交易所公开发行金融债券120亿元
2014年	3月5日	增加支农再贷款额度200亿元，支持金融机构做好春耕备耕金融服务
	3月6日	对山西省浮山县农村信用社兑付专项票据，额度为1570万元
	4月22日	从4月25日起下调县域农村商业银行人民币存款准备金率2个百分点，下调县域农村合作银行人民币存款准备金率0.5个百分点
	6月9日	从6月16日起对符合审慎经营要求且"三农"和小微企业贷款达到一定比例的商业银行（不含4月25日已下调过准备金率的机构）下调人民币存款准备金率0.5个百分点，对财务公司、金融租赁公司和汽车金融公司下调人民币存款准备金率0.5个百分点
	8月27日	对部分分支行增加支农再贷款额度200亿元
	11月22日	下调金融机构人民币贷款和存款基准利率。其中，金融机构一年期贷款基准利率下调0.4个百分点至5.6%；一年期存款基准利率下调0.25个百分点至2.75%。同时结合推进利率市场化改革，将金融机构存款利率浮动区间的上限由存款基准利率的1.1倍调整为1.2倍；其他各档次贷款和存款基准利率相应调整，并对基准利率期限档次作适当简并
2015年	1月21日	将人民币合格境外机构投资者（RQFII）试点地区扩大到瑞士，投资额度为500亿元人民币
	2月5日	下调金融机构人民币存款准备金率0.5个百分点。同时，为进一步增强金融机构支持结构调整的能力，加大对小微企业、"三农"以及重大水利工程建设的支持力度，对小微企业贷款占比达到定向降准标准的城市商业银行、非县域农村商业银行额外降低人民币存款准备金率0.5个百分点，对中国农业发展银行额外降低人民币存款准备金率4个百分点

2015 年	3 月 1 日	下调金融机构人民币贷款和存款基准利率。其中，金融机构一年期贷款基准利率下调 0.25 个百分点至 5.35%；一年期存款基准利率下调 0.25 个百分点至 2.5%，同时结合推进利率市场化改革，将金融机构存款利率浮动区间的上限由存款基准利率的 1.2 倍调整为 1.3 倍；其他各档次存贷款基准利率及个人住房公积金存贷款利率相应调整
	4 月 20 日	下调金融机构人民币存款准备金率 1 个百分点。同时，有针对性地实施定向降准，对农信社、村镇银行等农村金融机构额外降低人民币存款准备金率 1 个百分点，统一下调农村合作银行存款准备金率至农信社水平，对中国农业发展银行额外降低人民币存款准备金率 2 个百分点
	4 月 29 日	人民币合格境外机构投资者（RQFII）试点地区扩大至卢森堡，初始投资额度为 500 亿元人民币
	5 月 11 日	下调金融机构人民币贷款和存款基准利率。其中，金融机构一年期贷款基准利率下调 0.25 个百分点至 5.1%；一年期存款基准利率下调 0.25 个百分点至 2.25%，同时结合推进利率市场化改革，将金融机构存款利率浮动区间的上限由存款基准利率的 1.3 倍调整为 1.5 倍；其他各档次存贷款基准利率及个人住房公积金存贷款利率相应调整
	6 月 27 日	将 RQFII 试点地区扩大到匈牙利，投资额度为 500 亿元人民币
	6 月 28 日	对金融机构实施定向降准，对"三农"贷款占比达到定向降准标准的城市商业银行、非县域农村商业银行降低存款准备金率 0.5 个百分点，对"三农"或小微企业贷款达到定向降准标准的国有大型商业银行、股份制商业银行、外资银行降低存款准备金率 0.5 个百分点，降低财务公司存款准备金率 3 个百分点
	6 月 28 日	下调金融机构人民币贷款和存款基准利率，以进一步降低企业融资成本。其中，金融机构一年期贷款基准利率下调 0.25 个百分点至 4.85%；一年期存款基准利率下调 0.25 个百分点至 2%；其他各档次贷款及存款基准利率、个人住房公积金存贷款利率相应调整
	7 月 15 日、7 月 20 日	国家外汇储备分别向国家开发银行、进出口银行注资 480 亿美元、450 亿美元

2015年	8月26日	下调金融机构人民币贷款和存款基准利率，以进一步降低企业融资成本。其中，金融机构一年期贷款基准利率下调0.25个百分点至4.6%；一年期存款基准利率下调0.25个百分点至1.75%；其他各档次贷款及存款基准利率、个人住房公积金存贷款利率相应调整。同时，放开一年期以上（不含一年期）定期存款的利率浮动上限，活期存款以及一年期以下定期存款的利率浮动上限不变
	9月6日	下调金融机构人民币存款准备金率0.5个百分点。同时，有针对性地实施定向降准，额外降低县域农村商业银行、农村合作银行、农村信用社和村镇银行等农村金融机构存款准备金率0.5个百分点，额外下调金融租赁公司和汽车金融公司存款准备金率3个百分点
	10月20日	成功发行了50亿元人民币央行票据，期限1年，票面利率3.1%
	10月24日	下调金融机构人民币贷款和存款基准利率，以进一步降低社会融资成本。其中，金融机构一年期贷款基准利率下调0.25个百分点至4.35%；一年期存款基准利率下调0.25个百分点至1.5%；其他各档次贷款及存款基准利率、人民银行对金融机构贷款利率相应调整；个人住房公积金贷款利率保持不变。同时，对商业银行和农村合作金融机构等不再设置存款利率浮动上限
	10月24日	下调金融机构人民币存款准备金率0.5个百分点。同时，为加大金融支持"三农"和小微企业的正向激励，对符合标准的金融机构额外降低存款准备金率0.5个百分点
	11月23日	人民币合格境外机构投资者（RQFII）试点地区扩大至马来西亚，投资额度为500亿元人民币
	11月27日	中国银行间市场交易商协会接受加拿大不列颠哥伦比亚省在中国银行间债券市场发行60亿元人民币主权债券的注册
	12月17日	人民币合格境外机构投资者（RQFII）试点地区扩大至泰国，投资额度为500亿元人民币
2016年	3月1日	下调金融机构人民币存款准备金率0.5个百分点
	6月6日	个人投资人认购大额存单起点金额由不低于30万元调整为不低于20万元
	6月7日	给予美国2500亿元人民币合格境外机构投资者（RQFII）额度

2017年	7月4日	香港人民币合格境外机构投资者（RQFII）额度扩大至5000亿元人民币
	8月31日	2017年9月1日起，金融机构不得新发行期限超过1年（不含）的同业存单
	9月8日	自2017年9月11日起，将外汇风险准备金率下调至零
2018年	4月25日	下调大型商业银行、股份制商业银行、城市商业银行、非县域农村商业银行和外资银行人民币存款准备金率1个百分点以置换中期借贷便利并支持小微企业融资
	5月9日	人民币合格境外机构投资者（RQFII）试点地区扩大至日本，投资额度为2000亿元
	6月1日	适当扩大中期借贷便利（MLF）担保品范围，将不低于AA级的小微、绿色和"三农"金融债，AA+、AA级公司信用类债券、优质的小微企业贷款和绿色贷款纳入MLF担保品范围
	6月28日	完善信贷政策支持再贷款、再贴现管理，将不低于AA级的小微、绿色和"三农"金融债，AA+、AA级公司信用类债券纳入信贷政策支持再贷款和常备借贷便利（SLF）担保品范围。同时增加再贷款和再贴现额度1500亿元，支持金融机构扩大对小微信贷投放
	7月5日	下调大型商业银行、股份制商业银行、城市商业银行、非县域农村商业银行和外资银行人民币存款准备金率0.5个百分点
	8月6日	远期售汇业务的外汇风险准备金率从0调整为20%
	10月15日	下调大型商业银行、股份制商业银行、城市商业银行、非县域农村商业银行和外资银行人民币存款准备金率1个百分点，置换其所借央行的中期借贷便利（MLF）并支持小微企业、民营企业及创新型企业融资
	10月26日	增加再贷款和再贴现额度1500亿元，支持金融机构扩大对小微、民营企业的信贷投放
	11月7日	招标发行200亿元人民币中央银行票据，其中3个月和1年期品种各100亿元，中标利率分别为3.79%和4.20%

注：资料来源于中国人民银行。

B1　2005—2018 年我国存款准备金率历次调整情况表

生效日期	大型金融机构		中小金融机构		生效日期	大型金融机构		中小金融机构	
	调整前	调整后	调整前	调整后		调整前	调整后	调整前	调整后
2006.7.5	7.50%	8.00%	7.50%	8.00%	2008.12.5	17.00%	16.00%	16.00%	14.00%
2006.8.15	8.00%	8.50%	8.00%	8.50%	2008.12.25	16.00%	15.50%	14.00%	13.50%
2006.11.15	8.50%	9.00%	8.50%	9.00%	2010.1.18	15.50%	16.00%	13.50%	14.00%
2007.1.15	9.00%	9.50%	9.00%	9.50%	2010.2.25	16.00%	16.50%	14.00%	14.50%
2007.2.25	9.50%	10.00%	9.50%	10.00%	2010.5.10	16.50%	17.00%	14.50%	15.00%
2007.4.16	10.00%	10.50%	10.00%	10.50%	2010.11.16	17.00%	17.50%	15.00%	15.50%
2007.5.15	10.50%	11.00%	10.50%	11.00%	2010.11.29	17.50%	18.00%	15.50%	16.00%
2007.6.5	11.00%	11.50%	11.00%	11.50%	2010.12.20	18.00%	18.50%	16.00%	16.50%
2007.8.15	11.50%	12.00%	11.50%	12.00%	2011.1.20	18.50%	19.00%	16.50%	16.50%
2007.9.25	12.00%	12.50%	12.00%	12.50%	2011.2.24	19.00%	19.50%	16.50%	17.00%
2007.10.25	12.50%	13.00%	12.50%	13.00%	2011.3.25	19.50%	20.00%	17.00%	18.00%
2007.11.26	13.00%	13.50%	13.00%	13.50%	2011.4.21	20.00%	20.50%	18.00%	18.50%
2007.12.25	13.50%	14.50%	13.50%	14.50%	2011.5.18	20.50%	21.00%	18.50%	19.00%
2008.1.25	14.50%	15.00%	14.50%	15.00%	2011.6.20	21.00%	21.50%	19.00%	19.50%
2008.3.25	15.00%	15.50%	15.00%	15.50%	2011.12.5	21.50%	21.00%	19.50%	19.00%
2008.4.25	15.50%	16.00%	15.50%	16.00%	2012.2.24	21.00%	20.50%	19.00%	18.50%
2008.5.20	16.00%	16.50%	16.00%	16.50%	2012.5.18	20.50%	20.00%	18.50%	18.00%
2008.6.25	16.50%	17.50%	16.50%	17.50%	2015.2.05	20.00%	19.50%	18.00%	17.50%
2008.9.25	17.50%	17.50%	17.50%	16.50%	2015.4.20	19.50%	18.50%	17.50%	16.50%
2008.10.15	17.50%	17.00%	16.50%	16.00%	2015.9.6	18.50%	18.00%	16.50%	16.00%

续表

生效日期	大型金融机构		中小金融机构		生效日期	大型金融机构		中小金融机构	
	调整前	调整后	调整前	调整后		调整前	调整后	调整前	调整后
2015.10.24	18.00%	17.50%	16.00%	15.50%	2018.07.5	16.00%	15.50%	14.00%	13.50%
2016.03.01	17.50%	17.00%	15.50%	15.00%	2018.10.15	15.50%	14.50%	13.50%	12.50%
2018.04.25	17.00%	16.00%	15.00%	14.00%					

注：资料来源于东方财富网。

B2　2005—2018 年我国存贷款利率历次调整情况表

生效日期	存款基准利率			贷款基准利率		
	调整前	调整后	调整幅度	调整前	调整后	调整幅度
2006.4.28	2.50%	2.25%	−0.25%	5.56%	5.85%	0.29%
2006.8.19	2.25%	2.52%	0.27%	5.85%	6.12%	0.27%
2007.3.18	2.52%	2.79%	0.27%	6.12%	6.39%	0.27%
2007.5.19	2.79%	3.06%	0.27%	6.39%	6.57%	0.18%
2007.7.21	3.06%	3.33%	0.27%	6.57%	6.84%	0.27%
2007.8.22	3.33%	3.60%	0.27%	6.84%	7.02%	0.18%
2007.9.15	3.60%	3.87%	0.27%	7.02%	7.29%	0.27%
2007.12.21	3.87%	4.14%	0.27%	7.29%	7.47%	0.18%
2008.9.16	4.14%	4.14%	—	7.47%	7.20%	−0.27%
2008.10.9	4.14%	3.87%	−0.27%	7.20%	6.93%	−0.27%
2008.10.30	3.87%	3.60%	−0.27%	6.93%	6.66%	−0.27%
2008.11.27	3.60%	2.52%	−1.08%	6.66%	5.58%	−1.08%
2008.12.23	2.52%	2.25%	−0.27%	5.58%	5.31%	−0.27%
2010.10.20	2.25%	2.50%	0.25%	5.31%	5.56%	0.25%
2010.12.26	2.50%	2.75%	0.25%	5.56%	5.81%	0.25%
2011.2.9	2.75%	3.00%	0.25%	5.81%	6.06%	0.25%
2011.4.6	3.00%	3.25%	0.25%	6.06%	6.31%	0.25%
2011.7.7	3.25%	3.50%	0.25%	6.31%	6.56%	0.25%
2012.6.8	3.50%	3.25%	−0.25%	6.56%	6.31%	−0.25%
2012.7.6	3.25%	3.00%	−0.25%	6.31%	6.00%	−0.31%

续表

生效日期	存款基准利率			贷款基准利率		
	调整前	调整后	调整幅度	调整前	调整后	调整幅度
2014.11.22	3.00%	2.75%	−0.25%	6.00%	5.60%	−0.40%
2015.3.1	2.75%	2.50%	−0.25%	5.60%	5.35%	−0.25%
2015.5.11	2.50%	2.25%	−0.25%	5.35%	5.10%	−0.25%
2015.6.28	2.25%	2.00%	−0.25%	5.10%	4.85%	−0.25%
2015.8.26	2.00%	1.75%	−0.25%	4.85%	4.60%	−0.25%
2015.10.24	1.75%	1.50%	−0.25%	4.60%	4.35%	−0.25%

注：资料来源于东方财富网。